酒店（宾馆）技能培训与管理实务系列

U0678988

酒店（宾馆）客房
技能培训与管理实务

李笑 主编

JIUDIAN BINGUAN KEFANG

JINENGPEIXUN YU GUANLI SHIWU

经济管理出版社

ECONOMY & MANAGEMENT PUBLISHING HOUSE

图书在版编目（CIP）数据

酒店（宾馆）客房技能培训与管理实务/李笑主编 . —北京：经济管理出版社，2016.5
ISBN 978 - 7 - 5096 - 4131 - 6

Ⅰ.①酒…　Ⅱ.①李…　Ⅲ.①饭店—客房—商业管理　Ⅳ.①F719.2

中国版本图书馆 CIP 数据核字（2016）第 000256 号

组稿编辑：谭　伟
责任编辑：张巧梅
责任印制：黄章平
责任校对：雨　千

出版发行：经济管理出版社
　　　　　（北京市海淀区北蜂窝 8 号中雅大厦 A 座 11 层　100038）
网　　址：www. E - mp. com. cn
电　　话：（010）51915602
印　　刷：保定市嘉图印刷有限公司
经　　销：新华书店
开　　本：720mm×1000mm/16
印　　张：19
字　　数：352 千字
版　　次：2016 年 5 月第 1 版　　2016 年 5 月第 1 次印刷
书　　号：ISBN 978 - 7 - 5096 - 4131 - 6
定　　价：48.00 元

本书编委会

主　编：李　笑
编　委：朱玉侠　林　侠
　　　　谭　伟　张元栋
　　　　李全超　安玉超

前　言

据中国旅游研究院的数据显示，2015年全年中国旅游接待总人数将突破41亿人次，实现旅游总收入3.84万亿元人民币。随着我国经济的迅速发展和旅游热的升温，以及作为第三产业的现代酒店业的不断壮大，其盈利也是相当可观的。然而由于我国近年来酒店数量的激增，酒店业面临的竞争自然也就越发激烈。如何实现酒店更好、更快的发展已经成为现代酒店竞争中亟须解决的问题。现代酒店不仅需要抓住机遇，更关键的是要以人为本，加强酒店技能培训与酒店管理，才能形成持续、稳定的发展局面。

在新的形势下，现代酒店如何与时俱进，如何在硬件设施上得到加强，在酒店软件服务即员工的技能培训与管理上加以完善，是新时期酒店业面临的重大课题。一个酒店中最核心的活动莫过于员工的技能培训与管理，技能培训与管理往往决定着整个酒店的发展走向，关系到酒店的经济效益和社会效益，进而影响到酒店的兴衰存亡，是酒店工作的重中之重。

在这种背景下，为了酒店的健康发展和壮大，我们通过大量的市场调查，研究了国内外酒店客房技能培训与管理的成功经验，并结合国内酒店经营者的实际情况与自身需要，编写了这本《酒店（宾馆）客房技能培训与管理实务》，同时也规避了市场上类似图书所存在的一些问题，在编写体系和内容上都进行了优化，从而使本书更贴近酒店客房实际情况，体现出其实用性和可操作性强的特点，进一步贴合酒店客房技能培训与管理的需要。

本书理论与实践相结合，深入浅出，内容翔实，具有超前性和时代感。全书共分为十二章，即客房产品设计与美化、客房价格管理与策略、客房清洁与卫生管理、客房成本控制与管理、客房预算与服务质量等，全面而具体地呈现了现代酒店客房技能培训与管理的要点，方便读者熟悉酒店客房运作。相信每一位酒店客房管理者通过阅读本书，都能结合自己的实际工作环境、自身状况等，真正领悟本书，从而有所收获。

本书突出三大特点：一是实用性，突出可读性、可操作性；二是全面性，内容丰富而全面，涉及酒店客房技能培训与管理的方方面面，并结合案例，便于读者轻松掌握和运用；三是新颖性，本书无论是篇章布局，还是形式结构都新颖、独到，并融合酒店客房所需的最新技能与管理，具有前瞻性与国际性。

总之，这是一本酒店客房技能培训与管理的最新力作，是酒店客房标准化、规范化管理的最新参考用书，是提高酒店业绩与客房员工素质的最佳读本，也是酒店管理者的良师益友。

本书在编写的过程中，参考了大量的图书、杂志、报纸、网站，为本书提供了资料帮助，作为编者，对原文作者我们在此深表谢意。

目 录

第一章　酒店客房部管理概述

第二章　客房人员道德与礼仪

第三章　客房产品设计与美化

第四章　客房价格管理与策略

第五章　客房清洁与卫生管理

第六章　客房对宾客的服务与管理

第七章　客房督导管理与技能

第八章　客房安全管理与防范

第九章　客房成本控制与管理

第十章　客房预算与服务质量

第十一章　客房人力资源与管理

第十二章　客房员工的日常管理

第一章　酒店客房部管理概述

一、酒店客房部认知理解

（一）什么是酒店客房部

客房部（Housekeeping Department）是酒店中负责生产客房商品的部门，它通过清洁整理、添补用品、维护设施设备，使客房始终处于可供出租的状态，即周而复始地为酒店"生产"合格的产品并供酒店销售。在酒店部门的实际设置中，客房部这一部门另有管家部、房务部、房口部等几种不同称谓。客房部的几种称谓有相同之处，但也存在差别。一般而言，中国内地的酒店使用"客房部"或"房务部"名称，外资酒店则习惯使用"管家部"名称，房口部通常是由客房部与前厅部合并而成的。

对于任何一家酒店来说，最主要的功能是满足客人的住宿需求，让客人的身心能在异地他乡得到放松和休养。而解决客人的这一需求，则主要依赖于酒店的客房部。从建筑面积上来看，客房部占据了整个酒店的绝大部分实体面积，从经济比重上来说，大部分的酒店客房部承担着酒店 1/2 以上的营业比重，有的甚至是绝大部分。因此，从上述两个方面来说，客房部的服务、管理的水平直接影响到酒店的整体声誉，也对酒店整体产品质量起着至关重要的作用。

对于客人来说，客房是旅途中暂时的家，在这个临时的"家"中，客人希望能够得到身体的休养、精神的放松、心灵的舒缓，而酒店员工就是他暂时的"家人"，因此酒店服务人员要切实站在客人的立场上，想客人所思，送客人所需，急客人所忧。客房部是酒店基本设施和主体部分，是酒店的主要创收和创利部门。客房部的经营管理和服务水准，直接影响着酒店的形象、声誉和经营效益。酒店服务的中心是客房服务，客房服务多数又都是细节服务，要使顾客高兴而来，满意而归，光凭标准的、严格的、规范化服务是不够的，只有在规范化的基础上，逐渐开发和提供个性化服务，才能给客人以惊喜，才能让客人感觉到

"宾至如归"，才能使客人"流连忘返"。

（二）客户部在酒店管理中的地位和作用

客房部或称房务部、管家部，其工作重点是管理好客房及设施设备，组织好接待服务，加快客房的周转，客房是酒店的基本设施和存在基础，是酒店经济的主要来源之一，更是酒店档次和服务质量的重要标志。

1. 客房是酒店的物质承担者，是酒店的基本设施和主体部分

人们外出旅行和商务活动，首先必须有地方住宿、休息，以消除旅途的疲劳，保持身体的健康，这是旅游和商务活动能够持续进行的基本条件。酒店以客房为依托，为客人营造了一个可供休息、缓解疲劳的场所，并以此为基础提供服务。

此外，酒店的规模受限于客房的数量。一般来说，拥有 300 间以下客房的酒店被称为小型酒店，拥有 300～500 间客房的酒店被称为中型酒店，拥有 600 间以上客房的酒店被称为大型酒店。同时，酒店的客房数还制约着酒店综合服务项目的数量以及酒店从业人员数量的配备，按照国际标准水平，每间客房的员工配备比例为 0.12～0.15，过多的人员配置会造成机构臃肿、人浮于事，过少的人员配备也会产生高强度负荷、服务质量下降等负面效应。

从建筑面积来看，客房面积一般占酒店总面积的 60%～70%。如果加上客房产品营销活动所必需的前厅、洗衣房、库房等部门，总面积可达 80% 左右。从酒店经营活动所必需的各种设备、物料用品来看，客房设施、设备及低值易耗品的价值量要占酒店各种物资设备总价值的绝大部分。

2. 酒店客房的收入是酒店经济收入的重要来源和重要组成部分

从世界各国的酒店经营收入统计资料来看，酒店的经济收入主要来源于三个渠道：客房收入、餐饮收入和其他服务设施收入。但是从比重上，客房收入一般要占到酒店营业总收入的 50%～60%，在一些主要以客房服务为主的小型酒店，这个比重可能还要高一些。虽然客房的原始投入大，但是长期统计看来，客房的流动成本较少，仍然是酒店整体经济收入的命脉。此外，餐饮、康乐等部门的营业对象多是以店内客人为主，客房出租率越高，越可以带动酒店内其他部门的设施利用、营业收入和资金运转。

从世界范围酒店经营的统计资料看，客房营业收入约占全酒店营业收入的平均比例为 56.3%，而餐饮营业收入约占比例为 36.4%，电话费收入占 2%，其他经营收入占 7.1%。我国酒店的客房营业收入占全酒店营业收入的平均比例为

43.66%，餐饮收入所占比例为37.17%，商品营业所占比例为6.7%，其他经营收入所占比例为12.47%。从成本费用来看，客房部的成本与费用仅占客房部收入的26.9%，而餐饮部的成本与费用要占本部门营业额的74.3%。

3. 客房服务质量是衡量酒店服务质量的重要标志

客人来酒店的主要目的是投宿，客房产品的质量好坏会左右其对酒店的评价，客房产品是一个组合产品，一部分是客人对客房建筑及房间内设施设备的享受，另一部分是对客房服务人员的服务感知。作为客人的"家外之家"，客房是客人逗留时间最长的地方，因此，客房的卫生是否清洁，服务人员的服务态度是否热情、周到，服务项目是否丰富，直接影响到客人对酒店的满意度和忠诚度。客房服务质量是衡量这个酒店服务质量、维护酒店声誉的重要标志，也是酒店等级的重要标志，提高酒店服务质量的关键在于提高客房服务质量。

4. 客房是带动酒店一切经济活动的中心和枢纽

酒店作为一种现代化的综合设施，是为宾客提供综合服务的场所。只有在客房入住率较高的情况下，酒店的综合设施才能发挥作用，组织机构才能运转，才能带动整个酒店的经营管理。所以，客房是决定酒店经营项目结构比例的主要依据。

宾客住进客房，要到前台办理入住手续，要到餐饮部用餐、宴请，要到商务中心进行商务活动，还要健身、购物、娱乐，因而客房服务带动了酒店的各项综合服务设施的运转。

5. 客房部的管理直接影响到全酒店的运行和管理

客房部的工作内容很多，其中占据比重较大的清洁服务更是涉及酒店的方方面面，例如餐厅的地毯清洁、前厅的公共区域清洁等。另外，客房部的员工数量在整个酒店中所占比例也很大，因此客房部的管理水平直接影响到酒店员工队伍整体素质的提高和服务质量的改善。

（三）客房部的任务

客房部的主要任务是为客人营造一个温馨、舒适、安全的睡眠空间和私人空间，总的来说，客房部的主要任务体现在以下几个方面：

（1）做好清洁卫生工作，同时保证客房楼层的安静，为客人提供舒适的环境。客房部是为客人提供服务的主要部门之一，其主要任务就是"生产"清洁、卫生、舒适的客房商品，为客人提供热情周到的服务。同时，客房部还要负责酒店公共区域的卫生及设施设备的维护保养工作。清洁卫生在酒店的经营管理中具有特殊的意义，它是酒店商品使用价值和服务质量优劣的重要标志。

另外，酒店还必须给客人创造一个美观、舒适、静雅、安全的优良环境，使客人得以很好地休息。如果酒店里产生的噪声很大，客人就会休息不好，从而导致客人的不良心态，影响客人的情绪。

（2）做好客房接待服务，提供安全保障。客人在酒店里生活的主要场所和停留时间最长的地方是客房。除了安静地在客房休息外，客人还有着其他的活动内容。例如有的客人利用客房接待来访亲朋，有的客人利用客房商谈业务等。切实做好客房接待服务，以使客人的各种需求得到满足，是客房部工作的重要内容。同时，客房的接待不仅限于客人在酒店入住期间，还包括客人到来之前和客人离去之后所提供的服务。

另外，安全需要是客人最基本的需求之一。客房是为客人提供休息的地方，无论何时都要保持楼层的安全，防止不法分子进入客房，为客人提供一个安宁的环境，才能使客人有安全感。

（3）降低劳动消耗，获得良好经济效益。客房中的物品不但种类较多，而且需要量也比较大。物资用品及其他费用开支是否合理，直接影响客房部和酒店的经济效益。为此，在客房管理过程中要认真研究投入和产出的关系。要加强设备维护保养，合理制定消耗定额，加强用品管理，努力降低管理费用和能源消耗，定期做好消耗核算，分析经营效果，以获得良好的经济效益。

（4）搞好协调配合，保证客房服务需要。客房服务的质量不仅与客房部内部管理有关，而且还受其他有关部门的影响。例如总台和为客房部服务的物品供应、设备维修等部门。这些部门的工作质量对客房服务质量会产生很大的影响。所以，在服务过程中，客房部还必须加强与前厅、餐饮、工程、财务、保安等各部门的协调配合，这样才能保证客房管理工作的协调，为保证和提高客房部服务质量创造良好的条件。

（5）保障客人生命和财产安全。安全是客人的基本需求之一，也是客人选择酒店的前提。酒店的不安全事故大都发生在客房，因此，客房服务员必须要有强烈的安全意识。

（6）为其他部门提供服务。

（四）客房部与其他部门的关系

酒店是由多个部门组成的一个有机整体，其对运行与管理的整体性、系统性和协作性的要求都很强。酒店经营管理目标的实现，有赖于所有部门及全体员工的通力协作和共同努力。对于各个部门而言，它们都是酒店的一部分，虽然各有任务和目标，但都不是独立的。要完成其任务、实现其目标，部门之间就必须相互支持、密切配合。因此，客房部在运行管理中，必须高度重视与各部门的关系：一方面，要利用自身条件，像对待客人一样为其他部门提供优质服务；另一方面，要与其他部门保持良好的沟通，争取他们的理解、支持和协助。在处理部际关系过程中，要有全局观念和服务意识，发扬团队精神，加强沟通、相互理解、主动配合。

1. 客房部与前厅部的关系

酒店的客房部和前厅部是业务联系最多、关系最密切的两个部门。从经营角度讲，客房部是客房产品的生产部门，前厅部是客房产品的销售部门，两个部门之间应及时准确地相互传递有关客房产品生产、销售及消费方面的信息。如前厅部应及时提供客房销售和住客资料等信息给客房部，以便客房部做好有针对性的服务；客房部在客人入住期间应及时将客人的消费信息传递给前厅部，当客人离店后及时整理信息并将客房生产情况及时告知前厅部，以供前厅部参考，提高客房的出租率。

两个部门之间能否密切配合，直接影响酒店客房的生产与销售。在一些规模不太大的酒店里，已不再分设客房部和前厅部，而是由这两个部门共同组成房务部，以便于统一管理、减少矛盾。

2. 客房部与工程部的关系

客房部与工程部作为两个职能部门，它们的目标是相同的，两者只有保持良好的工作关系，才能取得最佳的工作效果。在为接待客人做准备的工作中，客房服务员是一线的工作人员，如果客房设施设备有问题，就容易引起客人的不满和批评；但是，客房部服务员同时又是防止与杜绝此类事情发生的第一道防线，客房中的小问题主要是靠他们在清洁房间的过程中发现的。

客房部与工程部沟通与协调的主要内容有：客房部负责客房设施设备的日常保养工作，而工程部则主要负责客房设备的维修事宜；客房部要及时向维修部提供客房设备的维修信息，并为维修人员进入客房工作提供一切方便；客房部向工程部提供客情预报，以便工程部对客房进行大修理；工程部在维修时，客房部需要做好各项配合工作，如维修后及时进行房间的清洁等。

客房部与工程维修部的沟通主要采取填写维修通知单的方式，这样做能够提高工作效率，易于落实责任，同时便于考核。

维修通知单是酒店工程部与其他部门在业务上进行沟通的主要手段。维修单一般包括日期、部门、维修地点、维修项目、报修时间及完成时间等内容。工程部接到维修通知单后应立即派人查修，并在尽可能短的时间内完成维修任务。

维修通知单一般为一式三联，就客房部而言，第一联留给客房服务中心，第二联送交工程部，第三联交给修理技工。小的修理应立刻进行，花时间的修理则要封房几小时，甚至几天。修理工作结束后，要通知客房部相关人员检查验收，并在维修单上签字，如有必要，应立即派人重新打扫客房。

3. 客房部与餐饮部的关系

客房部与餐饮部在业务内容及范围上有很大差异，但两个部门之间也有很多业务联系，主要表现在：客房部为餐饮部的经营场所提供清洁保养服务，为餐饮部洗烫、修补布草及员工制服。此外，两部门还要配合做好相互间的服务工作，如一些大型活动的接待服务、贵宾房的布置、房内送餐服务等工作。

4. 客房部与采购部的关系

客房部针对所需的设施设备和用品提出采购计划，明确采购设施用品的规格、数量、质量要求、价格范围、到货时间等，经核准后，由采购部负责具体采购事宜。采购部和客房部之间要相互提供信息，密切配合，以保证选购的物品价廉物美。

5. 客房部与财务部的关系

客房部应协助财务部做好客房有关账单的收结、固定资产的清点及员工薪金的支付工作。财务部还应配合客房部做好物料用品的盘点和资金预算工作。

6. 客房部与公关营销部的关系

现代酒店都提倡全员公关和全员推销，要求各部门、全体员工都参与公关营销活动。因此，客房部协助公关营销部在客房内放置广告宣传卡，以利宣传和推销酒店的各种设施和服务；公关营销部则应利用各种机会和场合，积极宣传客房的设施和服务。

7. 客房部与人力资源部的关系

客房部要对其员工的录用和培训等向人力资源部提出明确的计划和要求，并协助人事培训部做好员工的培训工作。

8. 客房部与保安部的关系

安全是酒店工作的生命线，没有安全就没有酒店，它不仅影响酒店客人的生命财产安全，还直接影响酒店的财产安全与员工的生命财产安全，所以说客房部的安全工作是很重要的。客房部经理要有很强的安全意识，要支持专职安全人员的工作，积极配合安全保卫人员做好客房安全工作，对新员工要加强安全、消防和防盗防骗教育，并经常请专职安全员对客房部员工进行各种形式的安全教育，包括通报本地区或全国范围内发生的一些案例，以此提高员工的警惕性，防止坏人作案给酒店和宾客造成恶劣的影响，一旦发现可疑情况及时通报保安部。同时，客房部应积极协助保安部对酒店公共区域及客房楼层进行检查，做好防火、防盗等安全工作，并向保安部提供必要的住客资料和信息。

总而言之，要做好对客人的各项服务工作，客房部必须与其他部门进行沟通协调，而且，客房部员工与其他部门的员工也应该相互体谅，要明白部门之间是合作关系，而非竞争关系。

二、酒店客房产品和设施

（一）客房产品

产品是指任何可以引起顾客注意、收藏、使用和消费的物品，即满足顾客需要并能够在市场上出售的任何东西。现代营销学上对产品是用一组概念来定义的，即产品 = 核心产品（核心利益、最主要的需求 + 基本产品）+ 期望产品、附属（加）产品 + 延伸（或潜在）产品。从这个角度来说，客房产品的核心是客房，客人通过租用客房达到满足休息、调整状态的需要。然而客房只是一个物质基础，脱离了客房服务的客房产品是不完整的。客人不仅要享受客房设施带来的便捷，还要享受到客房服务人员提供的人性关怀和亲切照顾，这就是客房产品的附加部分和延伸部分。

酒店企业作为旅游业的支柱产业之一，同其他企业一样，酒店的服务对象是来酒店消费的客人，是通过客人的消费来实现它的商业价值。但是，值得一提的是，酒店所提供的商品和生产型企业生产的产品不同，是一种有形产品和无形产品的综合体，因此酒店产品是一种综合或组合产品。具体来说，酒店产品按照为客人提供服务的部门可分为客房产品、餐饮产品、康乐产品及其他设施所提供的服务等。

因此，我们定义客房产品为一个经济实体，从表面来看，是设施设备的综合体，是人们外出旅行、游乐和暂时居留的投宿之所，是依靠出租和劳务获得经济收益的特殊商品。

1. 客房产品的特点

（1）产品所有权不发生转移。客房是一种特殊的商品，区别于一般商品。

普通商品进入流通领域之后，随着商品交换现象的发生，买者失去价值，获得商品的使用价值，卖者失去商品的使用价值，获得商品的价值，在这一过程中，商品的所有权从卖者手中转移至买者手中，所有权发生转移。客房产品却是另外一番异象。客人失去价值，没有完全获得客房的使用价值，只能短期拥有其使用价值，酒店获得价值，出让的只是客房一个时期的使用价值，客房的所有权在买卖双方的交易中没有发生质的变化。正是因为客房的所有权是不可转移的，所以价值补偿必须通过一个延续的过程，通过多次、分散、零星的出租来获得客房在使用寿命内的全部价值。因此可以说，寿命期内的客房价值能否实现以及实现的程度，需要依靠客房出租率这一指标进行统计计算。

（2）产品生产与消费同步。客房产品是由客房建筑、客房设施、客房服务三个部分组成的。其中，客房建筑及客房设施具有相对的稳定性。但是客房服务却是"产消"同步的。客人不消费，客房服务也就无法发生，客房服务无法发生，客房产品就不完整。这个过程是服务行业的产品所共有的特性，也是客房区别于一般商品的主要特征之一，也是酒店将"顾客就是上帝"作为服务信条的依据之一。

（3）产品价值不能储存。我们知道，市场上流通的每件商品都是有价值的。客房产品也不例外。但是一般商品都是有一定的保质期，换句话说一般商品的价值是可以储存的，今天没有卖出去，不会影响到明天市场上价值的实现。但是客房产品不一样，客房产品的保质期只有一天，价值实现的形式依赖于客房出租，今天的客房没有客人消费，产品的价值就只能随着时间的流逝而自动消失。第二天的客房又以新的价值形式存在。所以酒店业都将客房产品比喻为"易坏性最大的商品"、"只有24小时寿命的商品"。因此，客房的出租率是衡量酒店经济效益最敏感的指标，也是所有酒店的营销部门不懈努力的目标。

（4）产品"明暗"结合。顾名思义，所谓"明"服务是指客人能够看见或者是发生在客人面前的服务，主要是指客房中的叫醒、问候等对客服务；所谓"暗"服务是指客人看不见，或者是发生在客人来前、离后、外出等时的服务，主要指客房清洁、整理等方面的服务。消费者是看不到一般商品的生产流程，但是客房产品的生产分为两个部分：一部分在客人的背后，客人看不见，例如清扫整理房间，但是客人可以通过眼睛观察到产品质量，即客房干净不干净；还有一部分是与客人消费同步的产品生产，例如向客人介绍客房设施，这就是"明"的服务。由于客房是客人在酒店中短期的家，所以大部分的客房服务都是以"不打扰客人"为前提，客房产品虽说是"明暗"结合，但总体来说，还是以"暗"的服务为主。

（5）产品随机性。客房部的工作琐碎繁杂，从客房清理、补充物品、设备用品保养与维修到客人进、离店，都是一些事务性工作。客人在何时何地、何种情况下需要何种服务，事先都难以掌控与预测，服务具有很强的随机性，要求员工工作既要具有主动性，又要具有灵活性，善于揣摩客人的心理，用心工作、用情工作，给客人提供满意加惊喜的服务。

（6）产品复杂性。客房产品不同于流水线上的产品，不具有统一的标准和模式。一方面，不同的客人对产品的规格要求不同，对产品的质量评价很难统一；另一方面，产品的生产者即客房服务人员由于在性格、学历、性别等诸多方面存在差异，提供的产品质量也是参差不齐，即使是同一个服务人员，在不同的时候，对待同一个客人的态度及服务的水准都存在不同程度的差异，要做到客房产品的标准化确实不是一件容易的事情。因此，客房部要从内部管理着手，制定严格的程序规范和质量标准，从管理、培训、激励等多方面入手，将客房产品质量控制在一个合理的波动范围内。

2. 客房产品的要求

一间客房必须具备哪些功能，必须提供哪些服务，不是由酒店来决定的，而是由产品的消费者——客人来决定的。对于客人来说，一间客房要满足其生理和心理的双重需要。所以一般来说，客人对客房产品的要求有以下几方面：

（1）安全。尊重生命、生命无价，对于一家酒店来说，没有比客人的生命财产安全更为重要的事情了。雄伟壮观的造型、富丽堂皇的装修、美轮美奂的布局、体贴周到的服务，如果离开了安全这一基础条件，就变成了虚幻缥缈的空中楼阁。按照马斯洛的需求层次理论，只有生命财产安全得到了保障，客人才能谈及在酒店中的享受。因此安全保卫工作在任何一家酒店都是重中之重，如很多酒店的客房内均配备用来存放贵重物品的保险箱。

（2）清洁。清洁卫生是客人对客房产品的基本要求。客房中人来人往，人员的流动较大，因此客人特别在意产品的清洁，清洁卫生直接关乎客人对客房产品质量优劣的评价，所有客房部都将客房的清洁卫生作为工作的底线和最低标准。

（3）舒适方便。客人在客房中希望得到的是休息和放松，因此在设计客房产品及对客房进行功能布局的时候，应充分考虑功能上的舒适、使用上的便利、感官上的愉悦。要从硬件和软件上配合营造一种舒适方便的客房空间，为客人打造一个便利、舒适的"家外之家"。

（4）特色。在激烈的市场竞争中，缺乏特色就意味着缺乏竞争力，特色是客房的闪光点，也是客房产品的生命力。客房产品的设计及装饰在保证简单实用、功能齐全的基础上，要强调自己的标新立异，满足客人追新求异的心态，从而增强产品的吸引力和竞争力。近年来，很多国家、地区、城市都兴建起了一批主题酒店，例如迪拜的帆船酒店就是很好的例证。

（二）客房的功能布局及设施

1. 客房功能区域

客房是客人的"家外之家"，不仅要满足情感上对家的渴望，生理上对家的诉求，同时还要满足客人外出事由的部分需求。因此，客房要具备休息、办公、商务娱乐等多种使用要求，具体来说，以标准间为例，客房应具备以下几个功能区域：

（1）睡眠区域：主要由床、床头柜、床头灯等部分组成，这一块也是客房最主要、最不可缺少的功能区域。

（2）书写区域：以写字台为中心，包含行李柜等。

（3）起居空间：通常靠窗户附近，包括沙发、茶几、电视等设备和物品，供客人休息和会客等。

（4）贮存空间：包括衣帽间、小冰箱等。

（5）盥洗区域：主要指卫生间。

2. 客房的设施及用品配备

（1）布草类：如床罩、床单、枕头、窗帘、遮光帘、毛巾等。

（2）家具类：如衣柜、写字台、床、床头柜、行李架等。

（3）电器类：如电视机、电脑、电冰箱、电话机、电吹风、各种灯具等。

（4）低值易耗品类：如服务指南、信纸、信封、便签、烟灰缸、水杯、牙刷、牙膏、肥皂、浴帽等。

（5）卫生间洁具等：面盆、马桶、浴缸、淋浴器等。

三、酒店客房部组织机构

（一）客房部机构设置的基本要求

科学地建立组织机构是确保客房部正常、高效、顺利开展工作的前提。建立合理、严密的组织机构，是客房部搞好管理、运转、服务等各项工作的重要条件和保证。客房部的组织机构应根据酒店的实际情况进行设计或调整。一般情况下，组织机构的建立可遵循以下原则：

1. 风格独特、量体裁衣

客房部组织机构的设置应该体现自己创新的管理模式。不要以模仿为主，生搬硬套，应当从酒店的规模、档次、设施设备、管理思想、接待对象、经营思维、人员成本及服务项目等实际出发，量体裁衣。

2. 精兵简政、突出高效

组织结构设置要特别注意精简，杜绝机构臃肿和人浮于事的现象，也应注意防止机构的过分简单化而带来的职能空缺，影响服务质量。做到合理设置、因事设岗，可采取竞聘上岗，充分发挥员工的主动性、积极性，从而进一步提高工作效率。

3. 明确分工

客房组织机构应是一个统一指挥，岗位、分工、职责、层次分明，沟通顺畅的有机整体。每个岗位人员的职责、任务，上下级隶属关系及信息传达的渠道和途径应明确。分工明确能够提高效率，协作有效更能体现组织机构建立合理。

4. 组织机构扁平化

与传统组织机构相比，扁平化具有显著的优越性，主要体现在以下三个方面：一是有利于决策和管理效率的提高。扁平机构的组织，高层领导和管理人员指导与沟通相对紧密，上层视野比较宽广、直观，使管理决策快速准确。二是有利于调动员工的积极性。组织层次减少，一般管理人员的业务权限和责任必然放大，可以调动下属的工作积极性、主动性和创造性，增强其使命感和责任感。三是有利于节约管理开支费用。扁平机构的组织，人员精减，可以大幅减少办公费及管理费。在酒店中推行扁平机构形态需要一个长期的过程，也需要一些客观条件的改善，如酒店人员素质的提高，但其仍然是酒店组织机构建设发展的方向。

（二）客房部组织机构设置的形态

客房部组织机构，一般情况下根据酒店规模大小、业务范围、经营管理特点、服务档次等的不同而设置。根据管理者的管理意图不同，客房部组织机构设置也会有所区别。

1. 管理层次设置

大中型酒店管理层次多，主要有经理、主管、领班、服务员四个层次（见

图1-1），小型酒店管理层次少，基本有经理、领班、服务员三个层次。

目前，酒店的发展趋势是优化组织机构，尽可能地减少管理层次，提高沟通和管理效率，降低管理成本。

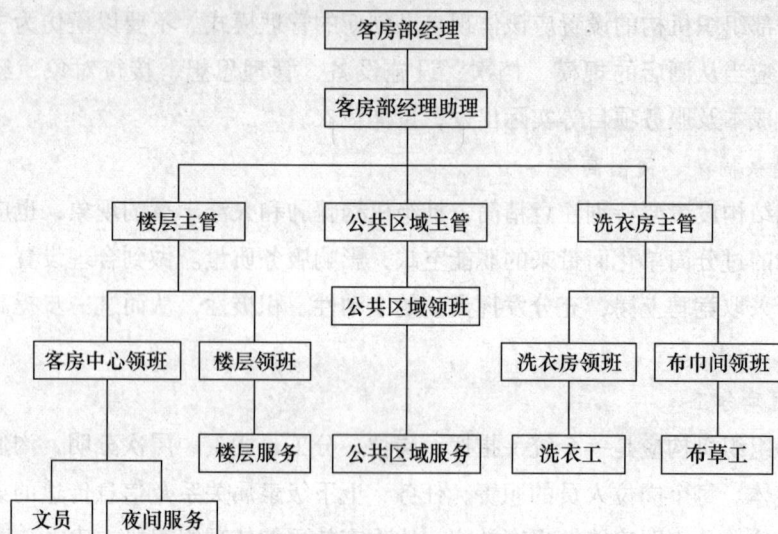

图1-1　客房部组织架构图

2. 业务分工设置

根据酒店组织机构和岗位设置情况，有的设有楼层服务台，客房服务中心，也有的两者兼而有之；大中型酒店客房部设有洗衣房、花房，小型酒店则没有。

大中型酒店客房部一般分为楼层、公共区域和洗衣房，有的将客房中心和棉织品房（布草房或布巾间）单列。

小型酒店客房部一般隶属于房务部，不设洗衣房和客房中心，酒店需洗涤的物品由社会上的专业洗涤公司承担。客房中心的服务电话由总台服务员承担，其他的工作将由客房部经理安排或划分给其他的岗位进行。

3. 客房部组织机构在设计时，应考虑以下问题

（1）清洁范围。

（2）选择服务模式。

（3）洗衣房的归属。

（4）洗衣房与棉织品房（布草房或布巾间）的关系。

（5）楼层服务与清扫岗位的分与合等。

（三）客房部各机构设置及职责

合理的岗位设置是客房部提高质量有效运行的保障。现按客房中心及棉织品房（布草房或布巾间）单列的情况，将客房部机构设置分为五部分，如图 1 - 2 所示。

```
                        客房部
        ┌──────┬──────┼──────┬──────┐
     客房中心  客房楼层  公共区域  棉织品房  洗衣房
                                (布草房)
```

图 1 - 2　客房部机构设置

1. 客房中心

中/外合资的酒店或由外方直接管理的酒店，通常都设有客房中心，有的酒店称为"客房服务中心"。它一般位于客房部办公室，基本职能：

（1）传递信息。客房中心是客房部内部及与其他部门交流信息的中心，又是对客服务中心。对客服务及管理信息都汇集于此，中心肩负着大量信息传递任务。

（2）协调工作。负责统一调度对客服务工作，掌握和控制客房状况，并与相关部门联络，协调各部门间的工作。

（3）出勤管理。监督员工出勤，并进行统计和管理。

（4）分配清扫房间。客房中心按照入住情况，为当班的清扫工分配好要清洁的房间。

（5）钥匙管理。负责钥匙的发放、回收与保管。

（6）其他任务。负责失物招领，管理遗留物品，发放客房用品、管理资料等。

2. 客房楼层

客房楼层由各种类型的客房组成，是客人休息的场所。每一层楼都设有供服务员使用的工作间，其任务包括：

（1）管理客房及管理楼层的设施、设备以及简易维修和保养等。

（2）负责客房及辖区的清洁卫生，客房内用品的替换。

（3）为客人提供礼貌、周到的服务。

3. 公共区域

公共区域一般称为 PA 组，其任务包括：

（1）负责酒店各部门办公室/餐厅/公共洗手间/衣帽间/大堂/电梯厅/各通道/楼梯/花园和门窗等公共区域的清洁卫生工作。

（2）负责楼层地毯、软面家具的定期清洁和保养。

（3）负责酒店的园林绿化。

（4）为客人提供公用卫生间的服务。

4. 棉织品房（布草房或布巾间）

（1）负责酒店所有工作人员的制服以及餐厅和客房所有布草收发、分类和保管工作。

（2）对有损坏的制服和布草及时修补，条件允许可进行加工制作。

（3）储备足够的制服和布草以供周转使用。

（4）棉织品的报废。

5. 洗衣房

（1）负责收洗客衣，洗涤员工制服和对客服务的所有布草。

（2）对外服务，负责住宿客人洗衣服务，有条件的可提供对社会服务。

（3）对内服务，负责员工制服的洗涤。

（4）洗涤全酒店对客服务的所有棉织品。

（四）客房部岗位设置及职责

客房部分工复杂、人员繁多，岗位职责是对各岗位员工进行合理评估的依据，也是招聘员工的参照标准，由于各酒店客房部规模不同，岗位设置各有特色，这里有选择地介绍一下客房部主要岗位的职责。

1. 客房部经理

上级领导：总经理、副总经理。

管理对象：客房部主管、领班、部门文员。

职责：全面经营管理客房部，对上级领导负责。

即通过计划、指挥、执行和监督部门工作，为宾客提供优质的服务，为客人和酒店员工提供清洁、怡人的公共区域和绿化，以最低的客房支出，赢取最高的客服标准和经济效益，以工作成效对上级总经理负责。

（1）根据单位总体目标，制订客房部年度工作计划、财务预算，保证客房部的经营目标符合单位总体质量标准，并有效组织实施。

（2）负责制订客房部岗位职责、工作程序、运行制度；建立客房部完整的工作体系。

（3）制订用人、培训计划，合理安排、调度、使用员工；对员工进行鉴定、考核，决策、执行相关人事规定。定期评估、调整组织机构。

（4）履行业务管理职能，为宾客提供规范化、程序化、个性化的优质服务。

（5）对客房部物资、设备进行管理和控制，降低成本。提出客房陈设布置方案及装修、更新、改进意见。

（6）探访病人、拜访长住客人；有效处理宾客投诉；深入了解宾客对客房部的需求，采取相应措施。

（7）负责客房部的安全工作，保证宾客和员工的人身和财产安全。

（8）督促、检查下属工作，并按操作规程进行规范操作，防止各种违规事故的发生。

（9）与其他部门建立良好的合作关系，协调部门之间的工作，不断改进工作，从而提高工作效率。

（10）学习先进的管理方法，不断改进和提高客房的管理工作水平。

2. 楼层主管

上级领导：客房部经理。

管理对象：楼层领班。

职责：负责楼层经营管理，对客房部经理负责。

（1）服从客房部经理的指挥，贯彻执行客房部的规章制度及工作程序、质量标准要求。制订客房及楼层所辖区域工作计划，并主持、督导各领班和服务员的工作。

（2）通过参加会议、听取汇报等对员工的有效管理和监督，完成业务、行政治安及日常事务工作，保证客房及楼层所辖区域的最佳服务状态。

（3）不定期对员工进行思想教育、业务操作培训，提高员工职业修养、业务水平、操作技能。

（4）负责辖区财务预算，负责楼层物资的管理与控制，确保设备的完好，督导各部物资发放制度的执行，定期核算清洁用具等各种物品的消耗量，控制损耗，减少浪费。

（5）及时与前厅、工程部、销售部等相关部门联系，随时核对客房情况，并提供准确的房态。

（6）主持每日内部晨会，根据客源情况，调整人员和物资，检查、落实贵宾房及接待程序。

（7）监督、指导日常工作质量和服务效果，保持酒店标准，保持应有的清洁保养标准，坚持巡视楼层及各个负责点，抽查客房清洁保养质量，走访客房，为宾客提供优质的服务。

（8）负责楼层的安全工作，做好防火、防盗工作；监督员工执行各种操作规程，杜绝违规事故的发生。

（9）受理客人投诉，协助解决员工投诉，处理违纪及突发事件。

（10）督导各部门领班工作的成效和行为，协助领班工作，指导领班解决疑难，负责服务员的任务分配、工作评估、业绩考核。

（11）在客房部经理有事情不在情况下，代行部门经理职责。

3. 楼层领班

上级领导：楼层主管。

管理对象：楼层员工。

职责：负责楼层的经营管理，对楼层主管负责。

（1）服从楼层主管指挥，经常报告本班组工作情况，指导、培训员工熟悉业务、工作流程，熟练掌握客房整理的操作程序、服务技能、卫生标准，不断提高服务工作质量。

（2）安排所辖员工的每日工作和周期卫生计划，严格执行查房制度，检查所管辖员工的工作质量、卫生达标，礼仪礼貌、行为规范。

（3）巡视所管辖区域，全面检查客房卫生、设备维修保养、安全设施和对客服务质量，确保达到规定的标准。

（4）填写领班工作日志，向主管报告房态、宾客特殊动向和客房、客人物品损坏、遗失，房间报损维修等情况。

（5）负责所辖楼层财产，楼层各类物品的存储、消耗，发放与统计，督导下属管理好楼层物资，并向部门汇报。

（6）负责班组的考勤管理，掌握当班情况，安排班次调整，做好每月员工考评。

（7）和主管及各部领班协调搞好关系，充分调动员工积极性，提高工作效率。

（8）注意客人动态，接受并处理一般性的宾客投诉，有重大事故时须向部门主管、经理报告。

（9）督促、检查、落实安全工作，做好安全保卫工作。

（10）掌握所管辖客房的状况，以及客情、重点宾客的人数、标准、入住时间等，并亲自招待宾客，以示对贵宾的礼遇。对 VIP 房及重要客人进行再查房。确保提供安全、舒适、清洁、高效的服务。

（11）不断攻关，开创新成果，并完成部门经理安排的其他工作。

4. 客房服务员

上级领导：楼层领班。

职责：负责客房服务与管理，对楼层领班负责。

（1）服从楼层领班指挥，接受领班的检查、指导，执行单位各项制度，按工作流程、质量标准做事。

（2）负责服务区域内的清洁保养及房间的布置工作，及时整理、清洁、更换各种客房用品。

（3）熟练掌握礼仪礼节常识及各种业务技能，并灵活运用到日常服务工作中，热情待客，为贵宾、伤残及患病客人提供有针对性的服务。

（4）及时向领班报告楼层情况，做好工作衔接和跟房工作，填写工作记录。

（5）管理房间钥匙及楼层物资，合理调配客用消耗品，做好日常设备、设施的使用及保养工作，发现问题及时上报维修，确保设备、设施的正常使用。

（6）负责客人进店前的准备，结账时查看房间设备物品是否齐全和有无损坏，若发现问题及时向领班和前台报告。

（7）负责洗衣房棉织品、客人衣物的交接工作；提供临时整理、换床上用品服务。

（8）负责小酒吧消耗情况清点、开账单及调换、存放、补充。

（9）主动介绍服务项目、设施的使用方法和功能，回答客人提出的问题，帮助客人解决困难，无法解决的问题及时向领班报告。

（10）协助做好楼层安全工作，完成领班交办的其他工作。

5. 客房中心服务员

上级领导：客房领班。

职责：负责客房中心服务与管理，对楼层领班负责。

（1）熟悉所有房型、设施与其他服务。认真阅读交接班记录及应注意事项。

负责传递楼层及其他部门的信息和通知要求，并及时递交有关负责人。

（2）接听客人电话，做好来电详细记录。

（3）受理客人的服务要求，将客人的要求、进店、离店、结账等信息准确、及时反馈给相应人员，保持与其他部门的密切联系，确保为客人提供高效率的客房服务。发现异常情况时，须及时向部门主管上级反映。

（4）负责客房及其他部门所领用的钥匙登记保管工作，严格执行钥匙的领发制度。

（5）随时掌握房态，准确、及时、无误地将离店的房号和客房资料及时输入电脑，并与前台保持密切联系，如遇有特殊事项，及时向上级报告。为客房部人力调配、安排工作提供依据。

（6）负责本部门员工考勤记录和假条的保存，客房中心档案及信息资料的保管，准确无误地做好交接班记录及各项登记工作，并向领班汇报交接记录内容。

（7）负责对外借物品的登记，并及时收回。做好客人遗失物品接收、登记、保管、招领工作。

（8）做好维修记录，及时送工程部并跟进，负责客房维修的统计。及时更改和填写维修房情况和客房加床显示记录。

（9）统计客房酒吧的消耗量，填写、保存酒水补充报告单，按规定时间到前台收银处取反馈单，送交酒水消耗统计表。

（10）保管各种设备、用具、用品，并编写建档，定期清点。同时负责整理楼层客用品的申领工作。

（11）接待客人投诉，及时将客人投诉报告领班和楼层主管，并做好记录。

（12）执行及有效完成上级安排的其他事务。

6. 公共区域主管

上级领导：客房部经理。

管理对象：公共区域领班。

职责：负责公共区域的经营管理，对客房部经理负责。

（1）负责对所辖区域的清洁保养工作，制订并落实酒店公共区域清洁保养工作的计划。

（2）负责对下属的管理，掌握员工的思想和工作情况，负责员工的工作安排、培训和考核。

（3）负责酒店公共区域人员调配，巡视检查和督导下属的工作，确保他们按规范和要求工作并保证效率和质量。检查员工的仪容仪表是否符合规定，辖区是否整洁、美观，发现问题及时纠正、处理。

（4）负责酒店公共区域物资管理，对清洁设备、工具、用品等进行申购、控制、管理，检查辖区装饰品、公用设施设备是否完善，在保证质量的前提下努力控制成本费用。

（5）指导和检查地毯保养、虫害控制、外窗清洁等专业工作。

（6）了解和研究清洁保养的新技术、新产品，不断提高清洁保养工作的效率和质量。

（7）积极与相关部门沟通，做好有关场所及某些专项清洁工作。

（8）完成公共区域的工作日志。

（9）完成客房部经理交给的各项临时任务。

7. 洗衣房主管

上级领导：客房部经理。

管理对象：洗衣服务员工。

职责：负责洗衣房的经营管理，对客房部经理负责。

（1）协助客房部经理制订洗衣房规章制度、岗位职责、工作程序及质量标准。

（2）负责对下属的管理，掌握员工的思想和工作情况。负责员工的工作安排、培训和考核。

（3）建立完善的洗涤、收发、计价、登记制度。

（4）制订洗衣房的工作计划，合理安排各部门、各类布草服装的洗涤时间，完成各项洗涤任务，保证布草符合卫生质量要求。

（5）计划、落实布草（制服）的盘点，控制成本费用，检查实物摆放、库房容量、账目登记是否符合要求。另外，统计分析损耗，合理控制库存，并及时向上级汇报。

（6）管理设备用品，负责机器设备的日常使用、维修、保养的管理工作，保证其正常运转。

（7）接洽对外经营与协作，协助做好员工制服的管理，及布草的报废、回收再利用工作。

（8）掌握洗涤技术和了解洗涤新产品，不断提高洗涤质量。

（9）负责洗衣房的安全工作。

（10）完成客房部经理交给的各项临时任务。

四、客房部人员素质要求

随着酒店业突飞猛进的发展，酒店的市场竞争也越来越激烈。客人们尤其对酒店客房商品的要求也越来越高。高质量的服务已成为提高酒店市场占有份额和提高酒店竞争力所必不可少的前提条件。而高质量的服务则有赖于高水平的管理和高素质的员工。

客房部的工作特点有别于其他部门。客房部以整洁、舒适、安全为前提，随时随地为宾客提供礼貌热情、真诚主动、准确高效、耐心周到的各项服务。客房部是宾客的"家外之家"（Home Away From Home）：是一个"静、净、敬"的部门，也是一个工作服务琐碎和繁重的部门。客房工作的复杂性与随机性，以及面对面地直接对客的服务，都对客房部各岗位员工的素质提出了较高的要求。

作为一名合格、优秀的客房部员工，必须具备以下基本素质：

（一）诚实、自律，品质好

客房部员工由于对客服务需要，须进入客房，有机会与客人财产接触。因此，要求员工必须具有良好的职业道德和思想品质。诚实和自律是员工对客人态度好的最直接表现形式，员工要实行感情服务，即以诚实、自律为基础的自然、亲切的服务，让客人有"家"的感觉，放心住宿。

（二）敬业、踏实，肯吃苦

客房部员工必须具备高度的工作责任心和敬业爱岗精神，忠于职守，尽心尽力。客房部的服务是通过客房产品表现出来的，客人通过床铺的整洁、地面的洁净以及方便程度等感受到员工的服务，许多岗位通常是单独的、每天重复做着大量琐碎的工作，有些工作做过同没做过没多大区别，因此员工必须有很强的敬业心、高度的责任感，敬重自己所从事的工作，认认真真、踏踏实实地做好每一件事，有自觉吃苦耐劳的精神，按照酒店的工作程序、标准，保质保量地完成工作。

（三）稳重、周到，有耐心

客房是宾客休闲、休息的地方，必须要有一个安静的环境，因此客房环境要求员工具备稳重、能耐得住寂寞、甘于默默奉献而不张扬的性格。

客人的多样性和服务工作的多变性要求员工经得起刁难、责备，任何情况下都要耐心，坚持让客人完全满意为服务宗旨，把关心、照顾、周到的服务做到实处。

（四）主动、勤快，意识强

主动服务来源于细心，要把客人当作自己的亲人或请来的知己朋友用心来为他们服务，勤动脑、勤动手，想在客人开口前，急客人之所需，特殊客人还需要从肢体语言上和眼神上交流，体现出热情、大方，让客人有宾至如归的感觉，进而提高服务质量。

（五）礼貌、热情，气质佳

客房部员工外表整洁、端庄，待客礼貌、热情、自然得体。员工仪容、仪表直接体现着酒店的形象，仪容、仪表端庄大方，是每个员工应该具备的基本素质，称为与客人友好交往的通行证。

（六）身体健康，技术过硬

客房部许多岗位的工作繁重，身体健康、技术过硬是员工应该具备的基本条件，特别遇到住店高峰时还需要加班加点。因此，强壮的身体和过硬的技术能力是非常重要的。

（七）具备基本的设施、设备维修保养知识

酒店客房内有很多设施设备需要维修，通常由酒店的工程人员负责，但对其日常保养则由客房部负责，客房员工必须有基本的设施设备维修的常识和保养知识，遇到一些换灯泡、插电源插座、换保险丝等，也应主动负责。

（八）具有广博的知识面

为准确高效为客人提供优质服务，要求员工有广博的知识。为方便国外客人，员工应掌握客房常用外语，能在对客服务中和国外客人进行有效沟通；对音乐和美学常识有所了解，用于酒店背景音乐、客房及周边环境布置、客房用品的选择搭配等；对文学、历史、地理等有一定阅历，熟悉当地旅游景点、旅游线路，了解民风民俗，为客人提供旅游建议和个性化服务。

第二章　客房人员道德与礼仪

一、客房服务人员的职业道德

（一）道德

道德一词，在汉语中可追溯到先秦思想家老子所著的《道德经》一书。老子说："道生之，德畜之，物形之，器成之。是以万物莫不尊道而贵德。道之尊，德之贵，夫莫之命而常自然。"其中"道"指自然运行与人世共通的真理；而"德"是指人世的德行、品行、王道。"道德"二字连用始于荀子《劝学》篇："故学至乎礼而止矣，夫是之谓道德之极。"意思是一个人学习了礼并按照它的要求去做，就具备了最高道德。在西方古代文化中，"道德"（Morality）一词起源于拉丁语的"Mores"，意为风俗和习惯。

马克思主义认为，道德是一种社会意识形态，它是人们共同生活及其行为的准则和规范。道德是调整人与人、人与社会、人与集体之间相互关系的行为准则。

（二）职业道德

1. 职业的含义

职业就是人们所从事的工作，是从业者获取生活来源、扩大社会关系和实现自身价值的重要途径。从社会角度看，职业是劳动者获得的社会角色，劳动者为社会承担一定的义务和责任，并获得相应的报酬；从国民经济活动所需要的人力资源角度来看，职业是指不同性质、不同内容、不同形式、不同操作的专门劳动岗位。

2. 职业道德的含义

职业道德是指从事一定职业的人，在工作和劳动过程中，所应遵循的与其职业活动紧密联系的道德原则和规范的总和。职业道德是整个社会道德体系中的重要组成部分，在社会主义时期，它是社会主义道德准则在职业生活中的具体体现。

随着人类社会的进步与发展，社会分工越来越细，各种职业日益繁多，人与人的职业关系也越来越密切，同时也产生了不同行业的职业道德规范，调节着人们的利益关系。为什么各行各业都必须有自己的职业道德规范呢？这是因为，各行各业的职业活动都有自己的客观规律，为维护不同行业的正常运行，以及行业的生存和发展，就必须要有体现不同行业内的职业道德规范。如教师的"为人师表"，医生的"救死扶伤"，公务员的"公正廉洁"，商人的"货真价实"、"公平交易"等职业道德。职业道德不仅调节本行业与其他社会行业之间的关系，也是调节行业内部人员相互之间的利益关系。在社会主义社会里，每一个行业都是为人民服务的行业，因此，都要共同遵循为人民服务的宗旨，要体现社会主义道德"五爱"的基本要求，发扬把国家利益、人民利益、集体利益和个人利益相结合的社会主义集体主义精神。同时要具有忠于职守和爱岗敬业的自我牺牲精神。

（三）社会主义职业道德

1. 社会主义职业道德的含义

社会主义职业道德是社会主义社会各行各业的劳动者在职业活动中必须共同遵守的基本行为准则。它是判断人们职业行为优劣的具体标准，也是社会主义道德在职业生活中的反映。《中共中央关于加强社会主义精神文明建设若干问题的决议》规定了今天各行各业都应共同遵守的职业道德的五项基本规范，即"爱岗敬业、诚实守信、办事公道、服务群众、奉献社会"。其中，为人民服务是社会主义职业道德的核心规范，它是贯穿于全社会共同的职业道德之中的基本精神。社会主义职业道德的基本原则是集体主义。因为集体主义贯穿于社会主义职业道德规范的始终，是正确处理国家、集体、个人关系的最根本的准则，也是衡量个人职业行为和职业品质的基本准则，是社会主义社会的客观要求，是社会主义职业活动获得成功的保证。

2. 社会主义职业道德基本规范

（1）爱岗敬业。爱岗敬业是社会主义职业道德最基本、最普通的要求。所谓爱岗，就是热爱自己的岗位，热爱本职工作。所谓敬业，就是专心致力于自己的本职工作，是社会对人们工作态度的一种道德要求。敬业的本质就是奉献的精神，是人们基于对一种职业或岗位的热爱而产生的一种全身心投入的精神。

（2）诚实守信。诚实守信是社会主义最基本的道德规范之一，它是社会道德，也是职业道德的一个基本规范。诚实就是忠诚老实，不说谎，不作假，不欺瞒别人。守信就是信守承诺，言出必行，忠实履行自己承担的义务。诚实守信是内外相应，言行相称，是各行各业的行为准则，也是社会主义公民的基本准则。

（3）办事公道。办事公道是以国家法律、法规、社会道德准则为标准，秉公办事、不偏不倚，公开、公平、公正地处理问题，坚持法律和规章制度面前人人平等的原则。办事公道是一切行业、岗位必须遵守的职业道德。

（4）服务群众。服务群众就是为人民群众服务，是社会主义职业道德的核心规范。为人民服务是指社会全体从业者一切从人民的利益出发，为人民的利益工作，通过互相服务、互相关心、互相帮助，促进社会发展、实现共同幸福。

（5）奉献社会。奉献社会是社会主义职业道德的本质特征。奉献社会和做好本职工作、维护个人利益是辩证统一的，因为一个工作岗位的存在，也是人类社会存在和发展的需要。在自己的工作中、在本职的岗位上认真做好每件事，就是对社会的奉献。奉献社会自始至终体现在爱岗敬业、诚实守信、办事公道和服务群众的各种要求之中。

（四）客房人员职业道德规范

1. 全心全意为宾客服务

（1）热心为宾客服务。主动、热心地为宾客服务，尽可能地满足他们的各种需求，是客房员工热爱本职工作的具体表现。热心为宾客服务是酒店业的基本职业道德，也是优质服务之本。服务意识淡薄的员工，不仅会使客人失望，而且会给客房形象带来不良影响。当然，热心为宾客服务也并不是无原则的迁就。

（2）加强职业责任心和道德义务感。要做到全心全意为宾客服务，还必须加强职业责任心和道德义务感。职业责任心是个人对自身职业应承担的职责和义务所持的态度；道德义务感是个人对自己所应承担的社会责任的认识及伴随的情感体验，二者都同责任、义务有关。当我们对工作充满强烈的责任感时，我们就会更主动地去学习其中的行业知识与技能，培养对这份职业的兴趣，同时也有了更加饱满的工作热情。

有人说，客房无大事。客房的工作许多都是细小、细微的琐碎事情。这些小事看似平凡却又不平凡。如果我们从道德义务的高度看问题，就应该在工作中更好地对待自己的服务对象，全心全意地为每位宾客服务，将这些小事做好、做足、做到位，从客人的快乐中寻找自身的价值和人生的乐趣。

（3）努力改善服务态度，不断提高服务质量。服务态度，是指服务人员在服务过程中，在言行举止方面的一系列表现。通常包括心理状态、面部表情、形体动作、语言表达和仪容仪表等。总的来说，好的服务态度应该是主动热情、耐心周到、文明礼貌、尊重顾客。服务质量，是指为客人提供的服务在使用价值上能达到规定效果、满足客人需求的程度，这些可以从服务过程中的诸多细节体现出来。

例如：在大堂见到醉酒客人时，主动为他泡杯浓茶；前台登记时，发现客人是使用左手写字，就告知相关部门，为他提供各项设备都放置在方便左手使用的方位；看到年老体弱的客人，主动上前搀扶；碰到会议中演讲的客人嗓子不舒服时，为客人准备用温水冲泡的胖大海；等等。

2. 发扬集体主义精神

客房工作涉及范围较广，接待服务随机性大且琐碎，各部门各岗位互相间的关系较密切，团结协作的要求越来越高。这就要求员工：

（1）有严格的组织纪律观念。一个集体要有严格的纪律，才能约束集体中的每个成员，使大家互相协调，使集体发挥出更大的作用。否则，就会像一盘散沙，无法进行集体活动。

（2）团结协作精神。团结协作，是集体主义的另一个重要内容，其基本含义是：同事之间、部门之间、上下级之间，要相互理解、相互支持、顾全大局、积极合作，共同实现优质服务。"客房服务无小事"，这是酒店业的一句行话。在对客人的服务过程中，哪怕一个细小环节出问题，都会影响到整个服务效果，即使你的服务 99 次都是好的。只要有一次服务不周，就会前功尽弃，这就是著名的质量否定公式：$100 - 1 \leqslant 0$。所以，团结协作精神在客房工作中至关重要，它是决定服务质量好坏，影响服务效果评价的重要因素之一。

（3）客房职业道德的基本要求。以全心全意为宾客服务为核心，以集体主义为基本原则的客房职业道德，还要求客房员工热爱客房事业，在实践中发扬爱国主义精神。

热爱本职工作是一切职业道德最基本的道德原则。它要求员工明确工作的目的和意义，热爱自己从事的工作，要"干一行，爱一行"，忠实地履行自己的职业职责，所以说"热爱是最好的老师"。

爱国主义所反映和调节的是人们对中华民族和国家利益的关系和行为，是集体主义对待中华民族和国家利益的准则，是职业道德的基本要求之一。

（五）客房人员职业道德要求

道德规范是道德基本原则的补充和具体化，是衡量人们道德行为的具体标准。客房职业道德规范既是每个客房从业人员在职业活动中必须遵循的行为准则，又是评价和判断他们得到人们予以肯定和赞扬的重要标准；凡是不符合这些规范的行为，就是不道德的，应当受到社会公众的批评和谴责。客房职业道德规范，除了一般职业道德要求的"遵纪守法"、"文明礼貌"外，还主要包括以下内容：

1. 真诚公道、信誉第一

"真诚公道、信誉第一"是客房职业道德的重要规范。俗话说："人无信不立，店无信难开"，"诚招天下客，誉从信中来"。注重信誉，讲究信用，既是优良的商务传统，又是客房行业起码的职业道德要求。客房从业只有诚实守信，维护行业声誉，才能吸引广大宾客，保持生意兴隆，从而提高客房的社会效益和经济效益。

在客房职业活动中，真诚公道就是真心诚意，讲究信用，公平合理，买卖公道，遵守合同条款，在不损坏客房利益的前提下，自觉维护客房消费者的合法权益。信誉是客房的生命，只有真诚公道地对待每一位消费者，向他们提供优质的服务，才能树立起良好的信誉和形象以及稳定和扩大客源市场。

一个客房进行组织管理时，如果不将信誉放在第一位，不维护顾客的利益，仅一味地强调经济效益，忽视社会效益，是不可能有强大的生命力的。在世界旅游业发达的国家，衡量客房管理与服务水平高低的一个十分重要的因素即为宾客的"回头率"。能让客人回头，本身就证明了该客房在宾客心目中具有良好的信誉，表明客房以真诚公道赢得了客人的信任。

据有关部门统计分析，凡是在旅游黄金周遭到客人投诉较多的客房、旅行社，在下个黄金周到来的时候，客源都会明显的不足。由此可见，一个企业的信誉，对该企业的生存与发展是何等重要。英国旅游协会调查发现，1 位住店客人平均要影响 9 个人，如果把一家客房 1 年的接待人数乘以 9，这是一个非常可观的数目。客房信誉无论是好是坏，都将影响众多的潜在客人，并直接关系到客房的社会效益和经济效益。

真诚公道、信誉第一的具体要求。

（1）以满足宾客需要为中心，以维护顾客利益为前提。"真诚公道、信誉第一"这一道德规范在客房服务工作中较为集中地体现在客房从业人员能否在实际工作中做到以宾客的需要为中心，以维护顾客利益为前提，如在向客人介绍、宣传客房产品时是否只顾及到客房产品的推销和盈利，而忽略客人的具体需求。

（2）诚实可靠，拾金不昧。诚实可靠就是使宾客感到客房和客房的每位员工都是诚实可信的。而拾金不昧是建立客房信誉、获得客人信任的重要方面。

2. 热情友好、宾客至上

"有朋自远方来，不亦乐乎"是我国古人热情好客的充分体现。中国这个古老的东方民族一直就有着热情友好的优良传统。

热情友好、宾客至上，既是一种道德情感，又是一种道德行为，是客房接待工作的精髓。它要求客房员工在对客服务工作中应当以客为尊，热情接待、礼节周到，服务人员与客人建立朋友、亲人般关系。具体行动包括：主动热情，面带微笑；耐心、周到地为客人提供优质服务，记住客人的名字、嗜好、忌讳等。充分满足宾客需要，既是客房部一切工作的出发点，也是一切工作的归宿点。

把宾客放在首位，一切为宾客着想，一切使宾客满意，尽力为宾客服务，是每一个客房员工应尽的职业责任和道德义务。在客房行业中，作为从业人员在对待宾客的行为指南中，有三条座右铭值得我们谨记：其一，顾客就是上帝。其二，客人永远都是对的。其三，永远不要对客人说"NO"。

（1）热情友好、宾客至上的重要性。

1）热情友好、宾客至上是酒店业在竞争中取胜的法宝。随着酒店行业的不断发展，在硬件设施档次、水平方面的差异化日益缩小的情况下，最终吸引客人的就要看服务了。一般性的服务只能满足客人的"物质"需求，然而，随着客人对于"物质"需求逐渐减少，他们真正的需求则是客房个性化、情感化服务给予他们的惊喜、满足感和自豪感，使他们成为酒店的忠诚客人。当客人与自己的亲朋好友，以及社交圈里的熟人分享他的消费体验时，酒店会惊喜地发现，客房又有了一批慕名而来的客人。客人的宣传是一种渗透力极强的"软推销"。这种推销因为真实可信，所以更能吸引客人，成功率极高。因此热情友好是酒店业竞争取胜的法宝。

2）热情友好、宾客至上是酒店业取得良好声誉和经济效益的重要保证。只有客房员工热情友好地接待客人，想方设法满足客人提出的各种特殊要求，宾客对客房的服务质量才会满意。宾客满意度越高，酒店的声誉、形象就会越好，经济效益当然也会提高。

好的酒店形象是一笔巨大的无形资产，它可以为酒店带来无尽的财富。所以，酒店应当用优质的服务来获取客人的接受和认可，并不断提高社会知名度和美誉度，通过社会效益来促进经济效益。

（2）热情友好、宾客至上的具体要求。客房员工在对客服务中，要始终饱含热忱，主动、热情、耐心、周到地为宾客服务。具体要求包括以下几个方面：

1）主动招呼客人、正确称呼客人。想客人所想，急客人所急，善于观察，及时预见客人需求并予以满足，这是服务意识好、服务质量高的一种重要表现形式。

2）尽可能满足客人的特殊要求，不怕麻烦，不要对客人说不。要善于从客人的言谈举止中发现客人的需求。

3）待客服务，仪容仪表整洁，仪态得体。

4）与宾客交流，语言得当。

5）面带微笑，仔细倾听，耐心服务。

6）服务用语多用征询、商量式，不用祈使命令句。

7）实际操作力求标准化、规范化、个性化。

8）尽心尽责，细心周到。

3. 不卑不亢、一视同仁

在客房服务工作中，从业人员应当正确处理好与宾客的关系。不卑不亢、一视同仁正是处理这一关系的行为准则。

不卑，强调我们客房员工在对客服务中，应始终保持自己的人格尊严与民族尊严，不低声下气、不自卑、不媚俗。在原则问题上，如涉及国家利益、民族感情、社会道德、人格尊严等问题，应始终坚持原则，决不迁就、退让。不亢，就是不自夸、不骄傲、不自大。在接待客人的过程中，要尊重客人，热情友好、以诚相待，尽到自己的职业责任和道德义务。

一视同仁要求我们在对客服务中，将每一位客人都视为特殊的和重要的、需要给予特殊照顾的贵宾，决不能厚此薄彼。客人都是平等的，不根据穿着来定其档次。更不能对高消费者热情，对低消费者冷淡，甚至是歧视。

4. 钻研业务、提高技能

为了更好地做好本职工作，客房从业者必须不断地完善补充各种有关的业务知识，不断提高业务操作技能和发现问题、解决问题的能力，做到对知识技能刻苦钻研、精益求精。

作为客房从业人员，只有具有丰富的理论知识、熟练的操作技能、良好的服务态度和服务意识，才能为宾客提供优质服务，才能尽到自己的职责，才能为客房赢得声誉与效益。因此，自觉钻研业务，不断提高技能不仅是一项业务要求，更是一种道德规范要求。

钻研业务、提高技能，既是向客人提供优质服务，履行好岗位职责的前提，又是客房员工求得自身发展、进步的重要基础之一。总之，钻研业务、提高技能作为客房员工的职业道德规范之一，为客房员工在职业素质的自我提高方面提出了要求。只有刻苦钻研业务知识与技能，不断提高业务技能及职业素养，才能适应未来酒店业发展对人才的需要，才能在优胜劣汰的竞争中站稳脚跟。

二、服务人员的仪容仪表

对于酒店业来说，注重仪容仪表应该是客房服务人员的一项基本素质，它反映了客房服务人员的精神面貌，更代表了客房的整体形象。

(一) 仪容仪表的概念

仪容，通常是指人的外观、外貌。其中的重点则是指人的容貌。在人际交往中，每个人的仪容都会引起交往对象的特别关注，并将影响到对方对自己的整体评价。在个人的仪表问题之中，仪容是重中之重。

仪表是人的综合外表，它包括人的形体、容貌、健康状况、姿态、举止、风度等方面，是人举止风度的外在体现。

(二) 客房服务人员仪容要求

1. 头发

头发梳理得体、整洁、干净，不仅反映了良好的个人面貌，也是对人的一种礼貌。客房服务人员应保持头发的清洁，定期清洗，还需要有合适的发型。

男性客房服务人员的发型要求：基本为平头、寸头、毛寸；前不过眉、鬓不过耳、后不过领，不可染发、留长发或怪异发型；头发清洁、没有头皮屑；为防止头发脱落掉入菜肴中造成投诉，要求每日使用头发定型剂。

女性客房服务人员的发型要求：短发女性服务人员须将头发上定型剂，遵循前不过眉、鬓不过耳、后不盖领的原则梳理成型；长发女性服务人员统一将头发向后梳理，不留刘海（以免遮挡视线或脱落），额前头发偏短的必须用发卡（发夹必须是黑色无装饰发夹）将头发固定；长发盘起后用皮筋扎好，用发网兜固定好，发网兜不能超过衣领；保持头发清洁、没有头皮屑，不可染发或梳理怪异发型。

2. 面部

客房服务人员应保持面部的清洁与干爽，做到无泪痕、无汗渍、无灰尘、无油光等，使自己容光焕发、清新自然；每日彻底清洁眼睛，眼中不可有污物或带有睡意；注意鼻腔卫生，防止鼻毛外露；应保持容光焕发，充满活力，随时保持最佳精神状态；男性服务人员要经常修面，不得留胡须和大鬓角，女性服务人员上岗前需化淡妆，不能不化妆或浓妆艳抹。

3. 口腔

客房服务人员应每日早晚清洁口腔，每餐餐后要漱口，确保口腔清洁；上班前不要吃有刺激性气味的食物（如大蒜、榴梿等），必要时可嚼口香糖或口含茶叶以消除口腔异味；定期清洁、护理牙齿，保持牙齿洁白光亮。

4. 手

客房服务人员要经常洗手，不能留长指甲（指甲的长度与指尖齐平为最佳）；保证指甲内部无污垢，指甲两侧无死皮；不涂指甲油。

（三）客房服务人员仪表要求

1. 服饰

客房服务人员在岗时要穿工作制服，工作制服是岗位和职责的标志，不得互相借换穿用。具体着装要求如下：

（1）工作期间必须穿制服，选取时注意尺码是否合适，确保制服合身，下班后不可将制服穿出客房。

（2）保持制服干净、整齐、无破损，确保制服无外露线头和破损；及时更换和清洗，并熨烫平整，避免身上有异味。

（3）员工不得因任何理由将制服袖口、裤腿卷起，衣扣拉链要扣紧；戴围裙的员工要确保围裙始终干净，绳结要整洁；不可露出内衣内裤，女性员工着裙装要注意裙摆不可歪斜，不可让长裤边从裙下露出来；确保制服的标签没有外露，不在制服口袋里乱放东西。

2. 鞋袜

（1）工作期间必须穿客房要求或提供的鞋子，一般为黑色皮鞋或布鞋。皮鞋应经常擦拭，保持光亮；布鞋要保持清洁无污渍。

（2）确保鞋带系好，不光脚穿鞋。

（3）工作期间男性员工一般穿黑色或深色的棉质袜子，女性员工一般穿肉色丝袜。

（4）确保袜子无破洞，无拉丝；避免袜口露出；勤洗勤换，避免产生异味。

3. 佩戴

佩戴物品包括工号牌和饰品，客房服务人员佩戴要求如下：

（1）上班期间必须佩戴工号牌。

（2）工号牌佩戴在正确的位置和方向（左胸口正上方10厘米处）。

（3）保持工号牌的干净、清洁，没有任何污损。

（4）一般不可佩戴项链、耳环、手链、脚链和除结婚戒指以外的饰品。

三、客房服务人员的仪态

（一）仪态的概念

仪态是指人在行为中的姿态和风度，着重指举止方面。人在行为中的姿势通常是指身体在站立、就座、行走时的样子。

客房服务人员每天需要和很多客人打交道，在工作中应保持良好的仪态，站有站姿，坐有坐相，行走自然优美。

（二）站姿

站姿是人的一种本能，是一个人站立的姿势，它是人们平时所采用的一种静态的身体造型，同时又是其他动态的身体造型的基础和起点，最易表现人的姿势特征。优美而典雅的站立姿势是体现客房服务人员自身素养的一个方面，也是体现服务人员仪态美的起点和基础。

1. 站立要领

站立时从正面看，身体重心线应该在两腿中间，向上穿过脊柱到达头部，重心放在两个前脚掌。具体要领为：挺胸，收腹，目平视，环顾四周，面带笑容，双手自然下垂或体前交叉，以保持随时为顾客提供服务的最佳状态。

2. 正确站姿

（1）男性客房服务人员站姿：左脚向左横迈一小步，两脚之间距离不超过肩宽，两脚尖向正前方，身体重心落于两脚之间，身体直立。双手放在腹部交叉或自然下垂，挺胸、收腹。

（2）女性客房服务人员站姿：双脚呈"V"字形，双膝靠拢，脚跟靠紧。身体重心可落于双脚上，也可落于一脚上，通过变化身体重心来减轻站立长久后的疲劳，双手交叉于腹前。

3. 站姿禁忌

（1）双手不要叉在腰间、插进口袋或抱在胸前。

（2）身体不能东倒西歪。

（3）不要背靠他物，更不要单腿站立，将另一条腿蹬在其他物体上。

（4）不要趴在其他物体的台面上。

（5）不能有玩弄衣服、物品，咬手指甲等小动作。

（三）坐姿

所谓坐有坐相，是指坐姿要端正。优美的坐姿让人觉得安详舒适，而不是一副懒洋洋的模样。

1. 坐姿要领

人体重心垂直向下，腰部挺起，脊柱向上伸直，挺胸，双肩平松，颈、躯干、腿、脚正对着前方，手自然放在双膝上，双膝并拢，目平视。

2. 正确坐姿

（1）入座时要稳、要轻。就座时要不紧不慢，大大方方地从座椅的左后侧走到座位前，轻稳地坐下。若是穿着裙装，应用手将裙稍稍拢一下，不要坐下来后再站起来整理衣服。

（2）面带笑容，双目平视，嘴唇微闭，微收下颌。

（3）双肩放松平正，两臂自然弯曲放于椅子或沙发扶手上。

（4）坐在椅子上，要立腰、挺胸，上体自然挺直。

（5）两脚自然平落地面，两膝之间的距离，男性以松开一拳为宜，女性则不分开为好。

（6）坐在椅子上，至少要坐满椅子的2/3，脊背轻靠椅背。

3. 坐姿禁忌

（1）脚搭在椅子、沙发的扶手或架在茶几上。

（2）女性跷二郎腿，双膝叉开，脚跟不自然靠齐。

（3）同两侧客人谈话时，不要只转头，应当侧坐，上体和腿同时转向一侧。

（四）走姿

走姿是人体所呈现出的一种动态，是站姿的延续，是展现人的动态美的重要形式。客房服务人员在工作时，经常处于行走的状态，要以标准的动态美展现客房形象。

1. 走姿要领

头正、肩平、躯挺、步位直、步幅适度、步速平稳。

2. 正确走姿

（1）行走要大方得体、灵活稳重。行走时，身体重心向前倾3～5度，抬头，肩部放松，上身正直，挺胸收腹，目视前方，面带微笑。手臂伸直、放松，手指自然微曲，双臂自然前后摆动，摆动幅度为 35 厘米左右，双臂外开不要超过 30 度。

（2）行走时，重心落在双脚掌的前部，腹部和臀部要上提。女性行走时，双脚跟成一直线，不迈大步；男性行走时双脚跟成两条直线，但两线尽可能靠近，步履可稍大。

（3）步速适中，男服务员应为 110 步/分钟，女服务员以 120 步/分钟为宜。

（4）步幅不宜过大。因为步幅过大，人体前倾的角度必然加大，服务员经常手捧物品来往，容易发生意外。因此，男服务员的步幅应在 40 厘米左右，女服务员的步幅应在 35 厘米左右。

（5）行走时，一般靠右侧。与客人同行不能抢行（迎客除外），在通道行走时若有客人对面走来，要停下来靠边，让客人先通过，不可把背对着宾客。

（6）遇有急事或手提重物需超越走在前面的宾客时，应向客人表示歉意。

3. 走姿禁忌

（1）切忌摇头摆肩、扭身、踢腿。

（2）在公共场合与客人同行，不能抢行，更不要从客人中间穿行。

（3）两人以上行走时，不要成排，不要扒肩拉手、搭背搂腰。

（4）在通道行走，要靠一侧，不要走在中间。

（5）不准边走边说笑、哼唱、吹口哨、打响指、吃东西等。

四、服务人员的礼节礼貌

（一）礼节、礼貌的含义

礼节是人们在日常生活中，特别是交际场合中互相问候、致意、祝愿、慰问以及给予必要的协助与照料的惯用形式，礼节是礼貌的具体体现，如点头、致意、握手等都属于礼节的形式。礼貌是指人与人之间在接触交往中，相互表示敬重和友好的行为，它体现了时代的风尚与人们的道德品质，体现人们的文化层次和文明程度。礼貌是一个人接人待物的外在表现，这种表现是通过仪容、仪表、仪态及语言和动作来体现的。

（二）客房服务人员礼节礼貌的实施原则

1. 尊重顾客习惯

在日常服务接待工作中，要以当地的礼貌礼节方式为主，同时，要尊重顾客的礼貌习惯。礼貌的表现形式不一样，每一种礼貌形式都有一种崇高的含义。客房服务人员要接待不同国籍、不同民族的客人，服务时一定要尊重顾客的信仰和忌讳，否则会导致顾客不满，甚至发生矛盾。

2. 不卑不亢

不卑就是不显得低贱，不亢就是不显得高傲。服务人员在宾客面前要永远保持一种平和的心态，到本客房来就餐，你就是客人，我就是服务员，为你提供服务是我的职责。服务员既不能在身份高、地位高、经济条件好的客人前卑躬屈膝，也不能瞧不起身分低、地位低、经济条件差的客人。服务人员与所有的进餐宾客之间，都仅仅是一种服务和被服务的关系。

3. 不与客人过于亲密

在服务工作中，出于礼貌，可以创造一种和谐的进餐气氛，也可以和宾客有简单的交谈，特别是对一些远道而来的客人，可以借此机会向其介绍本客房的风味特色，厨师的名肴绝技，以及一些地方特产、风土人情、名胜古迹等。但这些交谈，一不能影响工作，二不能离题太远。随时都要清楚内外有别，公私有别，服务人员和客人不能过于亲密。

4. 不过分烦琐，不过分殷勤

对于顾客提出的要求、托办的事项，服务员只要轻轻说一句"好的"或"您稍等"即可，不要喋喋不休，使顾客感到厌烦。在服务过程中，有些事情本来应该是服务员做的，若顾客执意要亲自体验一番，则应该满足其要求。

5. 一视同仁，区别对待

来店住宿的客人，身份、地位、年龄、健康状况虽不一样，但应当一视同仁地对待他们，均应给予热情的接待，不要有以貌取人的做法。但对某些客人又必须给予适当特殊照顾，比如老弱病残等人群，进门都应有人搀扶。这样做才能切实体现本客房服务人员的礼貌修养。

（三）客房服务中的常用礼节

1. 问候礼

问候礼是服务人员对客人进店时的一种接待礼节，以问候、祝贺语言为主。问候礼在日常使用中又分为初次见面的问候（例如"您好，欢迎光临"）、时间性问候（例如"早上好"）、节日性问候（例如"新年快乐"）、针对不同客人的问候（例如"生日快乐"、"新婚快乐"）等几种不同的问候礼。

2. 称呼礼

称呼礼是指日常服务中和客人打交道时所用的称谓。称呼要切合实际，如果称呼错了，职务不对、姓名不对，不但会使客人不悦，引起反感，甚至还会产生笑话和引起误会。在称呼客人时，一般称男子为"先生"，未婚女子为"小姐"，已婚女子称"女士"，对不了解婚姻状况的女子称"小姐"，对戴结婚戒指和年龄稍大的可称"女士"。当知道客人职位时可以称呼其职位，如王局长、李主任等。

3. 应答礼

应答礼是指同客人交谈时的礼节。主要应遵循以下几点要求：

（1）解答客人问题时，必须保持良好的站立姿势，背不靠他物，讲话语气温和耐心，双目注视对方，集中精神倾听，以示尊重。

（2）对宾客的赞扬、批评、指教、抱怨等也都必须有恰当的语言回答，不能置之不理，否则是一种不礼貌的行为。

（3）服务员在为客人处理服务上的问题时，语气要婉转，如客人提出的某些问题超越了自己的权限，应及时请示上级及有关部门，禁止说一些否定语，如"不行"、"不可以"、"不知道"、"没有办法"等，应回答："对不起，我没有权力做主，我去请示一下领导，您看行吗?"

4. 操作礼

操作礼指服务人员在日常工作中的礼节。服务员的操作，在很多情况下是与客人在同一场合、同一时间进行的，服务员要想既做好服务工作又不失礼节，就必须注意尽量避免对客人的打扰，如影响到客人，则应表示歉意并说："对不起，打扰一下"，或"对不起，请让一下好吗"等。

5. 迎送礼

迎送礼指服务员迎送客人时的礼节。宾客来店时，服务员要主动向客人问好，笑脸相迎。在此过程中，要按先主宾后随员、先女宾后男宾的顺序进行，对老弱病残客人，要主动搀扶。客人用餐完毕，离开客房，服务员应向客人逐一道别，使客人带着温馨、满意而归，迎送礼要求不温不火、热情得体。

6. 宴会礼

宴会的本意是以礼为主、以食为辅。不论何种宴席，客房服务员都要懂得一般的礼貌礼节，还应该在为宴会提供服务的过程中，按一套规定的礼节去操作。例如，斟酒、上菜必须按一定顺序，菜的摆放要遵循一定规则，席间服务需依据酒宴主题，符合当地的风俗习惯等。

7. 握手礼

握手礼是人们交往时最常用的一种礼节，它是大多数国家的人们见面或告别时的礼节。行握手礼时，应距受礼者一步远，上身稍向前倾，两足立正，伸出右手，四指并齐，拇指张开朝上，向受礼者握手，礼毕松开。客房服务人员在行握手礼时应注意以下几点：

（1）同客人握手时，必须先由客人主动伸出手，服务人员才伸出手与之相握，不能由于客人是老客户、熟人就不分地点、时间、场合主动与客人握手，这样会打扰客人，造成误会。一般情况下，握手时长辈与晚辈之间长辈先伸手，上级与下级之间上级先伸手，男士与女士之间女士先伸手。

（2）一般情况下，行握手礼时，双方应脱下手套，男人还应摘下帽子，但尊贵客人、身份高贵的女士可戴着手套与别人握手。

（3）握手时，握住对方四指轻握一下即可，不可用力猛抓住别人的手，也不要只轻轻握住别人的指尖。同性握手时，手适度稍握紧，异性握手时则需轻些。

（4）行握手礼时，双目要注视对方眼、鼻、口，微笑致意，同时说些问候及祝贺的话，握手时切忌看着第三者，显得心不在焉。

（5）在迎送客人时不要因客人是熟人就图省事，应握手道别。

（6）如因手上疾病、手上沾水或较脏等原因，不便握手可向对方声明，请对方谅解。

8. 鞠躬礼

鞠躬礼一般是晚辈对长辈、下级对上级以及初次见面的朋友之间的礼节。鞠躬礼在客房服务中较为常用，是服务人员迎送客人的主要礼节。行鞠躬礼时手下垂后，用立正姿势，两眼注视受礼者，身体上部前倾 50 度左右，而后恢复原来姿势。

9. 致意礼

点头致意一般情况下是同级或平辈之间的礼节，在日常工作中，同一餐次服务人员与客人多次见面时，在问候客人"您好"的同时，还须点头微笑致意。

（四）客房服务人员礼貌用语

1. 礼貌用语的基本要求

客房服务员工作在客房的第一线，用礼貌语言接待宾客、介绍饭菜、解答询问，不仅有助于提高服务质量，而且有助于扩大用语的交际功能。所以服务员必须讲究礼貌用语，做到态度从容、言辞委婉、语气柔和。客房服务人员礼貌用语的基本要求如下。

（1）说话要有尊称，声调要平稳。凡是对就餐来宾说话，都应用"您"等尊称，言辞上要加"请"字，如"您请坐"，"请等一下"。对来宾的要求无法满足时，应加"对不起"等抱歉语。说话声调要平稳、和蔼，使人感到热情。

（2）说话要文雅、简练、明确，不要含糊、啰唆。文雅就是彬彬有礼；简练就是要简洁明了，一句话能说清楚，不用两句话；明确就是要交代清楚，使人能一听就懂。

（3）说话要委婉、热情，不要生硬、冰冷。尤其是解释语，态度更要热情。

（4）讲究语言艺术，说话力求语意完整，合乎语法。有时，服务员本出于好意，但因为讲话意思不完整、不合乎语法，反而会使宾客误解，如服务员看到宾客的热水用完了，想给宾客添点便问："您还要热水吗？"这样的话容易引起反感，如果稍加修改说："我再给您添点热水吧？"客人听了就会觉得舒服多了。

（5）与宾客讲话要注意举止表情。服务员的良好修养，不仅寓于优美的语言之中，而且寓于举止和神态中，如宾客到客房住宿，服务员虽然说了声"您好！请坐"，可是脸上不带微笑，而且漫不经心，这样就会引起宾客的不满。由此可见，不仅要用语言，还要用表情、动作来配合。

2. 客房服务中的常用礼貌用语

客房服务人员常用礼貌用语有以下几种：

（1）欢迎用语。如"欢迎您"、"欢迎光临"、"欢迎您来这里住宿"、"请这边走"等。

（2）问候用语。客房服务员常见的问候语有"您好"、"早上好"、"多日未见您身体好吗"等。

（3）告别用语。如"慢走"、"欢迎您再来"、"再见"、"欢迎下次光临"等。

（4）祝贺用语。对过生日的客人说"祝您生日快乐"，对新婚客人说"祝两位新婚愉快、白头偕老"，新年时对客人说"新年好"等。

（5）征询用语。如"我能为您做什么"、"请问还有什么需要吗"、"如果您不介意，我可以……吗"等。

（6）应答用语。如"好"、"好的"、"是的"、"不必客气"、"没关系"、"我马上就去做"等。

（7）道歉用语。如"对不起，打扰一下"、"麻烦您了"、"实在抱歉"、"请不要介意"等。

（8）推托用语。如"谢谢您的好意，但是"，"对不起，我不能离开，我用电话帮你联系一下，可以吗"等。

（9）称呼用语。如"先生"、"女士"、"小姐"等。

（10）客房应用语。"请问您需要××吗"，"请各位自便"等。

3. 使用礼貌用语时的体态语言

（1）目光。在沟通过程中用目光注视对方，是体态语言沟通方式中最有力的一种。当在交流过程中使用目光接触时，实际上在说："我对您感兴趣，我在关注您。"目光接触是对对方的尊重。反之当避免目光接触时，一般会被看作对自己没有把握、在说谎或者对对方毫不在意等，因此会产生负面影响。

（2）面部表情。表情是一种无声的语言，可向客人传递对他们的热情、尊重、宽容和理解，使客人感到亲切和温暖。服务人员在提供客房服务时呆板的面部表情难以让客人接受。对客房服务人员表情的基本要求是：温文尔雅、彬彬有礼，稳重端庄、不卑不亢，笑口常开、和蔼可亲，真诚可信、毫不做作。

（3）身体姿态。含胸驼背、无精打采，都在告诉客人你或是疲倦或是缺乏自信或是感到无聊，这些都将给客人留下不良印象，影响客房的整体形象。服务员的姿态应该潇洒自信，要显得自我感觉良好，对工作充满信心。

（4）手势。手势是最有表现力的一种"体态语言"，它是客房服务人员向宾客做介绍、谈话、引路、指示方向等常用的一种形体语言。客房服务人员在为客人提供服务时可借助手势更好地表达，但应注意手势正规，与眼睛配合使用；手势不宜太多，幅度不宜太大。

五、客房服务的应客技巧

客房服务人员除了对处理客房的工作事项有极高的工作能力要求之外，还必须具备和顾客进行良好沟通的能力，及时了解顾客的需求，重视顾客的意见。服务行业必须遵循顾客是上帝的黄金准则。作为客房服务人员，会遇到形形色色的顾客，具有成熟睿智的应客技巧十分重要。这不仅关系到个人能力问题，还直接关系到客房的声誉，因此要十分注重培养并完善自己的应客技巧。

1. 顾客投诉处理技巧

接到顾客投诉时，必须要重视和妥当处理，投诉意味着服务本身存在缺陷未能使顾客满意。要积极主动地和顾客沟通，听取顾客对客房的意见。客房服务的完善不仅来自内部的自我高要求，还取决于顾客的反馈。适应顾客，理解顾客，积极和顾客沟通,妥善处理好顾客的投诉,才能赢得顾客的好感。顾客有可能通过写信、发邮件或是打电话的方式投诉,也有可能当面投诉。比较难处理的是电话投诉和当面投诉。应对不同的投诉方法,要注意的事项也不相同。

(1)了解顾客投诉心理。想要处理好顾客的投诉,首先必须懂得顾客的投诉心理。不同的顾客投诉心态不同,从其言语表达和行为方式不难推测出来。以下是比较常见的顾客投诉时的心理:

一是希望被尊重的心理。顾客花钱消费来享受服务,因此在整个住宿过程中,顾客希望被客房重视和尊重的心理十分明显。在投诉的过程中这种心理更加突出,顾客总认为自己的意见是正确的,希望客房理解、重视,希望得到客房的歉意,并立即采取行动恰当地处理投诉。

二是发泄心理。顾客可能因为客房工作的疏漏和错误,导致心情受影响,产生抱怨心理也是人之常情。一般抱有此种心理投诉的顾客,在言语用词上可能会比较犀利或是情绪比较激动。

三是求赔偿心理。顾客遭受一定的损失而向客房投诉时,是希望能够补偿他们的损失。如果顾客能够提出证据表明所受的损失是客房的过错造成的,客房方面应当接受顾客的索偿要求,如果客房对顾客的损失不负有责任,应当向顾客解释清楚。

不同的投诉方式所需的解决方法不同,下面将从书面投诉和口头投诉两个方面来阐述。

(2)面对电话和当面投诉。

一是耐心倾听并了解事情原委。在倾听顾客投诉的过程中,要了解被投诉的具体原因是什么,是服务态度不好,住宿质量问题,或其他原因。在倾听过程中要照顾到顾客的情绪,如果顾客情绪比较激动,应当先安抚顾客的情绪,避免事态扩大。一定要记住:顾客永远是上帝,上帝是永远没有错误的,因此对宾客的投诉一定要耐心倾听,倾听时要与顾客保持目光交流。在回答顾客问话以前,先让顾客说完。适当问一些问题以求了解详细情况。

二是及时做出处理决定并告知顾客。处理顾客投诉是个性化服务的具体体现,顾客性格不同,需求不同,对问题的看法亦不同,故处理投诉时应在前面所述的基础上区别情况,随机应变,迅速果断地处理。如属一般服务工作的失误或态度问题,应立即向顾客致歉。如属饭菜质量有问题,应立即给予调换。如果是顾客的过分要求,超出自己的权限而上级又不在,也要耐心地向顾客解释,取得谅解，并请宾客留下联系方式，以便告诉顾客最终处理结果。如果问题确实已获得解决，应及时告知顾客，询问顾客是否满意，如顾客表示满意，说明其投诉的心理要求已获满足。此时，管理人员应再次向顾客致歉，借机与顾客交流，将坏事变好事。

三是和服务员进行沟通并做出处理决定。在处理好顾客的问题后，要及时找到提供服务的当事人，了解当时的情况，理清事情的原委后做出处理决定。例如对服务人员态度差、不熟悉工作流程等问题应该做出批评，可以做出减少其月奖金等决定，如果造成的影响很恶劣，甚至可以做出开除的决定，以儆效尤。这是处理顾客投诉的最后一个步骤，顾客投诉直指我们工作的薄弱环节，当管理人员妥善安抚好顾客后，应注意解决内部问题，并立即提出整改措施，以防同样问题反复发生。

（3）面对书面投诉。如果顾客采用信件或是发邮件的方式投诉，对顾客的信件和邮件要及时回复，表示已经收到投诉并告知顾客将在短时间内给予答复。解决步骤可以参考口头投诉的解决方法。

2. 顾客损坏物件的处理

顾客在住宿的过程中由于各种原因损坏物件的情况也很常见。损坏物件一般都是被子、暖水瓶、毛巾等，价格也各不同，因此要具体情况具体对待。顾客在损坏物件后往往会有尴尬的情绪，也会影响顾客的住宿心情，此时工作人员应该及时处理好这一问题。

（1）安抚顾客情绪并及时清理。顾客在住宿过程出现损坏物件这样的小插曲时，必然会影响住宿的心情。因此，服务人员应当及时询问顾客，是否被开水烫到，衣物是否需要清理，并安排人添加所需的用具。对于损坏物件要及时安排服务人员进行清理，以免使顾客被残碎的物件割伤。使顾客始终享受用餐的过程，这一点对客房争取更多的客源来说很重要。

（2）考虑是否需要顾客赔偿。一般而言，打碎的价格比较低的物件可以不需要顾客赔偿，以体现客房对顾客的尊重和理解。但如果顾客损坏的是价位较高的物件如名画等，就要考虑主要过错在于何方。如果是由于服务生摆放的位置不当，可以免除顾客的赔偿责任，并对相关的工作人员进行考评记过。如果是顾客的原因，应该考虑顾客的赔偿能力与顾客和客房服务往来频次以及住宿的场合。特别需要注意的就是在比较特殊的场合，在这样的情况下不应要求赔偿，其他情况一般来说可以进行相应的赔偿或是全额赔偿。在需要顾客赔偿的情况下，应当在顾客结算时告知顾客，顾客有疑问的及时解答并要求顾客在物件赔偿补充单上签字。不需要顾客赔偿的也应当在物件赔偿单上写明原因请顾客签字。

（3）及时登记受损物件的情况。

要求经手的服务员在物件赔偿补充单上登记相关的物件受损情况，写明是哪一客房出现的该问题、损坏物件的种类和数量以及经手的服务人员的信息。具体物件补充单一式五份，第一份存底作为成本核算的凭证；第二份交给顾客作为已经赔偿的证明；第三份交给财务部；第四份交给客房仓储管理部门方便服务员领取所需的物件；第五份交给采购部方便及时补充。

3. 服务员与顾客发生冲突的处理

很多客房管理人员碰到服务员与顾客发生冲突时，往往会把责任一味地推到服务员的身上，以取得顾客对客房服务的好感，维护客房的形象。这样的想法其实存在误区。因为作为服务员，他们是客房的工作人员，其负责人应该维护员工的合法权益，客房的工作人员本身也对客房做出了很大的贡献。因此要视情况和具体事态的发展处理冲突，寻求双方利益的平衡点。

通常，发生冲突的缘由有两类：一是顾客单方面的过错引起的。例如顾客因心情不好，对服务员提出过分的要求，甚至辱骂服务员。二是服务员单方面的原因。例如因服务员服务态度差，对顾客态度冷淡等原因，引起顾客的不满与其发生言语甚至肢体冲突。只有了解冲突发生的原因才能又快又好地解决冲突。冲突的级别也有很多种，事态轻微，则是双方的语言冲突，严重的可能导致肢体冲突甚至人身伤害。当服务员与顾客发生冲突后可以依照以下几个步骤来处理：

（1）控制事态并了解冲突的缘由。作为客房人员要在事情发生的第一时间介入，首先对所发生的不愉快事情向顾客表示歉意以稳定顾客的情绪。接着要做的就是向顾客了解事情的经过，此时应当尽量避免在公共用餐或是活动的区域进行沟通，以保持客房良好的运营环境。

（2）做出处理决定并告知顾客。在和顾客和服务员双方沟通之后，要及时做出处理意见。如果是因为服务员的错误引发的冲突，可以陪同服务员向顾客表示歉意。必要时向顾客赠送水果或对其消费进行一定的优惠折扣，同时表明客房的立场，适当对服务员做出一些惩处措施。如果是因为顾客的过错引起且事态轻微的，可以先向顾客表示歉意，事后对服务员进行必要的开导安慰。

（3）事态发展严重时交由警方处理。如果双方冲突过程中出现人员严重的身体伤害，应该及时由警方处理，而不能私自解决，以免出现更严重的后果。

4. 防范顾客偷窃的措施

客房人员杂多、管理难度大。客房的特色物件，例如特别定制的陶瓷、贵重名画或是具有特色的小装饰物往往会成为极少部分素质不高的顾客觊觎的目标。平常应当向员工灌输要保护客房财物的思想，可以建立相应的惩罚奖赏机制。也可以不定期地对员工进行相关技能的培训，交流该方面的处理经验。针对防范顾客偷窃的情况，可以从以下两个方面来解决：

（1）明确财物的保管职责，有重点地监督管理。客房部可安排专人负责，交接班时要清点并签字。坚持谁保管谁负责的原则，这样可以避免物品丢失时找不到责任人，字画、装饰物等贵重物品是服务人员重点监管保护的对象。

（2）加强客房的监控。在客房内以及出入口等位置进行监控。监控是给顾客一种暗示，表明客房对其行为有所关注。也可以在客房区张贴醒目的提示语，例如"请保管好您的财物，爱护客房的财物"。以上措施可以减少很多不必要的麻烦与冲突。当发现有明确的监控资料证明顾客有偷窃行为时，服务员可以以委婉的口气提示顾客。例如"先生，不好意思，能麻烦您配合一下吗？我们有些事想向您核实一下。"不能当众揭穿顾客，让其难堪，可以请顾客到安保部办公室单独详谈。如果情节严重、性质恶劣，可以选择报警，由警方处理。

5. 顾客醉酒失态的处理

顾客就餐过程中往往会点很多酒水，顾客醉酒的事件也很常见。顾客因为饮酒过量可能发生醉酒闹事的情况。客房人员应当及时控制事态的发展，根据顾客的醉酒状况采取不同的措施。

（1）顾客轻微醉酒。如果顾客只是轻微醉酒、大声喧哗，可以送上一些解酒茶水，帮助顾客醒酒。并要及时清理顾客的呕吐物，并防止其打碎餐具。如果同行的人有清醒的，可以善意地提醒其照顾好同伴。如果顾客是独自一人喝醉，应当及时询问其是否需要帮助。与此同时，要保管好顾客的随身财物，想办法联系醉酒顾客的亲友。

（2）顾客中度醉酒。醉酒的顾客如果情绪和行为过于失控，要安排工作人员把顾客送回客房，或是安排临时的房间让其休息。避免失态的醉酒顾客在公共用餐场合干扰破坏其他顾客的用餐氛围。

（3）顾客严重醉酒。如果醉酒顾客做出攻击性的言行，做出侮辱或是危害他人人身安全的行为时，作为经理必须冷静又有一定的胆识。及时和醉酒的顾客沟通，必要时通知保安协助，切记不可与顾客纠缠不休。如果顾客态度蛮横无理，破坏客房财物或是出手打人，可以在保安人员的协助下予以制止。情况严重时可以报警，以防止事态进一步恶化。

6. 顾客在客房受伤的处理

顾客在客房受伤可能是客房的原因造成的，也可能是由于顾客自身的过错导致的。顾客受伤的几种典型情况如下：情况一，地板有水渍而未及时清理，使得地面湿滑顾客摔伤；情况二，住宿过程中因服务员的过失被烫伤；情况三，顾客被破损的餐具或物品割伤；情况四，顾客在住宿中接触漏电的电源，触电受伤。有顾客在客房受伤，作为客房人员可以做以下处理：

（1）及时介入了解情况。要及时到达现场，了解顾客伤势和受伤原因。现场需要清理的，要安排工作人员处理。

（2）判断顾客是否要就医。根据顾客受伤的具体情况的不同可以区别对待。顾客只是轻微的受伤，可以由客房的医务人员进行简单处理。同时要向顾客道歉，顾客如果要求赔偿的，要进一步磋商。顾客受伤情况严重的，要建议顾客到医院进行检查，此时要安排客房一名工作人员前往陪同。同时要和受伤顾客的亲友取得联系，通知其具体情况。客房人员应当和前往陪同的人员随时保持联络，了解事情的发展进程。

（3）事后的处理。在顾客治疗期间，应当看望受伤的顾客，要求有关负责人填写报告，以便之后对于客房是否需要承担责任进行分析和应对。如果顾客受伤是客房的过失造成的，应当尽量和顾客对赔偿问题进行私底下的协商，对事情进行保密防止事态扩大。如果顾客受伤是由于自己不慎造成的，客房不负医疗赔偿责任，但是可以向顾客做出解释说明。

减少该类事件发生的很好方法就是做好各种预防措施，如地面有油渍、水渍或食物必须马上清理，客房、卫生间等要张贴醒目的提示标语。老化的电路和用电设施要及时安排技术人员进行维修，平常也要定期检修。

第三章　客房产品设计与美化

一、客房产品基础知识

（一）客房类型

1. 客房基本类型

随着市场需求的变化，酒店为了吸引不同消费层次、不同消费需求的客人，其客房的种类也日趋多样化。

（1）按房间构成与床位划分。按客房构成的房间数量和床位的配备情况可分为：

单间客房。只有一个房间的客房就是单间客房。由于客房内床位的配置情况不同，单间客房又有单人间（Single room）、双人间（Double room）、三人间（Triple room）等。单人间客房只配备一张单人床，用品也只配备一份；双人间客房配备一张双人床，也可以配备两张单人床，目前有不少的酒店在房间内配备一双一单两张床，分别称为大床间（Double room）、标准间（Standard room）和家庭房（Family room）；三人间客房是在房内配备三张单人床，此类房间一般在经济型酒店设立较多。

套间客房。由两个或两个以上房间、卫生间和其他设施组成的客房就是套间客房。根据使用功能和室内装饰标准，套房一般有：

标准套房（Standard suite）。标准套房又称普通套房（Junior suite），是由中间有门连通的两间单间客房组成，一间为起居室即会客室，另一间为卧室。卧室包含写字区、睡眠区（大床或两张单人床），并配有衣柜、咖啡台、圈椅、电视机、行李柜等；也有的卧室只放床、床头柜、梳妆柜、电视柜和软沙发。卫生间连在卧室内，内配三大件卫生洁具（面盆、浴缸、恭桶），也有的另配淋浴房。客厅包括起居区、客用洗手间，洗手间只设置面盆、云石台、恭桶，供来访客人使用。这类客房将会客区域与卧室分开，比较适合有朋友来访或几个朋友一同出游的客人，因为它有一个单独的商谈区域；也可作为一个小型会议室，会议团的会务组也特别喜爱此类房间。

商务套房（Business suite）。此类套房是专为从事商务活动的客人设计布置的。一间为起居与办公室，另一间为卧室。这类客房在办公设施、室内家具、用品的配备和布置等方面充分考虑到商务客人的需要，直通电话、接收传真、上网等服务项目也很周全。有的酒店因商务客人居多，就开设了商务楼层，在楼层设置服务台，直接快捷地为客人提供入住、离店、打字复印、秘书、会议等服务项目。楼层上设立专门的小餐厅，提供西式点心、咖啡、茶、自助餐等。商务客房凭着快捷周到、方便舒适的优点赢得了越来越多客人的青睐。近年来，特别是在高星级酒店，商务客房发展已呈现迅猛上升之势，因此，商务套房在客房中所占的比重也越来越高。

双层套房（Duplex suite）。也称立体套间，其布置为起居室在下、卧室在上，两者用室内楼梯连接起来。

连接套房（Connecting suite）。也称组合套间，是一种根据经营需要专门设计的房间形式，两间相连的客房用隔音性能好、均安装门锁的两扇双重隔门连接起来，并都配有卫生间。既可以作为两间独立的单间客房出租，也可作为套间出租，灵活性较高。连接套房可以由一个套房加一个标准间组成，也可以由两个标准间或两个套房组成。这类客房特别适合家庭出游或亲朋好友出游使用。

豪华套房（Deluxe suite）。豪华套房的特点在于重视客房装饰布置、房间氛围及用品配备，以呈现豪华气派。该套间可以为两套间布置，也可以为三套间布置。三套间中除起居室、卧室外，还有一间餐室或会议室兼书房，卧室中配备大号双人床。

总统套房（Presidential suite）。也称特套房，通常由7~8间或更多间组成，包括男主人房、女主人房、会议室、书房、餐室、起居室、随从房等。装饰布置极为讲究，造价昂贵，通常在豪华酒店才设置此类套房。它已成一种档次的象征，标志该酒店已具备了接待总统的条件。通常，总统套房的装饰布局决定了一家酒店的档次和豪华程度，因此很多酒店都把企业文化融入总统套房的装饰布局之中，以显示酒店的风格与档次。

（2）按客房档次划分。

普通房（Junior room）。普通房也叫标准房（Standard room），是指带卫生间的双人间。这类客房的装饰布置与酒店档次一致，为提高客房的利用率，一般配备两张单人床，可安排两位客人同住，较适合旅游团队和会议客人的需要。

高级房（Superior room）。高级房在客房面积、装饰布置、服务项目等方面比普通房高档。

豪华房（Deluxe room）。豪华房的客房在房间大小、设施设备配置、房间氛围及用品配备方面比高级房要豪华高档。为了体现客房的豪华程度，酒店往往将此类客房做成套房的形式，其中最豪华的套房要数总统套房。但不是所有的酒店都会有总统套房，一般在四星级以上酒店才设置，表明该酒店已具备接待总统的条件和能力。

行政房（Executive room）。行政房面积一般比标准间稍大，设有标准的办公桌和办公设备，一般配备电脑，是专为从事商务、公务活动的客人设计的。随着商务客人的不断增多，这类客房的需求量也随之增加。对此，一些高星级酒店专门设立了行政楼层，并在楼层配备专门的服务台，为选择行政房的客人提供入住、离店手续及打印、传真等服务，以便为客人提供更有针对性的服务。

大酒店行政楼客人的尊荣礼遇有：

1）迎宾茶及精美鲜果礼篮；

2）免费市内电话及高速宽带上网；

3）免费俱乐部游泳、健身、桑拿浴；

4）免费提供中文或英文报纸一份；

5）在独有的山景餐厅享用中西自助早餐；

6）免费享用健康美味的中西式商务套餐；

7）免费每日提供价值人民币 50 元的洗衣服务；

8）免费享用行政酒廊指定软饮；

9）免费享用行政会议室两小时；

10）延迟退房至下午 4 点（视酒店入住率）；

11）免费提供传真机及租用手提电脑 2 小时；

12）免费行政楼商务中心打印及复印每日 10 张。

2. 特殊客房

（1）女士客房。女士客房（Lady room）主要体现在使用者的性别限制上。传统客房的设计是从大众化角度来考虑的，尤其是为酒店的主要住宿者男性考虑的。随着女性地位的提高，女性在住店客人中的比重越来越大，单身女性这一特殊消费群体正迅速成长为世界各国都市经济中的亮点。

针对这一现象，突破传统的思想，设计专门为女性客人准备的客房将成为趋势。建设完全满足女性客人要求的客房，就必须充分考虑女士的审美观、生活习惯、爱好等多方面因素。客房的室内装饰要富有浪漫情调，室内气氛更为温馨雅致，悉心考虑女性的心理特点，充满女性气息，提供适合女士的房间用品，如浴袍、拖鞋、各类杂志以及女性用品和礼物等。酒店可根据市场需求情况设置几间女士客房，也可设置女士楼层。

（2）无烟客房。随着社会的发展，健康养生理念已深入人心，吸烟有害健康是人人皆知的道理。越来越多的酒店为满足客人的需求开辟了专门的无烟客房（Non-smoking room）或无烟楼层。北京天伦王朝等酒店的无烟楼层均吸引了大量回头客，这些酒店既创造了市场营销的机会，留住了一些客人，也为酒店赢得了较好的口碑。据北京长城酒店客房部负责人估算，该酒店每 10 位外宾中，至少有 7 位选择无烟楼层。近几年来，欧美、新加坡、中国台湾地区的游客大都选择无烟楼层。因此，很多酒店都将进行无烟客房的尝试。

无烟客房是专供非吸烟客人入住并为客人提供严格的无烟环境的客房。无烟楼层不仅是指客房房间里没有烟灰缸，楼层有明显的无烟标志，而且包括进入该楼层的工作人员和其他客人均是非吸烟者。当吸烟的房客在进入该楼层或房间时会被礼貌地劝阻吸烟，因为非吸烟者对烟味的敏感程度是非常高的。客房也需要进行系统化的无烟处理，并为客人营造舒适、健康的空间。客房无烟处理程序如下：

1）客房服务员在进行无烟处理时，应开窗通风。

2）将客房窗帘进行更换或洗涤（因为烟味往往容易吸附在棉织品上）。

3）将枕芯、被芯进行更换或洗涤。

4）在掌握客人预订无烟客房且客情允许的前提下，对客房地毯进行清洗。

5）使用空气净化器或空气除臭剂对房间空气进一步净化除味。

6）按正常程序更换床上用品及其他客房用品。

7）撤除客房内的烟灰缸、火柴等，放置无烟客房提示卡，并在卡上告知宾客如果有访客吸烟请至指定的吸烟区，如大堂吧或楼层专用的吸烟处，指定吸烟区应放置椅子、茶几、烟灰缸、火柴等，以方便吸烟客人。

8）在客房茶几上放置适量糖果，以示酒店对不吸烟客人的感谢。

9）在卫生间及客房书桌上摆放可净化室内空气的绿色植物，如绿宝石、金边虎皮兰、绿萝等，以改善客房空气质量，营造绿色氛围。

10）在客房门把手上悬挂临时绿色无烟客房标志，让客人一到门前就知道酒店给其准备的是无烟客房，同时也起到提醒访客的作用。

（3）残疾人客房。残疾人客房（Handicapped room）主要是为四肢以及眼睛有残障的宾客专门提供的客房，其设施设备配置是根据残疾人的生活起居活动需求来规划设计的。

残疾人客房应布置在方便轮椅进出、距酒店主出入口交通线路最短的位置。通常设在低层酒店的一层或高层酒店客房层的最低层。残疾人客房通常为单人间或者双人间，宜采用连通房形式，以便满足对残疾人宾客的保护与照顾需求。同时应关注盲人、聋哑人等其他类型残障者的需要。

酒店电梯的设置与安装应该考虑到残疾人的使用方便，例如：宜安装横排按钮，高度不宜超过1.5米；在正对电梯进门的壁上安装大大的镜子；使用报声器等。

客房出入无障碍，门的宽度不宜小于0.8米，应采用横执把手和关门拉手，不安装闭门器；门上分别在1.1米和1.5米处安装窥视器，门链高度不超过1米、客房内应配备盲文服务指南，各类设施设备也应考虑盲文标志；橱柜挂衣杆不高于1.4米；电器开关高度为0.6～1.2米；电话安装高度为0.8～1米；当窗台高度为0.6米时，宜安装电动窗帘；床的两侧应该有扶手，但不宜过长。

残疾人客房卫生间门宜采用推拉门；卫生间空间尺寸必须能够保证轮椅自如行动，通常轮椅旋转的最小直径是1.5米；洗脸盆的高度不得超过0.8米；镜面中心点高度为1～1.2米；恭桶应有不小于0.8米的空间；恭桶高度在0.55米，同时应配置安全抓杆，抓杆距地面高度为0.7米；浴缸两侧装有扶手，且扶手能承受100千克左右的拉力或压力等。

3. 客房类型配置原则

由于宾客身份、消费需求、同行人员数量、旅居目的不同等，宾客对酒店类型与大小有不同的需要，因此，酒店应合理地配置不同类型的客房，以满足不同宾客的需要。客房类型配置应遵循以下原则：

（1）顺应功能需要。酒店自身类型的定位决定了酒店的功能，如商务型酒店、会议型酒店、休闲度假型酒店等，对于不同功能的酒店，其客房的使用功能也有很大差别。在配置酒店客房的功能时，应以酒店整体的功能为首要原则，通过市场分析，研究各种细分市场客源对酒店客房的需求，从客人的需要出发，有针对性地设计酒店客房的类型。同时，随着市场和客人需求的变化，客房的类型也应做出适时的调整。

（2）优化资源配置。在服从酒店整体功能需要的前提下，还应考虑市场的竞争状况，即同类客房在同一地区的供求是否饱和，以避免资源的浪费。另外，在设计时应根据酒店自身的星级档次，合理配置各式客房类型。例如，在客房类型中，一般双人标准间占多数；而对于商务型酒店，单人客房的需求量较大，在日本和美国的不少大城市中，商务型酒店的单人间与双人标准间之比达到 1∶1，而一般城市的单人间占客房总数的 10% ~ 15%。客房套间也是酒店必需的，等级越高的酒店，其套间数量也越多：一星级、二星级酒店的套间可以很少或者没有；三星级酒店的套间约占客房总数的 5%；四星级、五星级豪华酒店的套间可以有更高的比重。五星级酒店的总统套房常常有数间，一般酒店则不必设置豪华套间，以免造成不必要的浪费。

（二）客房楼层功能布局

除了室内功能空间设计外，客房设计还应包括客房楼层的功能设计与空间布局等。为了满足宾客与酒店运行的要求，客房楼层应具备住宿、客房服务和交通疏散等方面的功能。

1. 楼层住宿功能与空间布局

客房住宿功能主要由客房单元来承担，它也是客房楼层中的盈利区域，由每个楼层的不同类型的客房组成，按不同的楼层建筑结构分布在每个客房楼层区域，各客房单元通过走廊相互连接起来。

2. 楼层服务功能与空间布局

为了保证客房服务的效率和效果，客房楼层必须具备服务功能，并在空间、设施设备、用品等方面提供有效的保障。由于酒店管理模式的不同，客房楼层服务的内容与方式也不尽相同，客房楼层服务台的设置与否就是比较突出的一个体现。不论是否设置客房楼层服务台，都必须在每个楼层设置工作间、消毒间、布草备品仓库、配电机房与员工卫生间等；如果在楼层设有服务台，还必须增加服务台的工作空间。

客房服务工作区域的设计既要保证工作效率，又要不干扰宾客休息，因此楼层服务区域最好与疏散楼梯或服务电梯结合在一起。为缩短水平距离，提供均等服务，服务区与交通枢纽最好位于客房楼层的中心，同时服务路线应与宾客的人流路线分开，客房要求具有双向疏散的条件。

3. 楼层交通疏散功能与空间布局

（1）交通。一是平面交通。酒店客房楼层的平面交通疏散枢纽主要就是走廊。客房楼层走廊的宽度在使用上应满足停放工作车时，人可顺利通行的尺度要求，一般为 1.4~2.0 米，从交通枢纽电梯厅或主楼梯到最远客房的距离最好小于 60 米。在客房楼层达到一定长度时必须有疏散楼梯，以备急用。有时为了节约面积，采取葫芦形走廊的方法，即局部拓宽走廊，这也有利于出行和服务功能的发挥。

二是垂直交通。低层酒店的垂直交通一般以主楼梯为交通枢纽，高层酒店客房层的客交通则以电梯为交通枢纽，两者都通过走廊与各客房单元连接起来。电梯的数量、排列方式及电梯厅的面积大小对宾客及员工的活动影响很大。电梯数量的设计在不同等级的酒店要求有所不同，我国《旅游酒店星级的划分与评定》标准规定，高星级酒店至少每 70 间客房应配备 1 台客用电梯。电梯的排列方式与电梯厅的宽度设计应以面积紧凑、使用方便为原则。根据酒店建筑空间的不同以及电梯数量的差异，电梯的排列形式有多种：若电梯数量不超过 4 台，一般呈一字形并列布置，电梯可平行于走廊，也可垂直于走廊；超过 4 台的一般采用内凹或贯通的方法呈巷道式排列。楼层电梯厅是楼层的电梯门外宾客等候电梯的区域，若空间过窄，就会造成宾客的拥挤和交通堵塞，过大则浪费楼层空间。单台电梯或多台（4 台以下）电梯单侧排列的电梯厅，其宽度一般不小于电梯轿厢深度的 1.5 倍；多台电梯双侧成巷道式排列的电梯厅宽度应大于相对两电梯的深度之和，一般不超过 4.5 米；供残疾人使用的电梯其宽度不能小于 1.5 米。电梯厅应保证人流畅通，不宜兼作休息厅之用。

（2）疏散。安全是酒店最基本的问题。酒店失火因素多，客人大多处在陌生环境之中，一旦失火，容易因惊慌而造成重大损失，所以客房楼层的疏散设计十分重要。楼梯与消防电梯是客房疏散、救火的主要通道，楼梯与消防电梯的设计应符合我国现行消防规范，如高层疏散楼梯的宽度不小于 1.1 米，低、多层建筑疏散楼梯的宽度不小于 1.0 米。疏散楼梯的位置应考虑人在火灾发生时可能疏散的方向，常见的疏散楼梯位置有两种：一种是设在客人常用的交通路线附近，如电梯旁边；另一种是在客房楼层两端靠外墙布置，这样既方便客人双向疏散，又利于排烟、防火。高层酒店的客房层还需要设置有排烟前室的消防电梯，提供给消防人员在火灾发生、普通客梯停止运行后乘用，使其能迅速抵达火灾现场施救。疏散楼梯均上通屋顶、下达首层，并有直接通至室外的出口。超高层建筑设置避难层时，疏散楼梯可向避难层疏散。

（三）客房功能空间和物品配置

客人入住客房时，一般都会有睡眠、盥洗、储存、办公、起居等方面的需求，因此，在客房室内功能设计与空间布局上，必须据此相应地划分出睡眠、盥洗、储存、办公、起居五个基本区域，使客房具备这五个方面的功能，并满足客人的需求。下面以标准间为例，说明客房室内功能设计及空间布局的方法。

1. 睡眠功能与空间

客房是宾客休息的主要场所，睡眠是宾客入住酒店的主要需求，因此不论是高档次客房还是经济型客房都必须具备睡眠功能，在空间上划分出睡眠区域。这个区域的主要设备是床和床头柜。

2. 盥洗功能与空间

盥洗空间是指客房的卫生间。卫生间是客房不可缺少的部分，也是显示酒店等级的一个重要方面。出于工程维修保养的要求，卫生间一般安排在进门的左侧或右侧。卫生间空间独立，面积小，主要有浴缸、恭桶与洗脸台三大卫生设备。由于客人的要求和酒店的档次各不相同，因此浴缸的配备要视具体情况来定。现在，不少高星级酒店在三大件的基础上，又增配了淋浴房，而不少低星级酒店或经济型酒店则用淋浴房替代了原来的浴缸。

3. 储存功能与空间

储存空间一般设在客房小过道侧面，当客房开间比较狭小时，也可设在卫生间侧面墙体处。柜门设计有拉门和移门两种，现代酒店为了增加客房面积，一般使用移门衣柜。为方便物品存放，一般还配置衣柜、行李架、小酒吧、小冰箱等家具设备。

4. 办公功能与空间

标准房的办公区一般设在床的对面，在这个空间里，一般沿墙设计一长条形的多功能柜桌，台面上有台灯、电话机、文件夹、服务指南等。如果不设单独的电视机柜，电视机则放在写字台一侧的台面上。写字台的另一侧面常放置行李架，供客人摆放、整理行李物品。写字台也可兼作化妆台，这时，墙面上应添加镜子，镜子上沿离地高度不小于1.7米。如果房间有足够的进深距离，写字台也可单独设在窗前。行李架如可改用折叠式的，则可以减少客房空间的占用。

5. 起居功能与空间

标准房的起居活动区域一般设在窗前，这里放置软座椅或沙发、小餐桌及茶几，供客人休息、会客或看电视等。此外，还兼有供客人饮食的功能，客人可以在这里饮茶、用餐等。

（四）客房室内空间布局

客房设计的好坏首先取决于对客房空间的设计，即客房室内空间构图的科学性和有效性。客房室内空间构图就是在建筑结构已经确定的条件下，采用不同的艺术处理手法创造出美好的空间形象，为客人提供亲切、舒适、美观的住宿环境。

1. 客房空间的构图

高低、大小不同的空间，能给人以不同的感受，如大空间使人感到宏伟开阔，低矮小巧的空间，只要设计得好，也能使人感到温暖、亲切。人们对空间的主观印象，即对空间高低、大小的判断，主要是凭借对视野所及的墙面、天花板、地面所构成的内部空间形象的观感来体会的。基于酒店建筑空间使用效率的要求，除了高档豪华型酒店，一般酒店的客房空间都有一定的局限。因此，既要充分考虑客房功能方面的要求，又必须充分考虑客房的空间分割与构图布局，在客房设计中采用不同的艺术处理手法来丰富空间形象，通过对客房设施设备、用品、光线、照明等的科学运用，营造出良好的客房室内氛围，避免压抑感，达到亲切、细腻的效果。客房设计的艺术处理手法主要有：

（1）抑扬。抑扬的处理手法一般适用于室内空间构图的过渡。客房空间较小，为了给客人造成宽敞的感觉，可以将客房楼层的过道设计成带有较低矮的天花板，装上较暗淡的灯光。客人通过楼层过道进入客房后，会有一种突然变大、变亮的感觉。先抑后扬、由小变大、由暗变亮，能够使客人在心理上产生一种积极的效果。

（2）延伸。延伸的处理手法可以使低矮空间的客房获得较为开阔的视野。客房一般可以利用窗户将室外景物和室内环境结合起来，这不仅开阔了室内空间，而且能使客人在客房内欣赏到美妙的风景。近年来，新建的客房一般都采用大玻璃窗，原因就在这里。同时，可以凭借墙面、天花板和地面的延伸感，改变室内空间的比例尺度。延伸的具体处理手法很多，其重点是尽量利用墙面、天花板、窗户，形成一个诱导视野的面，把室外的景致延伸至室内，使室内外景物互相延伸，丰富观赏层次，从而形成美好的空间构图形象。

（3）围隔。围隔的处理手法一般适用于双套、三套和多套间客房。室内空间的比例尺度大，围隔的手法便多种多样。为了给客人营造一个舒适、典雅、亲切的空间构图形象，可以根据需要，采用墙壁、帷幔、折叠门，将卧室和会客室隔断；也可以用屏风、家具、花草、灯光等手法，营造一个独立的空间氛围，便于客人促膝谈心；同时，三套间客房可以用家具、屏风将会客间和书房的某一局部空间围隔起来，使会客、读书写字的空间分隔。另外，注意和墙面、天花板、地面的艺术处理手法结合起来，以形成一个温馨、舒适的空间。

（4）渗透。渗透的处理方法一般适用于单间客房和卫生间等小尺寸空间。一般通过借用镜子的照射功能等手段，给人以空间扩大的错觉。例如，卫生间面积较小，室内空间有压抑感，可以在墙面安装大镜子，室内空间就似乎增加了一倍，并给客人以开阔、舒适的感觉。标准间客房在写字台前安装较大的镜面，不仅方便客人梳妆，也将室内局部景物加以渗透，丰富了室内的空间构图。

2. 客房空间的分区和均衡

客房室内的空间设计可以根据功能的不同而分为几组不同的活动区域，它们既有各自局部的艺术特色，又相互联系，成为一个完整的空间构图形象，这样不仅有利于提高内部空间的使用效率，而且可以使几个空间交隔布局。客房功能、室内空间设计在分区的基础上要注意各个分区之间的均衡感。由于各个分区之间的面积较小，因此，空间均衡感的构成有赖于室内空间各个分区面积的分配，有赖于各个分区设施设备、用品在本身形体、重量、色彩等方面所表现出的均衡，有赖于客房陈设布置是否适当，也有赖于整个风格、结构体系的一致性。它们都以整体的存在作为自身存在的基础，又以自身的体量作为总体空间构图的一部分。也就是说，在功能分区之前首先要根据客房面积的大小、分区功能的需要，从室内空间构图的整体形象出发，设计好各个分区所占用的面积、需要配备的设施设备和用品及陈设布置的艺术手法等。

3. 客房的重点空间设计

在进行客房室内空间设计时，为了强调室内功能，常常需要通过某些艺术处理手法突出重点空间，并形成特殊的氛围。客房卧室空间设计的重点在客人的睡眠区和靠窗户的客人起居活动区。睡眠空间主要有床和床头柜，不仅要舒适，而且要均衡、美观，两个床位之间的通道尺度要合理；起居空间往往是客人休息、阅读、谈话的地方，因此要留出一定的空间，摆上茶几、扶手椅，再配上落地灯，形成温馨、舒适的氛围。盥洗空间设计的重点在洗脸台，其设计要合理、美观，墙面安装大玻璃镜，一方面方便客人梳洗化妆，另一方面在视觉上使卫生间宽大、疏朗。

二、客房产品装饰设计

（一）客房产品设计理念

1. 体现个性特色

客房是酒店重要的部门，与客人的联系也最密切。如果脱离了客房，酒店的一切运作都失去了意义。可以说，除了前厅以外，客房是酒店给客人留下第一印象的主要场所。随着社会的发展和科学技术的进步，酒店行业也得到了快速发展，同时使得酒店业的竞争越来越激烈。因此酒店如何根据自身的实际情况，通过创新形成自身的特色，增强自身的竞争力，是酒店经营管理者应着重考虑的一个问题。特色、创新同样也是客房产品生产的必然趋势，客房产品的创新首先就应在规划设计阶段以个性化为导向，树立人无我有、人有我新、人新我优的设计理念。

2. 体现以人为本

对于旅游酒店来说，客房产品的各个方面都必须是尽善尽美的。为此，酒店在设计装修之初，在每一个环节上就应该注重"以人为本"的理念，围绕着如何根据自身的情况，在宾客的舒适感受与使用方便上下功夫，充分体现人性化，为客人营造一个舒适的"家外之家"。

3. 有利于酒店服务与管理

客房设计具有完整、丰富、系统和细致的内容。客房设计并非只是设计师的工作，酒店的管理者也必须参与进来，从酒店运营的规律和客房产品的质量要求出发去分析问题、理解问题，只有这样才能生产出为客人提供最佳服务的客房产品。同时，酒店面临着不断变革与创新的需求，因此在客房设计上必须既体现出创新与特色，又有利于酒店服务与管理的原则。

（二）客房产品设计原则

1. 安全原则

安全性是健康、舒适、效率的前提。酒店客房的安全主要表现为防火、治安和保持客房私密性等方面。

（1）防火。根据相关资料统计，城市公共建筑中以酒店的火灾率最高，造成死亡人数也很多。酒店火灾很大比例上是由客房内的客人在床上吸烟而引起的。客房空间小，失火易充满烟雾而使人窒息。因此，客房产品设计的安全原则首先要把重点放在预防火灾上。

（2）治安。酒店客房治安的重点是加强对门窗的安全控制。在设计门窗时既要考虑酒店整体建筑风格、通风采光、客房节能减耗、保护客人隐私的需要，还必须考虑安全的需要。例如：窗户的设计要考虑大小尺寸、形状，并要配备合适的窗帘装饰；房门配备电子暗码锁及与其相匹配的电子磁卡钥匙、房门闭合报警装置。另外，客房应配备的各种安全设施也必须加以周密的设计。

（3）保持客房私密性。酒店客房是客人住店期间的私人场所，要求安静，且不受人干扰。因此，在设计时应采取一些方法增强客房的私密性，以提高宾客的安全感。如走廊上客房房门可错开设计，也可采用葫芦形走廊的方法，拉大客房门之间的距离，使客房门前形成一个较安静的空间。

2. 健康原则

环境直接影响人的健康。噪声危害人的听觉健康，照度不足影响人的视觉健康，生活在全空调环境内，会因新风不足、温湿度不当而损害人的身体健康。因此，客房产品的设计必须遵循健康原则，重视客房环境中的隔声、照度及空调设计。另外，客房装修后由建筑材料带来的污染问题也不能忽视。

（1）隔音。客房常处于多种噪声之中，噪声的来源主要有客房内部与外部两个方面。客房内部各种噪声主要是在设施设备运行和使用过程中产生的，如上下水管流水、淋浴、空调器及冰箱等；客房外部各种噪声主要是指来自酒店内外部的，如来自窗外的城市环境噪声，来自酒店空调机房、排风机房及其他公众活动用房的噪声，来自隔壁房间的声音，来自客房走廊里房门的开关声、客人及服务员的谈话、工作车的推动、吸尘器的声响等。

对于上述可能出现的噪声，在设计客房时都应考虑并加以控制，以保证客人能够得到良好的休息。

（2）照明。客房是客人在酒店活动时间最长的私人空间。客房照明设计的主要出发点是要给客房营造出"家庭"般的温馨，因此客房的照明应以宁静、亲切和温暖为基调。客房照明艺术以灯光处理为主，基本功能要求照度适当，使客人与服务员都能看得清，看得舒服，不费劲、不刺激。

（3）温控。温控主要解决客房室内温度和新风供应等问题。能使人体的体温调节机能处于最低活动状态的环境，就是令人舒适、愉快的环境。现代酒店为了克服多变的气候带来的不舒适感，一般采用人工气候，即用酒店空调系统来维持一定的空气温度、湿度和气压，以保证客人的健康。

空调温湿度设计标准与室外气候有关，各国均有国家规范，我国《旅游酒店星级的划分与评定》对此也有具体明确的规定。由于空调系统大量耗用电能、热能或冷能，因此各酒店应根据我国的国情及酒店的实际情况来设计不同的空调参数。

新风量是空调设计中的另一个重要问题，实际上是解决二氧化碳浓度的问题，还可以减少建筑装修带来的污染。

3. 舒适原则

客房是客人休息的场所，是客人在酒店停留时间最长的地方，因此，客房的舒适性是酒店客房设计追求的主要目标。舒适是由无数主观评价构成的，不像声音、温度那样有具体的测定数据。来自不同国家、地区的客人因生活习惯不同，对客房舒适性的主观评价也不同。因此，在客房空间反映的舒适感、家具与装修创造的舒适感、现代设备提供的舒适感等方面，均需要根据住店客人的习惯进行设计。

4. 功能与效益相结合原则

客房设计的好坏不仅会影响服务质量，还会直接影响客人的心理感觉，并最终影响客人对服务质量的评价。因此在进行客房设计时应充分考虑建筑空间的布局，如家具的制作、摆放，工艺品、电器的选择，以及照明的辐射范围等。但是客房的设计也不能盲目地追求功能上的齐备与豪华，应根据酒店的目标市场和档次，灵活地将客房的功能性和实用性相结合，兼顾酒店的实际情况和效益，尽量争取物美价廉。

5. 文化与时代精神相统一原则

中国是一个拥有悠久历史的国家，不同的地区和民族有着不同的历史、文化背景和独特的风土人情，往往一幅画、一幅剪纸、一个泥塑都能体现出不同的文化内涵。如果客房产品的设计能融入这些文化元素，酒店便会富有精神魅力，展现出客房产品的文化积淀和品质。当然，文化也不是一成不变的，它必须在发展中才更有意义和价值。如今，科学技术、人们的生活观念和行为方式都发生了很大变化，酒店的客房产品设计必须把文化特色和时代特征相统一才更符合客人的需求。

文化和时代精神是客房设计中对立统一的两个方面，过分强调或忽视任何一方都是不可取的。在当今旅游日趋大众化的时代和客源成分日益复杂的情况下，创造具有中国特色和时代精神的客房产品显得尤为重要。

（三）客房产品装饰设计的具体内容

1. 色彩

艺术心理学认为，色彩直接反映出人的情感体验，它是一种情感语言，所表达的是人类心中某些极为复杂的感受。凡高说："没有不好的颜色，只有不好的搭配。"色彩不仅具有调度时空的功能，而且能展现个性。居室的视觉格调主要由色彩语言来表现，不同的色彩基调可以创造出不同的居室色彩。为了将客房环境演绎得尽善尽美、充满品位和个性，必须注意协调，巧妙地搭配室内色彩。

（1）色彩的分类。色彩可以分为无彩色系和有彩色系两大类。无彩色系是指白色、黑色或由白黑色混合而成的各种深浅不同的灰色，无彩色系的颜色只有一种基本属性——明度，它们不具备色相和纯度；有彩色系又称彩色系，是指不同明度和纯度的红、橙、黄、绿、青、蓝、紫等颜色，即视知觉能感受到的单色光特征的色彩都属于有彩色系。

（2）色彩的三要素。有彩色系的色彩都具有三个基本要素，也叫三种属性，即色相、明度、彩度。

1）色相。色相是指色彩的相貌（或称色别），是区别各类色彩的名称，一般来说，能确切地表示某种颜色色别的名称，都代表着一种色相。自然界可以用肉眼辨别的颜色有许多种，但最基本的只有红、黄、蓝三色，即色彩学上的三原色。原色之间按一定比例可以调配出不同的色彩，而其他色彩则无法调配出原色。仅两种原色调出的色彩，称为间色，如红加黄产生橙色，红加蓝产生紫色，黄加蓝产生绿色；三种原色成分都包含的色彩称为复色，如棕色、土黄色、橄榄绿等。另外，自然界中以复色居多。

2）明度。明度是指色彩的明暗程度，也称色的亮度、光度、深浅度。不同色相有明度区别，如光谱中黄色最亮，明度最强；紫色最暗，明度最低。同一色相也有明度区别，如同样是红色，深红色比浅红色明度低；同样是绿色，深绿色比浅绿色明度低。

3）彩度。彩度是指色彩的饱和度，即纯净程度，因此也称为纯度。一种色彩越接近于某个标准色，越醒目，彩度也越高。标准色加白色，彩度降低而明度提高；标准色加黑色，彩度降低而明度降低。过高的彩度容易使人眼睛疲劳，只有标志或点缀物才采用高彩度的色彩。

（3）色调的协调。色调即色彩的品名。色彩一般有红、橙、黄、绿、青、蓝、紫七色，色彩又可分为暖色与冷色两类。红、橙、黄之类的色彩称为暖色，蓝、绿、紫之类的色彩称为冷色。暖色能给人带来温暖、亲切、热烈、活泼的心理感受，冷色则能给人带来宁静、遥远、轻快的心理感受。

协调的色彩给人以舒适、愉快的感觉，反之则使人不满、烦闷与失望。色彩的协调有调和色的协调与对比色的协调两种类型。

1）调和色的协调。调和色是同种色调改变明度与彩度而得来的系列色。这些色彩用于同一室内很容易获得协调的效果，若干种低彩度的、不同色调的色彩同时用于室内往往也能获得调和色的协调效果。

2）对比色的协调。对比色有红色与绿色、黄色与紫色等。"万绿丛中一点红"就是生活中对比色协调的例子，这是因为对比色的运用要求有一定的面积差。在客房室内设计中，往往采用大面积的背景色彩，然后在局部地方采用小面积的强烈的对比色，则可取得十分协调的效果。

（4）色彩的对比。两种颜色并列相映能看出明显的不同就是对比。在设计客房时，色彩对比的运用主要有以下三方面：

1）色相对比。色相对比就是未经掺和的原色，以最强烈的明亮度来表示。这种色彩运用的特点就是表现鲜明突出，色彩能够相互作用和相互影响。在实际运用中，如果让一种色相起主要作用，少量的其他色相作为辅助，那么就会得到特别的效果。着重使用一种色彩，会提高它的表现力。

2）明暗对比。白昼与黑夜、光明与黑暗，这种规律普遍存在于人类生活和自然界中。黑色与白色是最强烈的明暗对比，两者的效果是对立的，在它们之间有灰色和彩色的领域。如具有白色沙发、墙面和天棚的客房，配上暗的茶几、门窗与黑白相间的挂画，则构成明暗对比十分强烈的环境。

3）冷暖色对比。色彩有冷暖之分。很多试验证明，人们对冷暖的主观感觉相差很大，在和谐的色彩搭配空间中，在舒适度和消除疲劳等方面也有很大的区别。如人们在蓝绿色房间里工作，15℃时就会感觉到寒冷，而在橙红色房间里工作，11℃～12℃时才会感到寒冷。因此，朝北的客房由于缺少阳光，一般需用较暖的颜色，而朝南的客房则需要较冷的颜色。

（5）客房色彩的设计与运用。客房装饰给人的舒适感主要源于色彩的选择。因此在设计客房时，应根据客房的不同功能空间设计出不同的颜色，尽量创造出温馨舒适的空间。客房内色彩的构成因素繁多，有家具、纺织品、天花板、墙壁、地面等，为了平衡这些错综复杂的色彩关系以达到总体协调，可以从同类色、邻近色、对比色及有彩色系和无彩色系的协调配置方式上寻求组合规律。由于客房室内空间有限，调和色彩的协调方式在客房色彩选择上使用得往往较多。

一是家具色彩。家具色彩是客房色彩环境中的主色调，常用的有两类。一类是明度、纯度较高，其中有淡黄、浅橙等偏暖色，还有象牙白、乳白等偏冷色，明快光亮、纯洁淡雅，使人感受到人为材料的工艺美。这些浅色家具体现了鲜明的时代风格，已蔚然成风，越来越受欢迎。另一类是明度、纯度较低，其中有表现贵重木材纹理色泽的红木色（暗红色）、橡木色（土黄色）、柚木色（棕黄色）或栗壳色（褐色）等偏暖色，还有咸菜色（暗绿色）等偏冷色。这些深色家具体现了华贵自然、古朴凝重、端庄大方的特点。

家具色彩力求单纯，最好选择一色，或者两色，既强调本身造型的整体感，又易与客房室内色彩环境相协调。如果在家具的同一部位上采取对比强烈的不同色彩，可以用无彩色系中的黑、白或金银等光泽色作为间隔装饰，使颜色过渡自然，对比协调，既醒目鲜艳，又柔和优雅。

二是纺织品色彩。床罩、床巾、床裙、沙发座椅面层、窗帘等纺织品的色彩也是客房内色彩环境中重要的组成部分，一般采取明度、纯度较高的鲜艳色，来渲染室内浓烈、明丽、活泼的气氛。在与家具等的色彩相配置时，可以采用色相协调的方法，如淡黄色的家具、米黄色的墙壁，配上橙黄色的床罩、台布，构成温暖、艳丽的色调；也可以采用相距较远的邻近色作对比，起到点缀装饰的作用，获得绚丽悦目的效果。纺织品的色彩选择还应考虑到环境和季节等因素：对于光线充足的房间或是在夏季，宜采用蓝色系的窗帘；对于光线暗淡的房间或是在冬季，宜采用红色系的窗帘。另外，写字台可铺上冷色调装饰布，以减弱视觉干扰和视觉疲劳。

三是天花板、墙壁、地面色彩。天花板、墙壁、地面色彩通常充当室内的背景色、基调色，是衬托家具等物的主色调。墙壁、天花板的色彩一般采用淡色，这有利于表现室内色彩环境的主从关系、隐显关系及空间整体感、协调感。在客房室内配色中，一般房顶天花板的明度最强，墙面次之，地面明度最低。浅色能使房间显得宽阔，而深色则相反。

2. 照明

通过客房的照明营造出一种宁静、温馨、柔和、舒适的光环境，能给人以舒适放松的感觉。照明设计包括：确定照明方式、照明种类，正确选择照度值；选择光源、灯具类型，并进行合理的布置；计算照度值，确定光源的安装功率；选择或设计灯光控制器等内容。

（1）照明方式、照明种类的选择。客房内照明一般有整体照明、局部照明和混合照明三种方式。整体照明是指对整个室内空间进行照明的一种方式，又称主体照明或一般照明。在选择主体照明时应注意：一间 15 平方米的房间只需要一只 60 瓦的白炽灯或一只 40 瓦的日光灯即可；面积不超过 20 平方米的客房，不宜采用较大的灯具；作为主体照明的灯具一般选用吸顶灯、吊灯等。

对客房内的不同部位，照明要求也不同，局部照明就成为客房常用的照明方式，即局限于某个部位的固定或移动的照明，它只照亮一个有限的工作区域。客房卧室一般在床头、写字台、座椅、衣柜、过道、穿衣镜和修面镜等处都设有局部照明的灯具。

混合照明是将整体照明与局部照明相结合的照明方式。现代客房对这两种照明方式相结合的要求越来越高，也是普遍采用的形式。客人希望在主体照明把房间室内照亮的同时，又能根据客房空间使用的不同要求，利用台灯、壁灯、落地灯、筒灯等进行局部照明，同时利用射灯等对画、花、工艺品进行重点照明，使室内明暗层次丰富，产生多重空间效果。这样的灯饰布置既满足了使用要求，又能渲染出神秘、含蓄、宁静、高雅的客房气氛。

（2）灯具的选择与布置。灯具的选择一是要与客房空间环境的体量、形状相协调，要考虑到客房空间的用途；二是要与酒店的整体风格、特色相协调，与客房室内装修风格相匹配；三是要注意安全可靠，要方便日常清洁保养与维修；四是要注意灯具的利用效率、节能效果；五是要有助于提高酒店客房设计的艺术感染力。

灯具的布置就是确定灯具在酒店客房内的空间位置，它对照明质量有着重要的影响。光投方向、照度与光线的均匀性，眩光、阴影等都直接与灯具的布置有关。灯具布置时要注意灯具的间距、灯具的悬挂高度、灯具与墙的距离，还要注意灯具与顶棚的距离。

（3）照度的确定。照度是指物体单位面积上所获得的光通量的多少，单位是勒克司。客房照度包括房间照度和卫生间照度两方面。按照国际照明学会标准，客房照度一般为100勒克司，近年来推荐客房的照度标准为50～100勒克司。客房的照度可低些，以体现静谧、休息甚至懒散的特点，而卫生间的照度要求则越来越高。某些区域的局部照明则应该提供足够的照度，如梳妆镜前的照明、床头阅读照明等可取300勒克司的照度值。最容易被忽略的写字台书写照明的照度值则要求达到200勒克司，但目前还鲜有酒店提供书写台灯（通常是用装饰性台灯代替）给客人。

（4）光色、色温设计。光色是指人眼观看光源所发出的颜色，通常是指灯光的颜色。光色取决于光源的色温。不同的光源色温能营造出不同的环境气氛。低照度水平的白炽灯色温低，能营造出温馨、宁静、亲切的气氛；高照度水平的荧光灯色温高，给人凉爽、活跃、振奋的感觉。人们对光色感觉的舒适程度还与照度水平有关，一般低色温高照度有闷热感，而高色温低照度有阴晦感。因此适宜的光色应根据客房空间的不同功能、所需创造的环境气氛进行选择。如客房色温一般要求在 3000 开尔文左右，在卧室用 3500 开尔文以下的光源，在洗手间用 3500 开尔文以上的光源；在卧室需要暖色调，在洗手间需要高色温。

3. 陈设品

陈设品作为酒店室内环境的重要组成部分，在酒店设计中占据重要地位，通过陈设品的设计能强化室内环境风格，调节环境色彩，陶冶个人情操，创造丰富多彩的人性化空间。酒店设计中的日常陈设品主要包括室内环境中的陶瓷器具、玻璃器具、金属器具、书籍杂志、绿色植物、挂件与其他各种贮藏及杂饰用品，其使用功能主要是实用，但这些用品造型日趋美化，所以，在室内陈设中占有重要的位置。酒店室内陈设品种类繁多，内容广泛，大致可分为以下几种类型：

（1）陶瓷器具。陶瓷器具是指陶器与瓷器两类器具，包括瓦器、缸器、砂器、窑器、琉璃、瓷器等，均以黏土为原料加工成型，经窑火焙烧而成。这些器具风格多变，有的简洁流畅，有的典雅娴静，有的古朴浑厚，有的艳丽夺目。高星级酒店客房中的茶具等陶瓷器具，既有实用功能，又极具艺术感染力，是在客房中应用广泛的陈设物品。

（2）玻璃器具。玻璃器具包括茶具、酒具、灯具、果盘、烟灰缸、花瓶、花插等，具有玲珑剔透、晶莹透明、闪烁反光的特点，在室内空间中，往往可以加重华丽、新颖的气氛。目前国内生产的玻璃器具主要可以分为三类：一是普通的钠钙玻璃器具；二是高档铝晶质玻璃，其特点是折光率高、晶莹透彻，能制成各种高档工艺品和日用品；三是稀土着色玻璃器具，其特点是在光照条件下，能够显示五彩缤纷、瑰丽多姿的色彩效果。在室内布置玻璃器具，应着重处理它们与背景的关系，尽量通过背景的烘托反衬出玻璃器具的质感和色彩，同时应该避免过多的玻璃器具堆砌在一起，以免产生杂乱的印象。

（3）金属器具。金属器具主要是指以银、铜为代表制成的器具。一般银器用于酒具和餐具，其光泽性好，且易于雕琢，可以制作得相当精美。铜器物品包括红铜、青铜、黄铜、白铜制成的器物，品种有铜壶等实用品，钟磬、炉、铃、佛像等宗教用品，熏、瓢、爵、鼎等仿古器皿，各种铜铸动物、壁饰、壁挂，铜铸纪念性雕塑等。这些铜器物品往往沉着端庄、光洁度好、精美华贵，在空间陈设中能显示出良好的装饰效果。

（4）书籍杂志。书籍杂志也是常见的陈设物品，有助于为室内空间增添文化气息，达到品位高雅的效果。通常，书籍都存放在书架上，但也有少数自由散放。为了达到整洁的效果，一般按书籍的高矮和色彩来分组，或把相同包装的书分为一组；有时并非所有的书都要立放，部分横放也许会增添生动的效果。书架上的小摆设，如植物、古玩及收藏品都可以间插布置，以增加陈设的趣味性，且与书籍相互烘托产生动人的效果。

（5）绿色植物。选择的植物盆景不仅要造型优美，还要能够净化室内空气、对人体安全无害，如佛肚竹、南洋杉、印度橡皮树等。在选择盆景时，应该选择无花的盆景，因为有花的盆景可能会使一些客人花粉过敏，效果往往会适得其反。

（6）挂件。室内装饰艺术品有挂画、小型手工艺品等。挂画最好选用原创的国画或油画，从侧面体现酒店管理者的品位。小型的手工艺品也是如此。

4. 家具

家具是酒店客房室内布置的主要内容，它占客房面积的45%左右，与墙面、地面、床罩、窗帘四个部分结合，构成了客房内布置的基本格调。家具摆设不合理不仅影响美观且不实用，甚至会给宾客生活带来种种不便。现代酒店的客房室内装饰，对家具在尺寸、数量、位置以及风格上都要求经过精心的策划与设计。

（1）客房家具种类。客房家具按用途分，一种是供客人休息、活动的家具，如沙发、座椅、茶几、床、床头柜、化妆台、小餐桌等；另一种是为储存物品用的家具，如客房衣柜、微型酒吧、行李架等。按功能分，有实用性家具和陈设性家具两大类，其中以实用性家具为主。按材料分，有木制、藤制、皮制、布艺家具等，其中：木制家具造型丰富，有亲切感，在客房中使用最广泛；藤制家具质地坚韧，色泽素雅，造型多曲线；皮制家具舒适豪华，高档典雅，在豪华酒店、高级客房里应用较广。

（2）客房家具选择。选择客房家具既要考虑功能，又要注意美观。

家具功能选择的原则是：实用舒适、比例协调、用料考究、易于清洁。实用舒适是指客房家具要根据客房的等级规格来选用，不同规格的客房对家具的数量、类型等要求都不一样，应使每一种家具都是有用的而不是闲置的，并且使用起来让人感觉适合舒服；比例协调是指各种家具要在大小方面彼此协调，家具的总体大小要与所处空间大小成比例，而且各种家具的形状也要与所处空间协调；用料考究是指家具质料的选用首先要以客房设计风格为准则，其次是家具的质地应坚实耐用；易于清洁是指家具的表面质料要耐脏且便于清洁。

家具美观选择的原则是：格调统一和样式美观。格调统一是指家具的造型、颜色、质料等既要彼此协调统一，又要与客房整体风格协调统一；样式美观是指家具造型设计要优美，能给人带来视觉上的美感。

（3）客房家具布置。一般说来，家具布置要考虑空间的整体美感，各种单件家具随着环境要求进行不同的组合，就可形成不同效果的空间。家具布置设计的原则是：

一是要有疏有密。疏者，留出人的活动空间；密者，以家具组成人的休息、使用空间。

二是要有主有次。即突出主要家具、设备或陈设，其余作陪衬。

三是要区域分开，功能突出。家具的摆放通常分为安静区、明亮区和行动区三个区域。安静区布置睡眠家具如床、床头柜等较为适宜，明亮区以放置沙发和茶几为好，通道区则通常布置长条形多功能柜。家具按区摆放，房间就能得到合理利用，并给人以舒适清爽的感觉。

四是要风格统一。家具最好配套，以达到家具的大小、颜色、风格和谐统一的效果，另外还要注意家具线条的优美、造型的美观。家具与其他设备及装饰物也应风格统一，有机地结合在一起。

五是要色彩调和。室内家具应与墙壁、屋顶、饰物的色彩调和，室内与室外的色彩也要调和，色彩的搭配应使人感到愉快。

三、客房产品发展趋势

（一）主题客房

1. 主题客房的概念

主题酒店也称为"特色酒店"，是以某一特定的主题，来体现酒店的建筑风格和装饰艺术，以及特定的文化氛围，让顾客获得富有个性的文化感受；同时将服务项目融入主题，以个性化的服务取代一般化的服务，让顾客获得欢乐、知识和刺激。历史、文化、城市、自然、神话、童话故事等都可成为酒店借以发挥的主题。

美国是世界上主题酒店业最发达的国家，而"赌城"拉斯维加斯是美国主题酒店最为集中和著名的地区。主题酒店作为一种正在兴起的酒店发展新形态，在我国的发展历史并不长，于 20 世纪 90 年代兴起，分布区域目前也仅仅局限在酒店业比较发达的珠三角、长三角以及海南等地。

　　酒店作为一个满足宾客吃、住、行、旅游、购物、娱乐多种需求的经济实体，其客房管理者除了设计出不同类型的客房外，还应在风格设计上突出特色，以充分体现其独特的文化氛围。近几年来在酒店业界大行其道的主题客房就是在风格设计上的新宠。主题客房比一般客房更具有针对性，它运用多种艺术手法，通过空间、平面布局、光线、色彩、各种陈设与装饰灯等多种要素的设计和运用，烘托出某种独特的文化氛围。主题客房的风格可以从以下几个方面来设计：一是年龄、性别、职业方面，如儿童客房、老人客房、女性客房、商务客房等；二是某种时尚、兴趣，如汽车、足球、音乐等；三是某种特定环境或场所，如太空、海底世界等。

　　2. 主题客房的特点

　　（1）独特性。酒店的魅力就在于其鲜明的特色，有特点才会具有竞争力，特色与经济效益有直接关系，主题客房具有与其他普通客房截然不同的环境气氛，凭借独特的陈设装饰与布置，给人以全新的感受，使宾客有专属感，再次光顾这家酒店也就是必然的了。客房产品的设计一样可以"量身定做"，并展现出与众不同的空间感觉，让人过目不忘、流连忘返。所以，宾客的审美层次决定了酒店所应具有的特色，如果为了迎合大众的口味，求雅俗共赏的话，则注定是要失败的。

　　（2）文化氛围浓厚。主题客房的文化气息渗透于整个房间的各个细节，从客房的名称、客房的设计风格、客房的陈设装饰上体现出来，让客人感受到深刻的文化内涵，沉浸在主题客房的文化氛围中。酒店还可根据不同历史时代的人文现象进行主题的选择和设计，这种人文现象既可以是现代的，也可以是历史的，甚至是远古的。酒店更可以以形形色色的文化作为主题切入口，设计独具特色的文化客房，如电影套房、摇滚之夜套房、小说套房等。

　　（3）针对性。主题客房因其主题与个性的不同，吸引着不同的顾客群，同时可以为有特殊需求的客人"量身定做"，从而满足客人的理想选择。酒店可以根据目标市场的一些个性需求和偏好设计不同的客房产品，这些客房产品包括老年客房、青年客房、新婚客房、单身女性客房、儿童少年客房等；酒店也可以因地制宜，通过挖掘不同的地域文化，开发出各类民俗客房，如民俗风情客房、乡村风格客房、海底世界客房、太空世界客房等。

　　3. 知名主题客房介绍

　　（1）鹤翔山庄。明确提出道家养生文化主题概念的青城山鹤翔山庄，在酒店各个功能区按照服务需要注入相应的文化元素，引起了全行业的广泛关注。鹤翔山庄也由于特色突出，成为中国第一家特色四星级酒店、中国道家文化第一庄。鹤翔山庄之所以选择道家文化主题，是因为其地处世界文化遗产道教发祥地，山庄坐落的位置正是1700多年前的古道观———长生观旧址。走进鹤翔山庄，即被道教文化包围，古木森森，千年古园，范长生大型石刻塑像、鹤翔碑记，道家文化的形象标记———太极图，象征长寿的鹤翔书画字帖……每间客房都有老子的《道德经》书法，餐饮中有长生宴，养生上有呼吸养生太极拳，还有道家音乐演出团体等。

（2）成都京川宾馆。京川宾馆建筑风格和外观设计都是以三国文化为主题的。酒店的建筑外观重视古朴、优雅的风格，其景观设计处处体现了中国古典气息。进入宾馆之前看到的景观文化，虽然面积不大，但是园里运用的诸葛亮雕塑，结合人造山区及大幅的墙壁雕塑，把三国文化气息塑造得出神入化，即使没有进入宾馆的人也会被这些三国文化的园林景观所感染。从宾馆内部向外看到的景色优雅古朴，一门一景，一窗一景，园林的景观小品也设计得很周到，小到下水道的盖子、园林音响，大到园林夜灯、茶座、亭廊，处处与整体风格相协调。

（3）绍兴咸亨酒店。绍兴咸亨酒店创建于1894年，因鲁迅先生在《孔乙己》等多部作品中的生动描述而名扬海内外。现经扩建改造，酒店已提升为以江南文化、越文化为背景，融名城、名士、名酒风情于一体的五星级文化主题酒店。绍兴咸亨酒店总建筑面积为5.7万平方米，设豪华客房206间（套）：有餐位2000余个，包括文化内涵丰富的各式包厢47个和可同时容纳800余人就餐的多功能厅1个；设立了西餐厅和日本料理厅，能够满足中外宾客不同层次的消费需求。酒店设有7个设施先进的、不同规格的会议室和配备有同声传译系统等先进设备的多功能厅。绍兴咸亨酒店最具文化特色的"堂吃"，更是游客体验绍兴风情的必到之处。另外，商务中心、土特产商场、康乐休闲会所等设施也一应俱全。

（4）巴厘岛硬石酒店。硬石酒店位于巴厘岛最热闹的海滩区，是硬石集团旗下的亚洲第一座摇滚音乐主题酒店，总占地3公顷，有418间客房。一进酒店大门，就能看到一个露天的、有20多米高的电吉他，这是硬石酒店的显著标志。

酒店所有房间都提供互动式影音娱乐系统。酒店内展出音乐文物、音乐家手稿、老唱片封面、歌唱家用过的服饰，处处有音乐的影子，俨然一座音乐博物馆。海的宁静与沙滩的喧嚣，被无处不在的音乐调和得恰到好处。

位于酒店大堂的 Centerstage 酒吧是硬石文化的心脏，酒吧有个巨大的方形吧台，足有 1000 多平方米。酒吧中心有个"回"字形两米高的演出台，对面的墙上还有个大屏幕，对演出现场进行直播。宾客也可以回到自己的房间里，躺在床上，打开电视，同步欣赏乐队的现场表演，而房间配备的高级组合音响，也不会让现场强烈的气氛打折扣。

（5）柏林怪异旅馆。柏林怪异旅馆以怪异为主题：浴缸和恭桶犹如啤酒桶，利用倾斜的地板、不规则的墙角将床铺设计成会飘荡的摇篮；房间的墙壁上黄色和棕色相间，犹如监狱之门，墙上有一个被撞开的大洞，足够一个人弯着腰爬进爬出。柏林怪异旅馆是个真实而又奇特的旅馆，所有的房间都是由德国艺术家拉斯·斯多斯晨设计的，住在这里，与其说是住在酒店，还不如说是"住在一个艺术品"中。旅馆的 30 个房间的设计完全不同，无论是房间的布局，还是家具、小摆设、手工工艺品等，所有能看到的东西都不一样，而且所有的物品都是特别定制的手工作品，这些在这家旅馆以外是见不到的。

（6）瑞典冰旅馆。世界第一家冰旅馆——瑞典冰旅馆，位于瑞典拉普兰、距基鲁纳 17 公里的一个小村庄——朱卡斯加维。十几年来，冰旅馆从当初的一个小冰室，变成了现在面积有 5000 平方米、世界上最大的冰旅馆（旅馆建筑使用了 3 万吨雪、4000 吨冰），吸引了全球数万人前往窥探与体验。冰旅馆主要包括两个部分：一部分是有热水和暖气的正常的度假小木屋，以照顾对冰雪不适的房客；另一部分是完全以冰块打造、紧邻河川的冰旅馆，共有 60 个由冰做成的房间，在室内温度是 -5℃、室外温度是 -40℃ 的环境下，寝床上只提供一层厚厚的鹿皮。旅馆还设置礼堂、冰雕艺术展厅、"完全冰"酒吧、电影院、冰教堂，一到晚上，宾客们聚集在"完全冰"酒吧里，拿着用"脱尔内"河冰做成的冰雕酒杯喝酒。另外，冰教堂则是个神圣严肃的地方，那里提供各种教堂服务，为人们举行结婚、洗礼等仪式。

（二）绿色客房

绿色客房是指无建筑、装修污染，无噪声，有空气过滤装置，室内环境完全符合人体健康要求的禁烟房间，并且房间内所有用品及对它们的使用都符合充分利用资源、保护生态环境的要求。绿色客房要求在建筑上使用绿色建材，提供绿色用品及绿色服务。

1. 绿色客房的 4R 原则

（1）减量化原则。减量化原则（Reducing）是指用较少的原料和能源投入，通过产品体积小型化、重量轻型化、包装简朴化的途径，做到既降低成本，又减少垃圾产出，从而实现既定的经济效益和环境效益的目标。

客房部可通过以下措施达到减量化的目的：

1）减少客房的服务项目，不再为每间客房提供报纸，而是通过酒店商品部向客人提供；为会议及长住客人配备专用的拖鞋、牙具、皂液、香波、梳子等。

2）减少客房用品，客房内的垃圾桶可不套塑料垃圾袋，减少卫生间的一次性用品数量。

3）卫生间内使用皂液器、香波器，不使用一次性塑料瓶及硬纸包装。

（2）再使用原则。酒店应贯彻物尽其用的原则，即再使用原则（Reusing）。再使用原则是指在确保不降低酒店设施和服务标准的前提下，物品要尽可能地变一次性使用为多次使用或调剂使用，绝不轻易丢掉，尽量减少一次性用品的用量。

客房部可通过以下措施达到物品再使用的目的：

1）采用可洗涤、反复使用的拖鞋。

2）在客人住店期间不过分频繁地更换客用品，使用双色牙具、拖鞋，尽可能做到客用品一客一换，充分实现其使用价值。

3）把传统的塑料洗衣袋、送衣袋改为棉布洗衣袋、柳藤篮，减少收集客衣和送还客衣时塑料洗衣袋的消耗。

4）鲜花凋落后可晾干，根据情况可作干花使用或将晾干的花瓣作其他用途。

（3）再循环原则。再循环原则（Recycling）是指物品完成其使用功能后，将其收回，使之变成可以重新利用的资源，即再生物质。

客房部可通过以下措施达到物品再循环的目的：

1）客房部的很多物品可以回收加以利用，例如，报废的大床单可视具体情况改为小床单、婴儿床单、枕头套、小烫机板套、擦镜布、擦杯布等，毛巾可改为抹布使用。

2）洗衣房可回收最后一遍过水，通常一年即可回收为此而投入的设备费用。

3）可对污水进行处理。污水经处理后可用于绿化、冲厕、消防、道路冲洗、锅炉水幕除尘、空调冷却等，这样，既充分利用了水资源，又创造了可观的经济效益。

（4）替代原则。替代原则（Replacing）是指为了节约资源，减少污染，酒店使用无污染的物品（包括天然材料）或再生物品，作为某种物品的替代品。

客房部可采取以下措施达到物品替代的目的：

1）用纸质礼品袋代替塑料礼品袋。

2）用透明垃圾袋代替黑色垃圾袋。

3）使用无氟环保小冰箱。

4）使用环保清洁剂，如无磷洗涤剂，因为含磷清洁剂对江河湖泊的污染十分严重。根据有关资料显示，太湖流域在"零点行动"前平均每人每年用3.5千克洗衣粉，共排放出2000吨磷，占入湖污染总量的16.1%。

2. 绿色客房的节能措施

节电、节水是创建绿色酒店的另一重要环节。客房部可采取以下措施达到节电、节水的目的：

（1）使用节能灯。

（2）客房过道灯采用间隔控制。

（3）采用中空玻璃。

（4）酷热或严寒季节，调节窗帘拉开的程度。

（5）充分利用低谷电，例如，洗衣场夜间运行。

（6）使用太阳能热水器。

（7）客房内的空调及照明使用红外线智能控制器进行自动控制。

（8）后台随手关灯。

（9）降低热水温度。出水温度从70℃降低到50℃，可节约能源3%。国外大部分酒店设定在50℃~53℃。温度过高会烫伤客人，缩短设备和器材的寿命；超过60℃，黄水明显增加，水质也不清。

（10）倡导棉织品一客一洗。客房使用被子和被套，为棉织品的一客一洗创造了良好的条件，对于长住客人，可采取三天一换的方式。

（三）客房产品设计发展趋势

1. 房间设计发展趋势

房间设计的发展趋势体现在以下几个方面：

（1）大床单人间的比重在逐步增加。客人对床的舒适度要求越来越高，床的面积大小已成为客人选择客房时要考虑的一个重要因素。国内的酒店将会更加重视客人这一要求，大床单人间的比重会逐渐增加。

（2）高档酒店客房窗户扩大化，经济型酒店客房窗户缩小化。

（3）客房设计呈现智能化和网络化的趋势，包括视频点播、智能卡系统、红外线控制器、高速网络等。

（4）改变传统家具式样，扩大客房活动空间。改变家具式样，尤其是三联柜的传统式样，不仅可以使客房更具活力，而且能扩大视觉空间。例如，采用可组合的家具、挂墙家具、家具玻璃化、用顶灯取代摇臂式床头灯及落地灯、取消封闭式电视柜等。对于面积较小的客房，可采用好莱坞式床及开放式衣橱或简易挂衣架等家具。

（5）客房内的电灯开关等控制采用"就近、分散"的原则，以带给客人"家外之家"的感觉。不间断电源、延时开关及床头电源总开关的引入给客人带来了更多的便利。多制式插座具备中国及英国两种标准，使境外客人更觉方便。客房的空调及灯光实现智能化控制，既方便客人又节约能源。

（6）变氟利昂式小冰箱为吸收式小冰箱，实现无噪声。

（7）更注重饮食区设计，吧台物品配置更安全。

（8）更加注重居家氛围的营造。针对客人越来越重视家庭氛围的需求，功能设计中也应考虑这一点，如有条件，应尽可能地将衣柜安排在就寝区一侧，以方便客人。

（9）扩大床铺尺寸，注重舒适性，甚至采用多种功能的保健床，并为客人提供更多品种、可选择的枕头。

（10）办公桌面积越来越大，座椅更加实用。目前大部分酒店客房的办公桌面积小，酒店的宣传资料又要占去相当一部分空间，可供客人使用的空间就很有限。因此，酒店将会重视客人对办公桌空间的需求，使桌面面积越来越大。办公桌前使用的琴凳不能满足各种身材客人的需求，为使客人更觉舒适和方便，应采用有靠背、能调节高低、有轮子能移动并能够旋转的座椅。

（11）客房地面改变铺满地毯的传统，在小过道和窗前用硬地面。

（12）客房色彩多元化，客房风格个性化。

（13）更加注重选用工艺品、装饰画、插花，甚至以名家作品进行装饰。

（14）对客人隐私更加尊重。在服务上，酒店也有专门的访客制度来保证客人的私密性。客房隔音差是客人投诉客房设施的重要问题之一，提高客房的隔音效果则是加强客房私密性的重要措施之一。

2. 卫生间设计发展趋势

客房卫生间是体现酒店整体硬件标准的最重要的地点之一。客房卫生间的设计除了要考虑完整的功能和方便、卫生、安全的因素之外，还应考虑格局的创新、空间的变化、视觉的丰富和照明光效的专业化标准等。所以，卫生间设计的发展趋势体现在以下几个方面：

（1）卫生间空间逐步扩大。随着生活水平的提高，人们对卫生间的要求越来越高，较大的空间可满足多种功能的需要，是确保卫生间舒适的首要条件。取消卫生间浴缸，使用淋浴也有助于扩大卫生间的视觉空间。酒店还可以通过装潢处理使卫生间向卧室敞开，既扩大了视觉空间，又方便家庭客人的沟通。

（2）功能上趋向多元化。卫生间不仅仅是"方便"之地，同时具有休息、化妆等功能，在侧墙位附近安装LCD、等离子电视或音响是必然趋势。

（3）卫生间趋向分室布局。梳妆、淋浴、恭桶、浴缸享有独立的空间，分室布局特别方便家庭客人。此外，卫生间的设计还出现了开放化的潮流，部分酒店的卫生间设置连通外部空间的窗户；有些则采取客、卧室相通的模式，两者之间用玻璃或卷帘隔开。

（4）化妆功能得到进一步强化。有些酒店设置专门的化妆台，配备化妆镜；有些则通过拓宽洗脸台台面，方便客人放置各种自带的梳洗、化妆用品。此外，化妆台除使用大面积的镜子外，侧面还设有供化妆、剃须用的放大圆镜，圆镜后还装有加热导线，以提高温度，消除镜面水汽。

（5）豪华酒店的卫生间使用双面盆。人们的生活节奏不断加快，夜生活将更加丰富，因此早晨的梳洗时间就会变得紧张，双面盆可以方便两位住客的梳洗，提高卫生间的利用率。

（6）布置现代化设施。现代化的卫生间设施设备将为客人提供更加方便、舒适的享受。如配备具有保健功能的按摩浴缸、自动化恭桶、音响、电视等。

（7）在卫生间放置体重秤和安置吹风机，以满足客人保健和美容美发的需要。

（8）集中排风逐步取代分散排风。卫生间的排风扇易产生噪声，也因潮湿容易发生故障，采用集中排风可避免上述问题。

（9）逐步取消地漏。地漏的水封几天不换，易导致微生物滋生，水就会变质，异味和蚊虫就因此而产生；如果长时间不加水，还会导致水的蒸发，地漏则变成抽臭气的管道。因此，酒店应逐步取消地漏。

（10）安装紧急呼叫及稍候按钮。紧急呼叫按钮的设置能提高客房卫生间的安全性，老年客人倾向于选择这样的客房。稍候按钮可以避免主人在卫生间时有访客敲门的尴尬，在这样的情况下，客房主人可以按一下按钮，客房门外就会显示"稍候"并伴有提醒的铃声。

（11）提供直饮水装置。越来越多的人偏好饮用凉水，提供可饮用水不仅方便客人，还能节约能源。

（12）淋浴装置逐步取代浴缸。越来越多的酒店考虑在卫生间设置淋浴间，这种做法有很多好处：首先，淋浴更卫生，客人进出也方便，还可以避免因滑倒而发生的受伤事故；其次，不仅减少酒店的基建投资，还可扩大卫生间的视觉空间；最后，方便服务员的日常清扫，淋浴间内装置挂墙凳可在很大程度上方便老年客人的洗浴。

第四章 客房价格管理与策略

一、客房价格认知与理解

房价是指客人住宿所应支付的住宿费用，它是客房商品价值的货币表现。客房收入作为酒店经济收入的主要部分，它决定于一定时间内客房出租率和每间客房以间/天计算的房费的乘积。

（一）客房价格特点

1. 时间与空间上的补偿性

客房作为一种特殊商品，其使用价值在于为消费者提供住宿环境，满足客人物质和精神享受的需要，并通过在一个特定的时间和空间内出租客房的使用权，从而实现其价值。客人要想重复消费就必须重新购买时间和空间的使用权。

2. 客房商品的不可储存性

客房商品的服务价值在规定的时间内不能实现有效售出，当天的效用就自然失去，客房当天的服务价值也永远不会实现。客人消费与酒店利用客房设备为住客服务的过程是统一的，在时间上是不可分离的，客房商品的价值随时间而消逝。

3. 使用价值的共享性

人们外出旅行就要住宿，就要购买客房商品，从这一意义上讲，客房是人们投宿活动的物质承担者，是满足其生存的基本条件。如果客人要求有舒适感或豪华感，就可购买更高价格的高档次客房，它可以满足客人更高层次的精神上的享受需要。客房产品具有满足客人生存需要、享受需要和发展需要的共同性，这一特点决定了客房商品价格应具有多样性。

4. 客房价格的易受影响性

客房出租受季节、气候、环境与疾病、战争与恐怖活动及节假日等众多因素的影响，表现为出租率在时间上具有明显的阶段性差异。

5. 高比例的固定成本

酒店客房建筑成本高、一次性投入很大，经营过程中的阶段性服务耗费相对较少，客房经营中的固定成本比重大。考虑到客房固定成本的负担，在确定客房价格时，须衡量所定房价能够实现保本点的最低出租率，从而决定客房价格要有一个最低价格限度。

（二）客房价格构成

在商品经济中，任何商品和劳务都有价格。酒店客房产品定价，是酒店经营活动中的重要内容。酒店应根据产品特点、成本和市场状况，制定合理的客房价格，客房价格是由客房的成本和利润构成的，如图4-1所示。

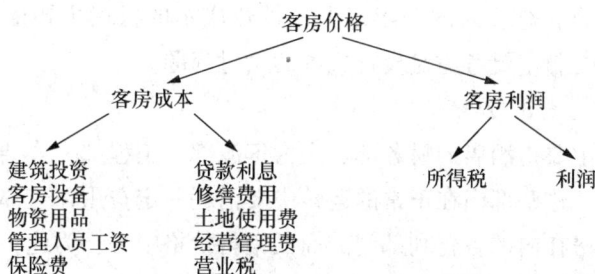

图4-1　客房价格构成

1. 客房成本

（1）固定成本。固定成本是在一定业务范围内不随业务量增减而增减的成本。无论销售量上升还是下降，固定成本总是不变的，如酒店建筑费用、设备折旧、贷款利息、企业管理费、办公费、差旅费、管理人员工资等都是固定成本。

（2）变动成本。变动成本是在一定范围内随销售量的增减而成正比例增减的那部分成本，如原材料、工人的计件工资、食品成本、客房低值易耗品等。

（3）半变动成本。除了固定成本和变动成本外，酒店还有一种兼有固定成本和变动成本性质的半变动成本。这类成本虽然也随着销售量的升降而增减，但该增减与销售量的增减不完全成比例，如燃料和动力费。

2. 客房利润

客房利润＝营业收入－（成本＋费用＋各种税收）

所谓酒店的营业收入，是指酒店在某一时期内，通过提供服务、出售商品或从事其他经营活动所取得的货币收入，它包括出租客房、提供餐饮、出售商品、代办手续，以及其他服务项目所得的全部收入。对于酒店企业而言，客房和餐饮是其主营业务收入。

（三）影响客房价格构成的内外部因素

制定房价是酒店自主的经营活动，但是由于市场环境和酒店内部条件的制约，使得定价自由度受到一定的限制。酒店要合理制定价格应综合考虑影响房价的各种内外部因素。

1. 投资成本

投资成本是影响客房定价的基本要素。酒店必须在一定时期内，用营业收入抵偿投资成本。尽管酒店的营业项目很多，如餐饮、娱乐、商场等，但是客房营业收入通常占到酒店总收入的一半以上，投资成本的抵偿主要依靠客房营业收入。所以，房价的制定要考虑对投资成本的偿付问题。

2. 非营业部门费用分摊

非营业部门主要指酒店的财务部、人力资源部、工程部、公共安全及其他行政管理保障部门。这些部门在正常的运转中要消耗一定费用，这部分费用支出也要分摊到包括客房在内的各营利部门的商品销售价格中去。为此，客房价格也要能够抵偿非营业部门的部分费用支出。

3. 非营利性服务的支出

酒店的一些服务项目不是直接盈利的，如楼层卫生、客房设备维修等。但这些服务是酒店维持服务水平和经营活动顺利进行所必不可少的，因而需要投入一定的人力、物力，这些也需要客房收入予以偿付。

另外，酒店要为一些特殊客人提供优惠甚至免费住宿，由此导致的客房服务成本增加也要由正常房价来补偿。

4. 服务等级标准

酒店服务等级标准不同，客房销售价格水平也明显不同，一般来说，等级越高，建筑造价越高，设备越先进，服务项目越齐全，即服务质量高，酒店客房价格也要高些，反之亦然。客人对服务质量的看法往往和价格有一定联系，客人愿意支付的价格是根据他们对某项服务的价值来判断的。对一定质量水准的服务，客人愿意支付的价格是有限度的，如果过高，客人就不会购买；如果过低，酒店就无法盈利。

5. 酒店所处区位

酒店的地理位置不同，交通条件不同，能够满足客人的精神和物质需要的程度也就不同。"现代酒店管理之父"斯塔特勒说："对任何酒店来说，取得成功的三个根本因素是：地点、地点、地点。"可见，地理位置对于酒店经营非常重要。位于市中心区、繁华商业区，距离机场、火车站比较近，交通便利的酒店其房价的制定或调整的条件就会有利一些，而位于市郊，远离繁华商业区，交通条件、地理位置等较差的酒店，虽然地价便宜，经营成本低，但由于其对客人的吸引力差，因此房价会相应低一些。

6. 市场环境

竞争对手价格影响。竞争对手的价格是酒店制定房价时的重要参考依据。因为在定价过程中，首先要调查本地区同等级、同档次、具有同等竞争力的酒店的房价，做到"知己知彼"。

7. 国际形势和国家政策

国际、国内形势对制定房价的影响，如全球或区域经济的发展速度减缓、政治局势的动荡、国家或地区间的战争等都会导致旅游业大幅度滑坡，引起酒店客房价格的波动。

当然，制定房价虽然是酒店的自主经营活动，但没有任何国家允许本国酒店100%地自由定价和自由竞争，政府总要以各种方式来干预企业价格的制定，用以维护国家的利益，保护本地市场。我国为保护旅游业的正常发展，防止不正当竞争，对各等级酒店规定了最高和最低限价。

8. 汇率变动

汇率是指两国货币之间的比价，即用一国货币单位来表示另一国货币单位的价格。这一变动会直接影响酒店房费的外汇收入水平，在其他因素不变时，如人民币汇率升值趋势明显，则房价不宜定得过高；反之，人民币汇率处于贬值状态并且幅度较大时，则要相应提高房价水平。

此外，投资成本回收期的长短，以及目标利润率的高低，都会对房价的制定产生影响，在进行客房定价时，应考虑成本水平。

总之，制定房价要综合考虑各种因素，并根据这些因素的变化及时进行调整。而房价的制定与调整应有一个合理的区间范围，最优化的房价应该是在这个区间合理变动，既要满足酒店收入最大化，又能最大限度地吸引客人。

（四）客房价格表现方式

酒店客房的市场交易价格，可以分为以下四种基本类型：

1. 公布价

公布价就是在酒店价目表上公布的各种类型客房的现行价格，也称基本价格、门市价或散客价。根据不同的计价方式，公布价又可分为以下五种类型：

（1）欧式计价（EP）。欧式计价指酒店的客房价格仅包括房租，不含餐费。国际上大多数酒店都采用这一形式，中国的酒店一般也都采用欧式计价。在通常情况下，只要酒店未向客人作特别说明的报价，均为欧式计价形式。

（2）美式计价（AP）。美式计价指酒店的客房价格包括房租以及一日早、午、晚三餐的费用。美式计价形式曾一度被几乎所有的度假酒店采用，但随着交通的发展，旅客的流动性增强，美式计价形式逐渐被淘汰，目前只有少数地处偏远的度假酒店沿用此种形式。

（3）修正美式计价（MP）。修正美式计价指酒店的客房价格包括房租和早餐以及午餐或晚餐的费用。修正美式计价形式也称"半包餐"计价，它既可使客人有较大的自由来安排白天的活动，又能为酒店带来一定的效益。

（4）欧陆式计价（CP）。欧陆式计价指酒店的客房价格包括房租及一份简单的早餐——咖啡、面包及果汁。欧陆式计价形式也称"床位连早餐"报价，此类报价形式较多地被不设餐厅的汽车旅馆所采用。

（5）百慕大计价（BP）。百慕大计价指酒店的客房价格包括房租及一顿丰盛的西式早餐。这种计价形式对商务旅客具有较大吸引力。

2. 追加房价

追加房价是在公布价的基础上，根据客人的住宿情况另外加收的房费。通常有以下几种情况：

（1）白天租用价（Day Charge）。客人退房超过了规定时间，酒店将向客人收取白天租用费。许多酒店规定，客人在14：00以后、18：00以前退房，加收半天房费；在18：00以后退房，加收一天房费。

（2）加床费（Rate For Extra Bed）。酒店对需要在房内临时加床的客人加收的一种房费。

（3）深夜房价（Midnight Charge）。客人在凌晨抵店，酒店将向客人加收一天或半天房费。

（4）保留房价（Hold Room Charge）。住客短期外出旅行，但需继续保留所住客房的，或预订客人因特殊情况未能及时抵店的，酒店通常要求客人支付为其保留客房的房费，但一般不再加收服务费。

3. 特别房价

特别房价是根据酒店的经营方针或其他理由，对公布价格做出各种折让的价格。酒店日常采用的折让价格主要有以下几种：

（1）团队价（Group Rate）。团队价是酒店为团队客人提供的数量折扣，该项目在于吸引大批量的客人。

（2）家庭租用价（Family Plan Rate）。酒店为携带孩子的父母所提供的折扣价格，如给予未满六周岁的儿童免费提供婴儿小床等，以刺激家庭旅游者。

（3）小包价（Package Plan Rate）。酒店为有特殊要求的客人提供的一揽子报价，通常包括房租费及餐费、游览费、交通费等项目的费用，以方便客人做好预算。

（4）折扣价（Discount Rate）。酒店向常客（Regular Guest）或长住客（Long Stay Guest）或有特殊身份的客人提供的优惠价格。

（5）免费（Complimentary Rate）。酒店在互惠互利原则下，给予与酒店有双边关系的客人免费招待待遇。免费的范围可以包括餐费，也可以仅限房费。

4. 合同房价

合同价格或称批发价格，是酒店给予中间商的优惠价。中间商销售酒店的客房要获取销售利润，为此与酒店确定散客和团队的优惠价，使他们在销售酒店产品后有足够的毛利支付销售费用并获得利润。根据中间商的批发量和付款条件，酒店给予不同的数量折扣和付款条件折扣。目前，此类中间商涉及旅行社、酒店预订网和大型会议组织者以及大客户等。

二、客房定价原理与方法

（一）客房定价的基本原理

酒店客房定价的基本原理可以描述为：客房价格一般以供给价格（客房产品成本价格）为下限，以需求价格（客人购买能力和对客房产品价值的认识）为上限，实际市场成交价格受市场竞争的影响在上下限之间波动，而某些特殊时期的市场成交价格可能会低于客房产品成本价格。具体描述关系如图4-2所示。

1. 客房产品的价值决定供给价格

客房产品的价值决定客房的供给价格，这是客房价格的下限。酒店经营者创造的客房产品价值体现在客房产品的设计、建造、装潢、布置和日常服务的过程中。豪华酒店与一般酒店的客房，在其设计和设施设备配套的完善程度、舒适与先进程度上差别很大，所花费的时间和精力具有明显差异，因而客房价格有较大的差别。客房的价格水平还体现在酒店服务人员所提供的服务劳动的质量水平上。热情周到的高质量客房服务反映了服务员业务素质较高，付出了更复杂的劳动，理应得到较高的报酬。倘若酒店经营者所付出的劳动得不到合理的补偿，酒店产品的再生产就难以继续，当然，客房价格反映出不同酒店的经营状况和经营水平。

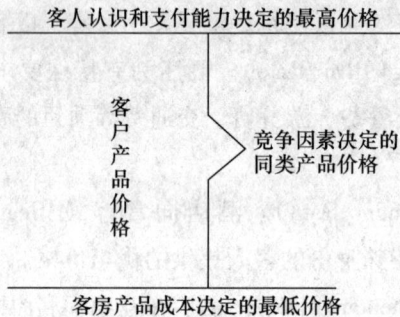

客人认识和支付能力决定的最高价格

客户产品价格

竞争因素决定的
同类产品价格

客房产品成本决定的最低价格

图 4 – 2　客房定价基本原理的描述关系

2. 客人的支付能力决定需求价格

需求价格是指在一定时期内消费者对一定量的客房产品愿意和能够支付的价格，它表现为消费者的需求程度和支付能力。需求价格是客房价格的上限，超过上限即超过客人的意愿和支付能力，再有特色的客房产品也将失去吸引力。

3. 市场竞争决定市场成交价格

客房产品的市场成交价格，是指酒店客房的经营者和酒店客房的需求者都能接受的实际的交易价格，这是由市场竞争状况决定的。客房供给者之间的竞争结果，使市场成交价格在较低价位上得以实现。因此，当酒店客房供大于求时，客房价格只能体现酒店经营者的生存目标即较低的供给价格；当酒店客房供不应求时，客房价格可以体现酒店经营者的利润最大化。

（二）客房定价的基本方法

影响酒店客房定价的主要因素是产品成本、市场需求与市场竞争状况。酒店在定价时，通常考虑其中至少一个因素。因此，酒店客房定价的基本方法主要为以成本为中心的定价、以需求为中心的定价和以竞争为中心的定价三种类型。

1. 以成本为中心的定价方法

以成本为中心的定价方法是以酒店经营成本为基础制定客房产品价格的一种

方法，它是以产品成本加企业盈利的产品价格。从酒店财务管理的角度来看，客房产品价格的确定应以成本为基础，如果价格不能保证成本的回收，则酒店的经营活动将无法长期维持。成本定价的具体方法有以下几种：

（1）建筑成本定价法。建筑成本定价法也称"千分之一定价法"，是国际上比较通用的一种客房定价方法，是根据酒店建筑总成本来制定客房价格的方法。

其计算公式为：

$$客房价格 = \frac{酒店建造总成本}{酒店客房数} \times \frac{1}{1000}$$

酒店建造总成本包括建筑材料费、各种设施设备费、室内装修及各种用具费用，所需各种技术费用及人员培训费、建造中的资金利息等。另外，使用此定价法必须明确此定价法的假设条件及其局限性：

1）千分之一定价法计算出来的房价是客房平均价格，每间客房的实际价格可以有差别。

2）千分之一定价法假定酒店的食品、饮料等营业部门能够提供一定数额的利润，这些利润能够支付酒店的日常营业费用。

3）千分之一定价法假定酒店的客房出租率应维持在60%左右。千分之一定价法的实际经济含义是：如果各种假设成立，则经过5年左右的经营，酒店建造总成本可以通过客房销售得到回收。

（2）客房面积定价法。客房面积定价法是通过确定客房预算总收入来计算单位面积的客房应取得的收入，进而确定每间客房应取得的收入来进行定价的一种方法。

$$客房价格 = \frac{预期总收入}{总面积 \times 客房出租率 \times 预期天数} \times 该客房的面积$$

例如：某酒店客房总面积为5000平方米，预计明年客房总收入为450万美元，客房出租率为80%，那么面积为25平方米的客房价格应为多少？

$$客房价格 = \frac{4500000}{5000 \times 80\% \times 365} \times 25 = 77（美元）$$

这种定价方法主要受预计收入的影响，如果收入预测较高，则价格较高；如果市场不接受或预算收入较低，那么价格也会较低，利润将受到影响。因此，客房价格制定是否合理，在很大程度上受收入预测的准确度影响。

（3）平衡定价法。平衡定价法是指酒店在既定的固定成本、变动成本和客房产品估计销量的条件下，实现销售收入与总成本相等的客房价格，也就是酒店不赔不赚时的客房产品价格。其计算公式为：

$$客房价格 = \frac{每间客房日费用额}{1 - 税率}$$

其中，每间客房日费用额包括客房固定费用日分摊额和变动费用部分。客房固定费用日分摊额可依据不同类型客房的使用面积进行分摊：

$$每平方米使用面积日固定费用 = \frac{全年客房固定费用总额}{客房总使用面积 \times 年日历天数 \times 出租率}$$

客房变动费用总额可以按客房间数进行分摊：

$$每间客房日变动费用 = \frac{全年客房变动费用总额}{客房数 \times 年日历天数 \times 出租率}$$

每间客房日费用额 = 客房使用面积 × 每平方米使用面积日固定费用 + 每间客房日变动费用。

（4）成本加成定价法。成本加成定价法也称成本基数法，是按客房产品的成本加上若干百分比的加成额进行定价。其计算公式为：

客房价格 = 每间客房总成本 × （1 + 加成率）

按照这种定价方法，酒店客房价格可分三步来确定：①估算单位客房产品每天的变动成本；②估算单位客房产品的全部成本；③全部成本加上成本加成额，就可获得客房价格。

$$客房价格 = \frac{单位变动成本 + 单位固定成本 \times （1 + 加成率）}{1 - 营业税率}$$

成本加成定价法的缺陷在于没有充分考虑市场需求与市场竞争状况。固定成本的分摊不仅与固定成本总额有关，而且与预期的销售数量有关。通常情况下，一般销售量越少，分摊到单位产品的固定成本就越多。倘若竞争对手以更低的价格吸引消费者，那么，以成本加成定价法所定的产品价格就会失去竞争力。

这种方法的优点在于：①获取产品成本信息比较方便，可简化定价过程；②这种定价使消费者感到比较公平；③可以保证经营者通过产品的出售获得预期利润。

（5）目标收益定价法。这是另一种以成本为中心的定价法，其出发点是通过定价来达到一定的目标利润，以期在一定时期全部收回投资，其基本步骤如下：

1）确定目标收益额（或投资报酬率）。

2）确定目标利润额，其计算公式为：

目标利润＝总投资额×目标收益率

3）预测总成本，包括固定成本和变动成本。

4）确定预期销售量。

5）确定产品价格，计算公式为：

产品单位售价＝（总成本＋目标利润）/预期销售量

2. 以需求为中心的定价法

以成本为中心的定价方法有一个共同缺点，即忽视了市场需求和竞争因素，完全站在企业角度去考虑问题。以需求为中心的定价方法是以市场为导向，从客人的需要出发，认为商品的价格主要应根据客人对商品的需求程度和对商品价值的认同程度来决定。

这种定价方法认为，一种商品的价格、质量及服务水平等在客人心目中都有一个特定的位置。当商品价格和客人的认识理解水平大体一致时，客人才会接受这个价格；反之，如果定价超过了客人对商品价格的认识，客人是不会接受这个价格的。酒店客房商品的价值，不仅取决于该商品对满足客人某种欲望的客观物质属性，而且还取决于客人的主观感受和评价。通常采用以下三种方法来确定价格：

（1）直觉评定法。邀请客人或中间商等，对酒店的客房产品进行直觉价值评价，以决定产品价格。

（2）相对评分法。这种定价法要首先对多家酒店的客房产品进行评分，再按分数的相对比例和现行平均市场价格对比，计算出客房产品的理解价格。

（3）特征评分法。这种方法要求消费者按各家酒店客房产品的可感知性、可靠性、反应性、保证性及移情性五个特征，对自己的酒店产品进行直觉的等级评价。

3. 以竞争为中心的定价法

如果酒店行业的竞争异常激烈，酒店在定价时就会把竞争因素放在首位，这样就形成了不同的以竞争为中心的定价法。

（1）随行就市定价法。这种定价法主要有两种形式：一是以酒店业的平均价格或现行价格水平作为酒店的定价标准。在酒店成本难以估算，竞争者的反映难以确定时，酒店会感到随行就市是唯一的也是最明智的选择。因为这种定价反映了行业中所有企业的集体智慧，这样定价既能获得合理的收益，又能减少因价格竞争带来的风险。二是追随"领袖企业"价格，酒店定价不依据自己的成本和需求状况，而是与"领袖企业"保持相应的价格水准，目的是保证收益和减少风险。

（2）边际效益定价法，即保本销售定价法。根据盈亏平衡原理，以一定的价格销售客房产品时，销售收入正好能够补偿固定成本和变动成本时的销售量即为保本销售量。边际效益，又称为边际收入，是指每间客房的单价减去每间客房变动成本的余额。采取边际效益定价法，可减少损失，保住市场，争取扭转局势的时机。边际效益定价法也规定了客房价格的最低限度，即房价不能低于单位产品的变动成本。例如，某酒店客房单位固定成本为 400 元，单位变动成本为 100 元，酒店公布价格为 720 元/间·天。现在正处于销售淡季，客房出租率只有 35%。某客户要求以公布价格的 50% 折扣预订客房，酒店是否应该接受预订呢？从表面上看，客房单位总成本为：400（元）+ 100（元）= 500（元），如果按公布价格 50% 来算，即以 360 元出售，酒店要亏损 140 元。但进一步分析成本结构，就会发现每间客房每天的变动成本仅为 100 元，如果按 360 元出售，酒店可获得 260 元边际效益。在客房出租率较低时，按 P（价格）– C（变动成本）定价原则进行分析，接受客人的要求比不接受更有利。

三、客房定价策略与技巧

定价策略是酒店在特定的经营环境下，为实现其定价目标所采取的定价方针和价格竞争方式，具体表现在对各种定价方法的有效选择上，定价策略和定价方法二者相辅相成，共同为实现定价目标服务。定价策略决定定价方法的选择，且定价方法影响定价策略的实施。没有明确的定价策略，定价方法的选择和调整就会变得僵化，从而难以准确把握竞争时机，实现定价目标。

价格是酒店经营的重要组成部分，它能调节需求，有利于市场竞争，反映酒店形象。有效的价格策略能使酒店提高收入、增加利润。制定酒店价格要服从国家价格政策的规定，在国家价格政策允许的范围内制定相应的价格。酒店的价格要符合市场需求，分析酒店市场需求的变化状况，了解宾客对酒店产品价格的评估，研究不同类别宾客的需求，并针对不同类别的宾客确定不同的价格。酒店的价格制定还要根据同档次酒店的市场竞争状况来确定，酒店竞争越激烈，宾客对价格的敏感度越大，企业越应关注竞争者的价格，以酒店自身所处的竞争形势来定价。另外，酒店的价格制定还需考虑酒店经营状况，要使酒店在经营上和经济上都切实可行。

酒店的价格一般都是以基本价格为基础，在基本价格的基础上再采取灵活多样的价格策略。具体有以下几种策略：

（一）价格策略

1. 优惠价格策略

（1）数量折扣价格：对会议、协议单位和长住人员给予数量折扣。例如，一次性入住达 20 间以上的会议价格一般为门市价的 60%，协议单位价格一般为门市价的 55%，累计入住达 100 间以上的会议价格一般为门市价的 50%，协议单位价格一般为门市价的 55%。累计入住达 10 间以上或一次入住达 1 个月以上的长住顾客价格一般为门市价的 60%。

（2）现金折扣价格：对在约定付款期内（一般协议单位不超过 1 个月，会议单位不超过会议结束后半个月）或提前以现金付款的顾客给予 95% 的折扣率。

（3）赊销价格：通过给予顾客（主要是协议单位）一定的赊销优惠，隔月集中结算账款。

（4）季节折扣：在淡季采取季节折扣以提高客房出租率，通常为正常情况价格的 80%。

（5）附赠价格：在顾客消费时，以送积分或不同时段促销产品的形式给予顾客一定的馈赠。

（6）促销定价：采用优惠价、酬宾价等方法招徕顾客。

（7）其他优惠价格：对特殊顾客如新闻媒体、旅游业同行等在门市价的基础上提供特别折扣。

2. 心理价格策略

（1）尾数定价：如针对酒店的消费群体大部分属于价格敏感型的商务客和公司群体，采用尾数价格策略一般可以给顾客价格较低的印象，尤其是以"5"结尾的房价更受欢迎。

（2）声望定价：对部分具有尊贵地位等心理需求的顾客，可制定较高的豪华套房整数价。

（二）系列产品差别定价技巧

酒店提供的不同类型的客房及其配套的服务设施可以被看作是系列产品，这是定价的另一种思路，主要有以下几种定价方法：

1. 分级定价法

分级定价法是指把酒店所有的客房分为几个档次，每个档次确定一个价格，这样标价可以使客人感到各种价格反映了客房质量的差别，并可简化他们选购客房的过程。酒店常采用这种方法来确定价格，以吸引对房价有不同需求的客人。

2. 区分需求定价法

区分需求定价法是指在客房产品成本相同或相差不大的情况下，根据不同客人对同一客房产品的不同需求来制定差别价格。同一客房产品针对不同类型客人的差别定价，如客房对散客、团队客人、家庭客人采用不同价格；同一客房在不同位置价格不同；同一客房在不同的销售时间也有差别；还有同一客房在增加微小服务时也有价格差别。需要注意的是，实施区分需求定价法，价格水平不应低于成本加成制定的价格水平；需求市场能够被细分，并能够在不同的细分市场上反映出不同的需求程度；差别定价避免引起客人的反感，要迎合客人的心理效用价值。

四、客房价格管理与调控

（一）客房价格管理的基本原则

1. 基础收益原则

基础收益是指客房价格必须能够满足客房成本与计划投资回收率的要求，其目的是为了保障客房在出租过程中能够实现客房经营最基本的收益要求。这是通常情况下客房管理最基本的原则。当然，房价与市场变化是相适应的，还应在变化的市场环境下保持一定的灵活性。

2. 实现最佳收益原则

实现最佳收益原则实际上就是减损最少原则，在市场处于萧条时期，酒店客房的销售量会下降，大量的客房闲置不仅使客房资源大量浪费，更会影响员工的收入和工作情绪。在这种情况下，为了减少资源浪费和维护员工的工作热情，酒店可根据具体的市场行情合理地调整价格，以吸引消费者。这是一种权宜之计，不得已而为之，应慎重使用。

3. 形象战略原则

在市场萧条或竞争加剧的情况下，有些酒店会采用简单降价的做法，由此引发酒店之间的恶性削价竞争，这不仅会对个别酒店造成巨大的经济损失，更令人痛心的是这也会对酒店形象造成莫大的损害。形象战略原则是指在市场竞争激烈的形势下，酒店以"一分价格，一分质量"为基本思想，大力宣传自己的品牌形象，突出自己真正为消费者负责的优质服务。这是一种积极竞争战略，而不是简单保全"面子"的做法。

4. 价后增效原则

价后增效原则是指在保持价格不变的前提下，增加同一价格下的服务项目，从而使客人能够享受到更多的服务项目。这一原则表面上看起来没有降价，但同一价格下的服务价值增加了，是一种"隐形降价"。与实际降价不同的是，它既保护了酒店形象战略的实施，又有利于客人享受真正物有所值的服务，并增强了酒店的实际竞争能力。

5. 投资未来原则

投资未来原则是指对那些看起来现在还不是酒店消费者但未来有可能成为重要消费者的潜在客户或对酒店未来经营发展可能有重要作用的客户，主动从房价上给予优惠，并以各种方式联络感情，将其作为未来潜在市场的客源进行先期投资。这一原则要求酒店经营者具有长远眼光并能及时掌握有关信息，灵活运用经营策略，从而使酒店在市场上的占有率保持不断扩大的势头。

（二）客房价格管理的目标

1. 追求利润最大化

追求利润最大化是制定客房价格最基本的目标。利润最大化可分为短期利润最大化和长期利润最大化。酒店经营者必须在不同时期确定不同的价格水平。严格来讲，应以长期利润最大化为追求目标，避免盲目调价和相互杀价。客房需求受价格以外很多不确定因素的影响，因而需求量和成本的测算往往因受市场影响而变动。实践证明，高房价并不能保证实现利润最大化，而低房价也未必意味着客房利润的减少，只有适当的价位才能实现客房商品利润最大化。

2. 提高市场占有率

酒店要提高市场占有率，就要增加客房销售量，还要提高其他设施设备的利用率，降低经营成本。就价格因素来讲，要达到提高市场占有率的目的，就要采取价格策略，但要警惕价格策略带来的不利影响。低价位并不一定能够增加客源、提高市场占有率，因为客房商品需求量要受到其他诸如政治、经济、交通、季节等多方面因素的影响。低价位可能有损酒店自身的形象和声誉，影响服务质量。更不应忽视低价位对管理人员和服务人员的误导，出现"低价位、低水平服务"的现象。

3. 提高竞争力

价格是竞争的手段，但具有竞争力的价格应有以下几个特征：

（1）与竞争对手同价。在少数卖方市场条件下，酒店客房商品与竞争对手的客房如有明显的差别，而且消费者了解本地区产品价格水平，就可以采取跟随行业领头人定价的方法。

（2）高于竞争对手。酒店的硬件设施水平，包括客房在内的产品以及服务质量等方面，如果超出竞争对手的水平，则可确定较高的价位。

（3）低于竞争对手。在一定条件下，采用低价进入市场，可以很快扩大市场份额，提高市场占有率，达到提高竞争力的目的。

4. 实现预期投资收益

预期投资收益是酒店经营的重要指标之一，也是必须予以考虑的客房商品定价目标之一。

（三）客房价格的调整控制

1. 客房价格的调整原因

酒店在经营过程中，要根据市场变化适时调整产品和服务价格，一般采用降价和提价两种方法。

（1）降价，通常是在产品供大于求，非促销不能改变现状以及竞争对手制定低价格时，为了适应竞争需要，增加市场份额而调低价格，但降价前要认真调查分析、慎重行事，以免降低后与竞争对手两败俱伤，或降价后难以调高价格。

（2）提价，一般是在产品供不应求或通货膨胀等特定条件下采用。酒店在调高价格时，应通过各种信息渠道，了解市场行情，积极向宾客说明提价理由。但提价也会引起宾客和旅行社的不满，导致需求量的下降，不小心反而会被迫再次降价，倘如此，则达不到提价目的，故应慎重实施。

实际上，在客房经营过程中，通货膨胀与汇率的上升都将导致客房经营成本的增加，并引起客房价格上涨。但是过分地涨价可能引起客人的抱怨，尤其是在当前激烈市场竞争下，涨价会使客人流向竞争对手的酒店。因此，酒店对通货膨胀与汇率变动下的价格调整应有正确的对策。

2. 客房价格控制依据

低价薄利多销和高价厚利少销是酒店的两种定价方法。在不同的市场需求下，两者都能帮助酒店实现客房经营利润最大化的目标。在既定的市场需求情况下，哪一种手段能使酒店客房经营利润最大化，需要根据需求价格弹性来进行客房价格的控制。需求价格弹性是用来表示酒店客房产品的需求量对价格变化所做出的反应大小的一个指数，它通常用价格变动的百分率、需求量变动的百分率来表示，这两个百分率的比值，称为弹性导数。

$$Ed = \frac{(Q_2 - Q_1) \times (P_2 + P_1)}{(Q_2 + Q_1) \times (P_2 - P_1)}$$

其中，P_1 为原来的价格；Q_1 为与 P_1 相应的需求量；P_2 为变动后的价格；Q_2 为与 P_2 相应的需求量；Ed 为需求价格弹性，如果：

（1）｜Ed｜>1，即价格变动1%，需求量的变动大于1%，称为需求富余弹性。这时酒店可采取低价策略和调低价格策略，因为客房价格的下调将引起需求的明显增多，从而实现薄利多销，获取最大化利润；如果提价，将会减少销售总收入，从而减少利润。

（2）｜Ed｜=1，即价格每提高（或降低）1%，需求量相应减少（或增加）1%，称为需求单元弹性。这时销售总收入不受价格变动的影响，因为价格变化对销售收入的影响刚好被需求量的变化对销售收入的影响所抵消，产品的价格与需求量的乘积保持不变。

（3）｜Ed｜<1，即价格变动1%所引起的需求量变动的百分率小于1%，称为需求缺乏弹性。这时酒店可采取高价策略和抬高价格策略，因为较高的价格并不对需求产品产生明显的影响，客房产品的销量基本不变，而高价则有厚利，可实现利润最大化；反之，降价则会使销售总收入减少。

由此可见，价格管理直接与酒店的经营管理联系在一起，价格管理的水平高低，直接影响酒店产品的市场占有率和经济收益。客房作为酒店主要产品之一，客房价格管理直接影响酒店在市场中的竞争力，并对酒店整体经济效益产生重大影响。因此，酒店客房价格管理成为酒店经营过程中一个十分重要的问题。酒店客房价格管理也是一个专业性很强的问题，应当遵循科学的原则进行。

（四）酒店营收管理

加强对酒店营业收入的控制，使其及时得到回收，对于保证酒店资金的正常循环与周转，促进经营水平的提高，具有极其重要的意义。其酒店营业收入控制要点主要包括以下几个方面：

1. 营业收入的时间确认

营业收入是酒店企业的主要追求目标，它在很大程度上反映了一家酒店在某一时期内经营成果的好坏，影响着投资者、管理者和全体员工的利益。营业收入也是确定当期收益的依据，当期费用的大小只有在营业收入确定的基础上才能予以确定。因此，营业收入确认的时间是否合理，直接关系到盈利的准确性。按照规定，酒店应采用权责发生制来核算营业收入：凡是在本期取得的收入，不论其款项是否已收回，都被视为本期收入；凡是不属于本期形成的收入，即使款项在本期收到，也不能作为本期收入。所以，酒店应当在劳务已提供、商品已发出，同时价款已收讫或已取得收取价款权利的凭证时，才能确认营业收入的实现。当期发生的销售折扣及销售退回，应冲减当期的营业收入。

2. 营业收入的数额确认

构成和影响酒店营业收入的因素较多，因而确认营业收入的正确数额则显得较为复杂。一般来说，影响营业收入的相关因素有以下几个方面：

（1）价格。在营业量一定的条件下，酒店营业收入的高低取决于价格的高低。在定价时，既要坚持按质论价的原则，又要符合市场供求规律。除了为提供服务而支出的成本费用及应得的利润外，酒店产品的价格还可以包括某些税金。

（2）折扣。折扣属于销售调整的项目，它对营业收入数额的准确性影响最大。销售的入账金额是发票价格减除商业折扣后的净额。为了鼓励客户及时付款，酒店通常会给予一定的现金折扣。一种处理方法是以现金净收入额作为营业收入，如果将来没有发生折扣，则将现金折扣作为追加收入计入营业收入。另一种处理方法是以发票价格作为营业收入，当将来现金折扣实际发生时，再冲销营业收入。

（3）坏账。当客户无力支付其所欠的应付账款时，就会产生坏账，它是酒店企业在营业收入环节中发生的损失费。坏账实际发生时，应对收益进行调整，这种调整往往不是直接减少销售收入，而是以费用的形式来冲销当期收益。

（4）退赔。在经营过程中，由于酒店自身的过错，未达到国家或行业规定的服务质量标准，而造成宾客权益的损失，消费者有权要求退赔。当退赔或折让实际发生时，原来计入的营业收入就应全部或部分地冲销。

3. 应计收入和实际收入的确认

随着市场经济体制的建立，酒店企业的销售方法亦趋向于多样化。尤其在采用事后结算的赊销方式时，实际收入往往会受到客户是否真正享受折扣、是否具有支付能力、是否符合双方的合同要求等多种因素的影响。所以，应计收入和实际收入很难完全一致，对营业收入和应收账款的调整工作常会发生。酒店必须加强管理，及时办理结算，对结算期过长的款项，要设专人催收，以减少资金占用。

4. 销售折扣和过失退赔的确认

酒店高固定成本的特点决定了增加销售量的重要性，如果没有宾客前来消费，营业收入就无法实现。增加销售量的有效手段就是针对不同的情况给予销售折扣。需要指出的是，销售折扣必须根据客源结构而定，不能将其变为恶性竞争的工具。另外，由于种种原因，酒店所提供的服务可能达不到消费者的要求，从而产生了部分折让或全额退赔现象的发生。虽然折让的原因各不相同，折让的要求也因人而异，但其产生的原因都是酒店硬件或软件上的不足。所以，从财务处理的角度来看，折扣和退赔有某些共同之处，但本质和产生的动因是完全不同的。前者是一种积极的经营策略，后者是一种消极的弥补措施，不能一概而论。

5. 收入预算制度

酒店可以通过编制销售预算来与实际销售情况进行比较，从而全面控制营业收入的各个环节。销售预算一般由销售部门编制。财务部经理应定期将实际毛利同预算进行比较，将实际发生的冲销项目、贷项调整同历史资料相比较，然后对比较结果做出详细的分析说明并上报最高管理层。当发生重大差异时，应指定专门人员进行调查。此外，酒店还要定期召开由销售部门、信贷部门、会计部门经理参加的会议，讨论酒店的销售趋势，及时修正预算方案，不断开拓新的市场。

（五）酒店房价减免审批管理

1. 免费房的审批权限

免费房的审批控制是酒店房价管理的一个内部权限管理问题。一般而言，使用免费客房须经酒店副总经理以上的领导批准，领导批准的免费房须到市场部办理有关手续，批示送财务部审查。各酒店部门经理、值班经理遇有特殊情况需用免费房，而总经理不在时，有权临时安排免费房，但必须及时补办审批手续。

2. 折扣房价审批权限

部门经理可根据实际情况对非预订客房打折，打折权限为门市价的 40% 以内，超过门市价的 40% 折扣时，须经总经理批准，并将有关批示送财务部审查。市场部人员、各部门助理、值班经理对散客的打折权限为门市价的 30% 以内。预订和接待人员的打折权限，由市场部经理根据当时的客源情况发出指令，有合同的按合同规定办理。如遇市场变化，市场部经理要求更大的打折权限时，可向总经理申请特批权限。

3. 折扣程序与执行办法

总台接待员应本着对顾客和酒店负责的态度，积极处理顾客提出的对费用有争议的意见或投诉。凡超越总台接待员权限范围的事项可请大堂助理或值班经理签字进行折扣处理。超越大堂助理、值班经理权限的事项应请副总经理处理，并请其签字进行折扣处理。签单人在授权范围内签字进行折扣处理的同时，在"审批权限表"中必须注明折扣原因和担当者的责任。总台接待员在执行折扣处理时，必须查看是否具备有效的签字折扣处理说明和原始单据。对超出权限的折扣处理，总台接待员有权拒绝执行。凡超出授权范围，均须上一级领导签字认可。对本店员工由于疏忽给客人造成损失的，值班经理经请示总经理，有权代表酒店送出鲜花、水果或纪念品。

4. 优惠房客人没结账而离开酒店的处理办法

结账处每日 15：30 前，将当日客人已离店但没办理离店手续的房间号，及时通知市场部人员。市场部接到通知后，立即进行调查。如账款可追回，要由市场部经理注明原因并签字，财务人员协助将账款先转入应收账款，并将说明的一联交还市场部经理追款。若确属跑账的，账款无法收回时，在折扣处理权限范围内，由市场部经理负责落实各级授权签字折扣人员的赔偿金额。

5. 审批权限表

审批权限表的格式，如表 4 - 1 所示。

表 4 - 1　审批权限表

名称：　　　　　　日期：

审批人/单位	原因	担当者责任	折扣率	折扣处理
市场部意见				
财务部意见				
批准人				

第五章　客房清洁与卫生管理

一、清扫准备工作

（一）清洁的内涵及原则

客房的清洁卫生是宾客选择一家酒店的重要依据，它直接影响着酒店的形象、气氛以及经济效益。清洁的概念不仅是干净，它还有更深的内涵。世界权威的卫生组织之一——美国国际清洁卫生协会（ISSA），用一个英文单词 SHAPE 来概括清洁的特性，每个字母代表了一种特性。

S：Safety（安全），清洁能带来安全卫生。

H：Health（健康），清洁能带来健康。

A：Appearance（外观），清洁代表了外貌美观，如建筑物表面。

P：Protection（保护），清洁能给建筑物或设施、设备以保护，同时清洁有利于环保。

E：Economic（经济实用），清洁能减少浪费，降低成本消耗。

为了达到卫生质量标准，客房清扫一般遵循如下原则：

（1）从上到下：用抹布擦拭灰尘时按照从上到下的顺序进行擦拭。

（2）从里到外：地毯吸尘时按照从里到外的顺序进行吸尘。

（3）环形清理：擦拭灰尘、检查设备用品路线上按照环形的顺序，以避免遗漏，节省体力。

（4）干湿分开：擦拭不同家具设备应严格区分使用，灯具、电视机、床头板、墙角线、金属把手等需要干擦，其余木质家具按照先湿后干的原则擦拭。

（5）先卧室后卫生间：住客房先打扫卧室后打扫卫生间，以便客人外出回来有可栖身的地方；从环保角度来说应按照先卫生间后卧室的顺序打扫，以便床上毛毯、床垫等床上用品能够有足够的时间通风换气，从而利于各种床上用品的维护保养。

（6）注意墙角：墙角是蜘蛛结网和灰尘容易积存的地方，也是客人比较关注的地方，清扫时应特别留意。

（二）酒店清洁工作的重要性

酒店的清洁卫生是构成酒店商品质量的重要组成部分，同时，清洁卫生也是客人选择一家酒店时要考虑的重要因素。因此，做好清洁卫生工作具有极其重要的意义。客房的清洁保养技能主要包括客房清扫的准备工作、不同房态客房的清洁整理程序与标准及客房的杀菌消毒等内容。

清洁程度是客人选择酒店时要考虑的重要因素，据美国旅馆基金会与宝洁公司的联合调查表明，客人初次、再次选择一家酒店时考虑的14项因素中，清洁名列第一位；而客人不再选择一家酒店时所考虑的因素中，不够清洁同样名列第一位。另据有关资料，客人对不同星级酒店的硬件及软件基本要求如表5-1所示。

表5-1　客人对不同星级酒店硬件及软件的基本要求

星级	硬件	软件
1	卫生	爱心
2	卫生＋方便	爱心＋诚心
3	卫生＋方便＋舒适	爱心＋诚心＋耐心
4	卫生＋方便＋舒适＋豪华	爱心＋诚心＋耐心＋细心
5	卫生＋方便＋舒适＋豪华＋文化	爱心＋诚心＋耐心＋细心＋贴心

资料显示，无论酒店的星级如何，但客人对卫生条件的要求是一致的。所以，客房的清洁保养是客房部的主要工作，为了保证客房清洁整理的质量，提高客房清扫的工作效率，客房服务员须做好客房清扫前的各项准备工作。

（三）客房清扫的有关规定

1. 例行的客房大清扫工作

一般是客人不在房间时进行，客人在房间时，必须征得客人的同意后方可进行，以不干扰客人的活动为准。

2. 养成进房前先思索的习惯

客房服务员在进房前，要替客人着想，揣摩客人的生活习惯，不能因清洁卫生工作或其他事情干扰了客人的休息和起居。同时，还应想一想，是否还有其他事情要做，这样既是为客人着想，也可以使服务员节省体力，减少不必要的往返路程。

3. 注意房间挂的牌子

客房服务员在清洁、服务过程中，要注意观察所辖区域内有无挂有"勿扰"

牌或"勿扰"灯亮的房间，如有，不要敲门进房，客房服务员需在楼层服务员服务单上的相应服务项目前的"□"内打上"√"，并填写自己的姓名以及说明。

对"请勿打扰"房在不打扰客人的情况下要勤注意观察，经过时，声音或操作要轻，以免影响客人休息。应做到既要为客人提供安静的休息环境，又不因客人外出时忘记摘下牌子而影响客房清扫工作。如果到了下午两点，"勿扰"牌或指示灯还没有取消，客房服务员按如下程序进行操作：

（1）打电话到客人房间，询问是否可以进房打扫或需要什么帮助，并向客人表示歉意。

（2）房间电话若无人接听，可以按门铃或敲门并通报身份，若客人在房，应主动表示歉意并说明原因，但应注意语言的婉转。

（3）打电话或敲门，房内均无反应，应立即向上级汇报，经同意，用钥匙开启房门，以防发生意外。

4. 养成进房前先敲门通报的习惯

酒店的每一名员工，都应养成进房先敲门通报的习惯，待客人允许后，再进入房间。通常，住客房敲门通报三次，空房间敲门通报一次。住客房进房程序，见表 5 - 2。

表 5 - 2　住客房进房程序

步骤	操作规范
观察	①客房门外各部位的清洁程度。②有无破损等异常情况。③是否显示"勿扰"指示灯或门上挂有"勿扰"牌
第一次敲门通报	①站在离房门 40 厘米远的居中位置。②食指或中指第二指关节轻敲门三下。③通报"客房服务员"或"House - keeping"
等候	①站在门前 40 厘米远的居中位置。②仪态自然大方，面带微笑，眼望窥视镜
第二次敲门通报	①与第一次敲门间隔 5 秒。②操作规范同第一次敲门通报方法相同。③适当提高敲门通报的声音
第二次等候	与第一次等候相同，以便给客人充足的时间
开锁	操作时，身体与门保持 30 厘米，手持磁卡，对准钥匙孔，停留约 1 秒，门锁显示绿灯亮方可向下转动门把手
开门	①开左边门用左手，开右边门用右手。②将房门轻轻推开至 45° 角
再次敲门通报	①房门打开 45° 角后再次敲门通报。②通报自己的身份。③注意观察室内情况
进入房间	①将房门推开靠定。②钥匙牌插入取电孔取电。③房门全部敞开，直至服务完毕

5. 在房内作业时，必须将房门打开，门靠靠好，直至客房清扫完毕

进入房内作业时，按照进房规范开门进房，客房暂时无人时，应用工作车将房门全部挡住，开口向着房内，防止物品丢失及闲杂人员进入客房；如客人在客房时，应将工作车停放在挡住房门 1/3 靠墙处，这样既便于观察工作车上的物品，又不会使住店客人出入房间遇到障碍。

6. 讲究职业道德，尊重客人生活习惯

（1）保持良好的精神状态，吃苦耐劳，保持应有的工作效率。客房清扫是非常辛苦的一项工作，由于客房清洁卫生的标准差异，客房面积的大小、家具布置的繁简各酒店有所不同。按国际惯例，以标准间为例，客房服务员每天的工作内容为：

五星级酒店：每人每天打扫 8～12 间客房。

四星级酒店：每人每天打扫 10～12 间客房。

三星级酒店：每人每天打扫 12～14 间客房。

二星级酒店：每人每天打扫 14～16 间客房。

一星级酒店：每人每天打扫 16～18 间客房。

客房熟练工做房的平均速度应达到：

空房：5 分钟/间·人。

开夜床：5 分钟/间·人。

住客房：20～25 分钟/间·人。

走客房：30～40 分钟/间·人。

（2）不得将客用布件作为清洁擦洗的用具。在所有的布巾中，大浴巾是唯一可以用作清洁的物品，即每次将浴缸内的防滑胶垫洗刷干净以后，用大浴巾将其裹干。

（3）不得使用或接听客房内的电话，以免发生误会或引起不必要的麻烦。

（4）不得乱动客人的东西。

（5）不得享用客房内的设备用品。

（6）不得让闲杂人员进入客房，如住客中途回房，也需礼貌查房卡。

（7）如果客人在房内，除了必要的招呼和问候外，一般不主动与客人闲谈，客人让座时，应婉言谢绝，不得在客房休息或在房内进行其他活动。

（8）注意了解客人的习惯和要求，保护客人隐私，满足客人的合理要求。

（9）完成工作后即离开客房，不得在客房内滞留。

（10）服务人员只能使用工作电梯，走员工电梯。

7. 厉行节约、注意环保

（1）尽可能使用有利于环境保护的清洁剂和清洁用具。

（2）在保证客房清洁前提下，尽量节约水、电及其他能源。

（3）将废纸、有机废物、金属塑料废物分类处理，回收旧报纸、易拉罐、玻璃瓶、废电池。

（4）清洁保养以保养为首，减少清洁剂对物品的损伤。

（四）客房清扫的准备工作

为了保证客房清扫整理工作的效率和质量，客房服务员在清扫整理客房之前，必须将各项准备工作做好。准备工作可以分为到岗前的准备工作和到岗后的准备工作。

1. 准备工作

（1）到岗前的准备工作。客房服务员进入楼层之前，应做好如下准备工作：

一是更衣。服务员到达酒店后，按酒店规定穿好工装，戴好工号牌，整理仪表仪容，并将个人物品存放在自己的更衣柜里。

二是接受检查。更衣后到规定的地方，接受值班经理或主管的检查。目前多数酒店的做法是由一名值班经理或主管在上下班时间问候服务员，在问候的同时，实际上也是在检查，这种方式更容易被员工接受。值班经理或主管对上班服务员的检查内容主要是仪表仪容和精神状态。

三是签到。值班经理或主管检查合格后，服务员即可签到，多数酒店采用机器打卡或按指纹签到方式。

四是接受任务。服务员签到后，值班经理或主管要给每位服务员分配具体的工作任务，下达工作任务时，须让每位客房服务员明确自己的工作楼层、客房号、当日客情、房态以及特殊任务或特殊要求等，客房服务员工作日报表，见表5－3。

表5－3　客房服务员工作日报表

早班□

中班□

晚班□

楼层_____　姓名_____　日期_____年_____月_____日

序号	房态	居住	清扫时间		补充消耗品										备注	特殊任务 特殊要求
			入	出	肥皂	手纸	剃须刀	指甲锉	润肤露	牙具	购物袋	咖啡	拖鞋	浴帽		
01	S															当日计划卫生
02	L															
03	L															

续表

05	VC										
06	S										
07	S										
08	S								VIP		
09	L								经理指令		
10	L										
11	OOO										
12	S										
15	L										

【用法】

①客房服务员上班时，从客房中心联络员那里领取此表。

②表上列有需要整理的客房房号及状况，配有计算机的酒店可将计算机打印出来的客房状况、住客情况表一起交给服务员，不必在表上另外注明。

③工作时，服务员将此表置于工作车上指定的位置（注意隐蔽性），每做完一间房都须在表上填写有关内容。

④领班巡视时，会随时了解表上情况，查房和处理问题。

⑤服务员下班时应将此表与工作钥匙一起交客房中心。

⑥领班根据工作单上的记录，统计当天楼层客用物品的消耗情况。

⑦领班主管检查整理工作表后，会将之存档供统计汇总及查阅。

五是领取工作钥匙和呼叫机。客房服务员接受工作任务后，要领取工作钥匙。工作钥匙由客房服务中心值班员统一收发保管。领取工作钥匙时，要履行签字手续，并填写客房部钥匙领用表，见表5-4，客房服务员领取工作钥匙后必须随身携带。

表5-4　客房部钥匙领用表

日期：

钥匙种类	领用人		领用时间	归还人		归还时间	接收人
	领班	服务员		领班	服务员		

【用法】

①此表由客房服务中心控制。客房部有关员工签到后需签领工作钥匙，下班时将钥匙归还客房服务中心。

②收到工作钥匙后，客房服务中心联络员须在"接收人"栏中签字。

③此表由客房服务中心定期收存、归档备查。

六是进入楼层。上述任务完成后，服务员尽快乘坐工作电梯或通过楼梯步行到达工作岗位，并立即进入工作状态。

（2）到岗后的准备工作。房务工作车和清洁工具的准备工作一般要求在前一天下班前做好，但第二天客房清扫之前还需做一次认真的检查。到岗后的准备工作包括：

一是准备客用补充用品。客房的面巾、浴巾、床单、枕套等物品日需用量很大，应该有一定数量的库存以备急需。许多酒店上述物品配备的比例是使用的床位和卫生间的3倍，客房一套、库房一套和周转一套。另外，客房的供应品如香皂、卫生纸、杯子、擦鞋布及其他物品也存于客房部，以便随用随取。

二是准备好房务工作车。这是客房服务员清扫整理房间的重要工具，工作车整理基本要求为：清洁整齐、物品摆放有序、贵重物品不能过于暴露、布草袋及垃圾袋挂牢。房务工作车的准备步骤如下：

1）清洁工作车。在工作间将空置的工作车用半湿的抹布内外擦拭一遍。

2）挂好垃圾袋和布草袋。将干净的垃圾袋和布草袋挂在挂钩上。

3）放置干净布草。将干净的布草放在架中，床单、枕套放在工作车的最下格，毛巾、方巾、浴巾和地巾放在上面两格。

4）放置房间用品。将房间用品整齐地摆放在工作车的顶架上。房间用品包括经过消毒的水杯、烟灰缸、文具纸张以及其他各种客用品和消耗品。

5）准备好清洁桶或清洁盒。清洁桶或清洁盒里放各种清洁剂、胶皮手套、尼龙刷等清洁用具、消毒剂。注意将清洁恭桶和其他设备的用具严格分开，专项专用。

6）准备干净的抹布。干抹布两条、湿抹布两条、恭桶专用布两条、专用卫生间擦地布一条，有的酒店还使用百洁布、泡棉等。抹布使用时应注意：房间抹布和卫生间抹布分开、清洁便器抹布与清洁脸盆和浴缸分开、抹地布与其他抹布分开。

三是准备吸尘器。吸尘器是客房清扫不可缺少的清洁工具。使用前，要检查各部件是否正常有效，各接口是否严密，有无漏电、漏气现象，如有问题要及时修好，并检查集尘袋内的灰尘是否已经倒掉。

客房服务员做好以上准备工作后，应再检查一下自己的仪容仪表，调整好心态，然后将工作车推到自己负责清洁区域，停在走廊靠墙的一侧，以免影响客人行走，吸尘器也一并推出放好，准备开始工作。

2. 了解不同房态客房清扫要求

（1）简单清扫的房间。空房属于这类客房，一般只进行通风、吸尘、擦尘和放掉水箱、水龙头里积存的陈水。

（2）一般清扫的房间。其主要针对外宿房和长住房。

（3）彻底清扫的房间。其主要针对住客房和走客房。

3. 决定客房的清扫顺序

房间清扫顺序的排列，既要考虑开房的先后缓急，又要满足客人的特殊要求，还要考虑加速客房周转，从而来决定清扫顺序。客房清扫顺序表见表5-5。

表5-5　客房清扫顺序表

淡季客房清扫顺序	旺季客房清扫顺序
挂有"Makeup Room"的客房或客人口头上提出要求打扫的客房	走客房
总台急需房	挂有"Makeup Room"的客房或客人口头上提出要求打扫的客房
VIP客房	总台急需房
走客房	VIP客房
普通住客房	普通住客房
空房	空房
长住房	长住房

二、不同房态整理

（一）清扫走客房

客房作为客人休息、睡觉的场所，住店客人对客房清洁保养的要求较高。无论是什么星级、什么类型的酒店，客房清洁保养都应达到以下几个基本要求：只要是客人看到的，就必须是美观整洁的；只要是客人接触使用的，就必须是清洁卫生的；只要是客房提供给客人使用的设备，就必须是完好有效的。

1. 走客房清扫的基本要求

（1）客房服务员接到通知后，应尽快对客房进行彻底清扫，以保证客房的正常出租。

（2）进入房间后，应检查房间内是否有离店客人丢失的物品，房间的设备、家具和用品有无损坏或丢失。如发现以上情况，应立即报告领班并进行登记。

（3）撤换茶具，并进行严格的洗涤消毒。

（4）对卫生间的各个部位进行严格的洗涤消毒。

（5）客房清扫完后，应立即通知总台和客房服务中心，以便总台及时出租。

2. 走客房卧室清扫流程及标准

步骤1：开。

（1）敲门通报。按照酒店规定的进入客房的规范开门进房，将房门完全打开，直至客房清扫完毕。

（2）登记进房时间。在《客房工作日报表》上填写开始做房的时间。

（3）插卡取电。打扫走客房时，开门后，应先插卡取电。

（4）观察室内情况。走客房应注意检查有无客人的遗留物品，如有，应及时交还；同时，还应认真检查是否有设施设备、用品损坏和丢失情况，如有，应及时报告。检查房间的工作步骤如下：

（1）由服务中心负责将结账信息通知给当班服务员。

（2）相应楼层服务员接到信息后，立即进房查看。

（3）检查房间按以下顺序进行：

1）检查壁橱里侧及上下层，如果保险柜上锁要报给收银人员，以便询问客人是否有物品锁在其中。

2）检查写字台底部、抽屉及小酒吧。

3）查看沙发坐垫下面及沙发的夹缝。

4）打开床头柜，查看里面是否有遗留物。

5）检查床下、床单里面、枕头下及毛毯下是否夹带着客人的物品。

6）检查卫生间及门后面。

7）检查房间内所有的设施设备、家具、物品及墙纸有无损坏或丢失。

（4）3分钟内将查房情况准确无误地通知到总台收银和服务中心，并在工作本上做好记录。

（5）开窗、开窗帘。

拉开窗帘，拉窗帘时应留意窗帘轨道及挂钩是否完好，然后将窗户打开使客房通风，如在冬季，应将空调打开最大风量。

步骤2：清。

（1）清理烟灰缸。将烟灰缸里的烟蒂倒进指定的垃圾桶内，放在浴室内待擦。切勿将烟蒂倒进恭桶，以免堵塞。倒烟灰缸时应注意烟灰缸内有无未熄灭的烟头。

（2）清理台面和地面垃圾。用垃圾桶收集房内垃圾并将其倒入工作车上的垃圾袋内，清理垃圾时应注意检查抽屉内、柜底、床底及房间角落等处是否有杂物，同时还应注意将玻璃碎片等尖锐物品及废电池等对环境有污染作用的物品单独处理。清理垃圾时注意物品的回收和再利用。

（3）清理垃圾桶。将收集的垃圾倒进房务工作车的垃圾袋内，再将垃圾桶洗净擦干，放在指定的位置。

步骤3：撤。

（1）撤走房内用膳的桌、盘、杯、碟。

（2）撤茶水具及用过的玻璃杯。

将客人用过的茶水具、玻璃杯撤出放在房务工作车上，如果杯内有剩水要将水倒掉。

（3）撤床单、枕套、被罩。

将客人用过的床上用品逐一撤下，撤床单时不要用力过猛，同时应反复抖动床单。避免夹带客人物品。撤床上的布件时，如有特殊污迹和破损的布件要专门处理。撤下的床单、被罩、枕套放置在工作车上的布草袋内，再取回同等数量的干净布件，放在椅子上。

（4）定期翻转床垫。为了延长床垫的使用寿命，床垫应定期翻转或上下调换，以避免出现局部凹陷，一般的做法为：①床垫使用前要对所有的床垫统一编号，每季度翻转一次。②具体做法为：正面为单数，反面为双数。即床垫正面上方标号为"1"，床垫正面下方标号为"3"，床垫反面上方的标号为"2"，床垫反面下方标号为"4"。翻转程序为：第一季度"1"在床头；第二季度"2"在床头；第三季度"3"在床头；第四季度"4"在床头。中式铺床撤床技能考核质量标准，见表5-6。

步骤4：做。

按照酒店规定的铺床方式铺好床。中式铺床操作程序与标准如下：

（1）物品的准备。床1张、褥垫1条、床单1条、被芯1条、被罩1条、枕芯2个、枕套2个。

（2）操作程序与标准。

一是将床拉离床头板。弯腰下蹲，将床拉离床头板约50厘米，并检查和整理床垫、褥垫和床裙。整理床垫时应特别留意褥垫上是否有毛发及污迹，如发现有污迹应立即更换。

二是准备铺床。操作者站在床头中间位置，以不贴床为宜。

三是甩单定位。

表 5 - 6　中式铺床撤床技能考核质量标准

考核项目	质量标准
观察	①床面是否有破损。②有无严重污迹
拉床	①操作者站床尾，屈膝下蹲，重心向前。②将床拉离床头板 50 厘米
撤枕套	②双手执枕头套角，将枕芯抖出。②注意查看枕下及枕套中有无客人的遗留物品。③撤下的枕芯放在扶手椅上
撤被罩	①撤下的被罩要反复抖动，以免夹带客人物品。②检查被罩是否有严重的污迹。③撤下的被芯要折叠好，放在扶手椅上
撤床单	①从折角处把床单从床蓬中逐一拉出。②床单撤下要反复抖动，以免夹带客人的物品。③检查床单是否有严重的污迹
检查褥垫	①检查褥垫是否清洁。②随手将褥垫四角松紧带固定好
脏布草送服务车	①脏布草卷好放服务车的布草袋中。②带回等量干净布草，准备铺床

四是包边包角。

1）（1 角）包角从床尾开始，先将床尾部位下垂的床单包进床垫下面，在包右角时，左手将左侧下垂的床单拉起折角，右手掌摆成斜 45°角，松开左手，使床单自然形成内斜角 45°、外直角 90°的样式，再用左手拖起床垫，右手前臂将下垂的床单打入床垫内，从床尾将右手撤出。

2）（2 角）包左角时，方法与包右角相同，但左右手动作相反。

3）（3、4 角）包床头两角时，方法与包床尾两角方法相同。包好后的四个角式样、角度应一致，四个角均匀、紧密，内斜角为 45°，外直角为 90°。

五是套被罩。把棉被两角塞进被套两角并系好带固定，双手抖动使被褥均匀地装进被套中，再把外面两角系好带固定并系好被套口，被套正面朝上，大部口向内并位于床尾，平铺于床上，床头部分与床头齐，四周下垂的尺度相同，表面要平整，套好的羽绒被应四角饱满。

六是打枕线。将床头的羽绒被反折 40 厘米，打好的枕线美观、平整无褶皱。

七是套枕套整理。将枕套抖开，放在床面上，枕芯对折，右手握住枕芯两个前角，从枕套开口处送入，两手抓住袋口，边提边抖动，使枕芯全部进入枕套中，再将长出枕芯部分的枕套掖进枕芯里面，把枕套口封好。套好后的枕头四角饱满，外形平整、挺括，枕芯不外露。

将套好的枕头摆放在距离床头 5 厘米的床面居中位置上，枕套中心线与床单的中心线相互吻合，摆放时应注意枕头开口反向于床头柜。

八是将床复位。弯腰将做好的床慢慢推回，注意将床摆正，进一步整理床面，使其平整美观。中式铺床技能考核质量标准，见表 5 - 7。

表 5 - 7　中式铺床技能考核质量标准

考核项目	质量标准
仪表仪容	(1) 服装、头发整齐干净，面部修饰适度。 (2) 不能跑动，不能跪床。 (3) 操作轻松、潇洒、有节奏、不忙乱、不重复
将床拉离床头板	(1) 拉床并整理床垫、褥垫、床裙。 (2) 检查褥垫有无污迹、毛发及破损
准备铺床	操作者站在床尾中间位置，以不贴床为宜
铺床单	(1) 准确、一次到位。 (2) 不偏离中心线。 (3) 床单正面向上
包边包角	(1) 四角成直角，平整、挺括。 (2) 四边紧绷、平整，不得有床单外露。 (3) 床面平整
套被罩	被套定位： (1) 一次甩被罩定位成功，被罩开口边位于床尾或床侧。 (2) 被罩中线居中，不偏离床垫中心线 套被芯： (1) 将被芯四角套入被罩四角，四角重合饱满。 (2) 四边重合饱满。 (3) 操作过程中被子不着地
打枕线	(1) 将床头处被子翻折 30 厘米。 (2) 离床头 30 厘米。 (3) 被子表面平整美观
套枕套整理	(1) 四角饱满，外形平整、挺括。 (2) 枕芯不外露。 (3) 距床两侧距离相等。 (4) 枕头开口反向于中间床头柜。 (5) 枕头与床单中线重叠
将床复位	将床推回摆正，床面平整美观

注：要求 2 分 30 秒内完成，提前不加分，每超时 10 秒扣 3 分。

步骤 5：擦。

步骤 6：查。

步骤 5 与步骤 6 同步进行，边擦边查。擦拭灰尘及检查物品时按照从上到下、环行清理的原则进行操作，以节省体力，避免遗漏。软面家具和电器不能用湿抹布擦拭，擦拭家具时要同时清点并逐项检查设备设施是否完好，若有损坏，立即报修，此外还要记住需要更换或补充的客用品。抹布使用时要折叠使用，可将抹布一折为六或一折为八，然后进行擦拭。这样的做法：一方面可保持抹布的清洁，延长使用时间；另一方面可提高工作效率，使清洁对象的表面更为干净。

（1）擦拭房门。擦拭房门时应按照从上到下、从里到外的顺序进行，擦拭房门同时将窥视镜、防火通道图、"勿扰牌"擦拭干净，用干抹布擦亮金属把手。

（2）擦拭衣柜。擦拭衣柜时按照从里到外的顺序，用干、湿抹布擦拭并检查挂衣杆、衣挂、裤挂、鞋拔子等物品是否齐全。擦拭完毕所有的物品要按规定摆放好。

（3）擦拭行李架。擦拭行李架时要将行李架内外包括挡板都要擦到。

（4）擦拭组合柜。用干、湿抹布按梳妆镜、抽屉、柜面、立面、梳妆凳、冰箱的顺序依次擦拭。

（5）擦拭梳妆镜时先将镜框从上到下擦拭干净，再用一块湿抹布和一块干抹布擦拭镜面。擦拭镜灯时应用干抹布。操作时，要注意安全。擦拭完毕，站在镜子侧面检查其清洁程度。

（6）写字台的抽屉应逐个拉开擦拭干净，同时检查洗衣袋、洗衣单及礼品袋有无短缺。

（7）擦拭组合柜及梳妆凳时注意对桌角和凳腿的擦拭。

（8）擦拭冰箱时用干抹布擦拭冰箱外壳，打开冰箱检查物品数量，应仔细检查瓶装酒水封口及罐装饮料底部。箱底托盘定期取出，把积水倒入卫生间。

（9）擦拭台灯应用干抹布，如灯线外露，将其收好，擦拭完毕，将灯罩接缝处朝墙。

（10）检查组合柜及《服务指南》内的物品是否有破损及短缺。

（11）擦拭电视机。电视机应用干抹布擦拭屏幕、外壳和底座，擦好后按规定调好频道并检查图像、音量等是否正常，并检查遥控器使用是否正常。

（12）擦拭窗台。先用湿抹布，再用干抹布擦拭。

（13）擦拭咖啡桌。擦拭桌面。先用湿抹布擦拭，再用干抹布擦拭台面的脏迹，注意保持桌面的光亮。擦拭托盘。将托盘里的物品移开，将托盘拿到卫生间里用清水冲洗，擦干后放回原位，将托盘内的物品按规定摆放好。

（14）擦拭沙发。先用抹布掸去灰尘，再用抹布擦拭扶手面、沙发底腿部、靠垫后撑以及坐垫边角，要注意经常清理沙发背后与沙发垫缝隙之间的脏污。

（15）擦拭床头板。用干抹布擦拭床头灯泡、灯罩、灯架及床头板。床头灯擦拭完毕将灯罩接缝处朝墙，擦完床头后，注意再次整理床罩，直至美观平整。

（16）擦拭床头柜。①检查开关。检查床头柜各种开关，如有故障，要及时报修。②擦拭床头柜。从柜面开始一直擦到底，擦过的物品要按规定摆放好。③擦拭电话机。首先应检查是否有忙音，再用湿抹布抹去话机灰尘，并用酒精棉球擦拭消毒。

（17）擦拭空调调节板。

步骤7：添。

客房用品的摆放原则为：

（1）摆放要合理，随手可取，以方便宾客使用。

（2）店标店名（包括品名）正面向上。

（3）美观、舒展、不凌乱。

（4）注意摆放物品的安全性，客房用品摆放位置要适当，远离水源，防止外包装淋湿，造成物品报废。

步骤8：吸。

此项工作是在卫生间清扫完毕后进行的。

（1）吸尘路线。窗前区→组合柜附近→床底→床头柜附近→过道→房门口。

（2）吸尘要领。吸尘时，双手握紧吸管，挺起腰背，身体与握吸管的手成60°角，从里向外退着吸。

（3）不同情况的吸尘方式。

1）地毯吸尘时要将吸尘器耙头向同一方向推拉，以确保地毯的平整。

2）吸柜底时要直接用吸管放进柜底吸。

3）吸房间边角灰尘时，先用刮边角工具来清理地毯边角位的污垢，然后用吸管吸。

4）吸家具底部时，搬开能移动的家具，将家具底下的灰尘吸干净，动作要轻、要稳，避免吸尘器与家具碰撞。

（4）吸尘器使用时的注意事项。

1）不可吸铁钉、木块、螺丝及其他硬物，更不可吸湿物或呕吐物。

2）使用中避免碰撞桌椅、墙壁。

3）使用中听到马达转动声不正常时，须停止使用并作检查，若吸入硬物会造成扇叶破损。

4）使用时电线勿穿过走廊，注意行走安全。

5）用毕将柄直立，电线绕圈挂在把柄的挂钩上。

6）打开盖子清理缠绕在滚轮上的毛发，清理周围的灰尘线头；隔日将滚轮扯下，用半湿抹布清理周围的灰尘。

步骤9：关（观）。

（1）关窗户。卧室清扫完毕，关好玻璃窗，拉上纱帘，纱帘下垂的皱褶要均匀美观。

（2）空调复位。将空调温度复原到规定的位置上。

（3）环视检查。服务员离开客房前要自我检查，观察房间整理后的整体效果，看是否有漏项，如有漏项应及时补救。

（4）关门。经检查确认无不妥之处，取出继电牌，轻轻关上房门。

步骤10：登。

在《客房工作日报表》上记下完成工作的时间。另外，客房卧室清洁服务技能考核质量标准，见表5-8。

表5-8　客房卧室清洁服务技能考核质量标准

考核项目	质量标准
准备物品、用具	备好用具，服务车置于房门口
敲门进房	敲门通报符合进房规范
拉窗帘	（1）力度适当。 （2）注意检查异常情况
清理烟灰缸、茶具	（1）烟灰倒入指定位置，注意有无未熄灭烟头。 （2）撤茶具时留意杯内有无客人的物品并将杯内水倒掉
清理垃圾	（1）注重环保。 （2）尖锐物品单独处理
除尘除迹	（1）按正确操作顺序及操作要点依次给房间除尘除迹。 （2）擦拭同时注意检查设备情况
更换茶具、增添冷热水	方法正确，按规定摆放
补充物品、用品	（1）摆放位置正确。 （2）数量合理
地毯吸尘	（1）操作方法正确。 （2）符合操作顺序要求。 （3）吸尘彻底，无遗漏
环视检查	检查无漏项
离房拉窗帘关灯关门	（1）窗帘下垂美观均匀。 （2）操作方法正确
总体效果	（1）操作程序合理。 （2）操作动作规范

3. 走客房卫生间清扫流程与标准

（1）卫生间清扫的基本方法。

1）从上到下：在清洁卫生间设备物品时，应采取从上到下的方法进行。

2）从里到外：在擦拭卫生间地面时，应采取从里到外的方法进行。

3）先湿后干：在擦拭卫生间的镜子、金属器皿时应按先湿后干的顺序，擦后的效果应洁净、光亮。

4）在清洁卫生间时，应按先脸盆、浴缸，后恭桶、地面的操作顺序进行。

（2）走客房卫生间清扫。

步骤1：开。

1）开灯、开排风，直至卫生间清扫完毕。

2）将清洁盒（桶）置于卫生间洗脸台下靠门一侧。

3）将小地毯放在卫生间门口，以免卫生间地面潮湿弄脏房门口的地毯。

步骤2：冲。

放水冲净恭桶，然后在恭桶的清水中倒入适量的恭桶清洁剂，浸泡数分钟后再进行洗刷。另外，注意不要将清洁剂滴在恭桶的釉面上，以免腐蚀釉面。

步骤3：收。

1）撤脏布草。撤走客人用过的脏布草放进房务工作车上的布草袋内。撤脏布草时应逐条检查是否夹带其他物品，同时注意不要将客人的物品夹带撤走。

2）清理烟灰缸。将烟灰倒入指定的垃圾桶内，注意有无未熄灭的烟头。烟灰缸可与卧室内撤出的烟灰缸一起清洗，也可以采取替换的方式，以提高工作效率。

3）撤走用过玻璃杯。撤玻璃杯时应注意杯内有无客人的物品并将杯内的水倒掉，注意不要将客人自带的杯子撤走。

4）撤走用过的消耗品和垃圾。将用过的消耗品和纸篓内的垃圾倒入房务工作车上的大垃圾袋中。清理消耗品时要注意消耗品的回收和再利用，同时注意如有剃须刀片等尖利物品和废电池等对环境有污染的物品应单独处理。

步骤4：洗。

步骤5：擦。

步骤4与步骤5同步进行，此环节的总体要求应做到整洁、干净，无毛发、无脏迹、无皂迹、无水迹，擦拭同时检查设施设备及服务用品是否完好。

1）擦拭房门。用抹布从上至下擦拭房门，同时应注意检查门板是否有脱漆或破损现象，门锁是否灵活。

2）清洁脸盆和云台。

①用百洁布蘸适量清洁剂清洁脸盆及云台，然后用清水冲洗干净，按照先内

后外的顺序抹干水迹。清洁面盆时应特别留意下水口是否有毛发及污物。

②用海绵蘸少许中性清洁剂擦拭脸盆的不锈钢件，然后用干抹布擦干擦亮。注意水龙头等金属器件不能用酸碱性清洁剂。

3）擦拭镜面。擦拭镜面时，如镜面较脏或有特殊污迹，可以在脏处喷少许玻璃清洁剂，然后立刻用干抹布擦拭镜面。

4）擦拭服务用品。将卫生间内的毛巾架、浴巾架及托盘、电吹风、电话机等服务用品擦拭干净同时注意检查其运转是否正常。

5）清洁浴房。

①用百洁布蘸适量清洁剂洗刷浴房内外玻璃及墙壁，冲洗后用抹布擦干水迹。

②用干抹布将金属器件擦亮，注意不要使用干硬的抹布擦拭金属器件。

6）清洗恭桶。

①换上专用手套，用专用清洁刷按照恭桶盖板、座板正反面、恭桶内外壁、恭桶底部的顺序依次洗刷，并用清水冲净，按照先上后下的顺序用专用抹布擦干。

②清洗恭桶时应特别注意对恭桶出水口和入水口的清洁。

步骤6：消。

对卫生间"三大件"用酒店指定的消毒剂喷洒消毒。消毒次序为：脸盆→浴房→恭桶内壁→恭桶盖板。消毒完毕，将恭桶盖盖上，并加盖"已消毒"封条。

步骤7：添。

1）补充卫生间各种日耗品，按规定摆放整齐，台上用品的摆放规格为：

①香皂一块，放在脸盆皂盒内，店徽字样朝上。

②口杯两个，杯口朝下，放在杯垫上。

③牙具、浴帽、梳子、口杯等均摆放在小托盘内。

④香巾纸两包，放香巾盒内置于云石台面一侧。

⑤卫生纸一卷，放在卫生纸架上，叠成三角形外露，既美观又方便实用。

2）将干净棉织品按规定折叠、摆放。"四巾"的摆放规格为：

①面巾两条，三折成长条形，店徽向外，并列挂在化妆台的毛巾挂杆上，面巾下沿平齐。

②小方巾两条，折叠成小方形，放在云石台面上，店徽字样朝上。

③地巾一条，折叠放于浴房前面的地面上，店徽字样朝外。

④浴巾两条，先三折成长条形，然后三折成长方形，店徽字样向外，并列平放在浴盆架上。

3）供给客人的物品要整洁完好，布巾要干净，无污渍。

步骤8：刷。

用百洁布和一定比例的清洁剂洗刷卫生间地面，再用清水冲洗。因地漏处容易生长寄生虫，所以每次刷洗地面时，对地漏处应特别注意冲洗，每次至少要冲水两桶，然后再用擦拭地面的专用布按照从里向外的顺序沿墙角平行擦净整个卫生间地面。

步骤9：吸。

抹净地面后，为了使卫生间地面不留一丝线头、毛发和残渣，还要对卫生间地面进行吸尘。吸尘时，先把吸尘器耙头上的毛刷转换开关打开，使吸尘器耙头不直接接触地面，然后才能开始操作。卫生间地面吸尘一定要保证地面干燥无水迹，以免损坏设备，造成事故。

步骤10：关（观）。

1）环视检查。服务员离开卫生间前要自我检查，观察卫生间整理后的整体效果，同时查看是否有漏项，如有漏项应及时补做。

2）关灯、关排风。经检查确认无不妥之处，关闭卫生间灯及排风。

3）关门。将卫生间房门虚掩，取出继电牌，轻轻关上客房门。客房卫生间清洁服务技能考核质量标准，见表5-9。

表5-9　客房卫生间清洁服务技能考核质量标准

考核项目	质量标准
备好物品、用具	备好用具，服务车置于房门口
敲门进房	敲门通报符合进房规范
开灯、开排风	直至清扫完毕
冲恭桶	滴入专用清洁剂，方法正确
撤去脏布草	操作方法正确、规范
清理纸篓、清除垃圾	（1）方法正确，顺序得当。 （2）注意环保。 （3）尖锐物品单独处理
清洁面盆、浴房、恭桶	（1）按照面盆、浴房、恭桶顺序清洁。 （2）按照先用清洁剂后用清水清洗，再用专用布擦净、擦亮的程序操作
擦拭台面、墙面、毛巾架等	（1）注意专布专用。 （2）擦拭效果整洁、干净，符合卫生间清洁要求

考核项目	质量标准
擦镜面	(1) 使用专用清洁剂擦拭镜面，操作方法正确。 (2) 使用专用布擦干、擦亮镜面
消毒	(1) 用专用消毒剂消毒。 (2) 消毒顺序正确
补充客用品	(1) 按标准配置棉织品并摆放规范。 (2) 配置各种低值易耗品并摆放规范
清洁地面	(1) 按要求刷洗、擦干卫生间地面并进行吸尘。 (2) 操作方法正确、规范
检查、关灯、掩门	(1) 环视检查无漏项。 (2) 卫生间房门半掩
整体效果	(1) 操作程序合理。 (2) 操作动作规范

（二）清扫住客房

对于住客房的清扫，是有严格的程序和操作标准的。在清扫过程中，对于属于客人的一切东西，只能稍加整理，不能随意挪动位置，更不能对客人用过的东西自作主张地进行处理，哪怕是空瓶空纸盒，也不能随意扔掉。

住客房的清扫程序大致与走客房相同，但应注意以下几点：

（1）进入客房房间前要先敲门或按门铃，房内无人方可进入，房内若有人应声，则应主动征求意见，得到允许后方可进房。

（2）如果客人暂时不同意清理客房，则将客房号码和客人要求清扫的时间写在工作表上。

（3）清扫时客人的文件、杂志、书报稍加整理，但不能弄错位置，更不准翻看。

（4）撤杯具时应注意认真检查杯内有无客人的假牙、隐形眼镜等物品，同时注意不要将客人自己带的杯具撤掉。

（5）除放在纸篓里的东西外，即使是放在地上的物品也只能替客人做简单的整理，千万不要自行处理。

（6）客人放在床上或搭在椅子上的衣服，如不整齐，可挂到衣柜里，睡衣、内衣也要挂好或叠好放在床上，女宾客的房间更需要小心，不要轻易动其衣物。

（7）擦壁柜时，只搞大面卫生即可，注意不要将客人的衣物弄乱、弄脏。

（8）擦拭行李架时，一般不要挪动客人的行李，只擦除浮灰即可。

（9）女性用的化妆品，可稍加整理，但不要挪动位置，即使化妆品用完了，也不得将空瓶或纸盒扔掉。

（10）要特别留意不要随意触摸客人的照相机、手提计算机和钱包等物品。

（11）电热水瓶应每天洗刷，以免产生水垢。

（12）房间有客人时，可将空调开到中挡或遵从客人意见，无人时可开到低挡上。

（13）房间整理完毕，客人在房间时，要向客人表示谢意，然后退后一步，再转身离开房间，轻轻将房门关上。

（三）开夜床

夜床服务又叫作"做夜床"或"晚间服务"，就是对住客房进行晚间寝前整理，是一种高雅而亲切的对客服务形式。主要包括做夜床、房间整理和卫生间整理三项内容。

1. 夜床服务的意义

（1）做夜床方便客人休息。

（2）整理环境，使客人感到舒适、温馨。

（3）表示对客人欢迎的一种礼遇。

2. 开夜床的基本要求

（1）双床房住一人时，以床头柜为准，如果住一位男宾，则开靠近窗前区的一张床，折角应朝向卫生间（如图 5 - 1 所示）。

（2）双床房住一人时，以床头柜为准，如果住一位女宾，则开靠近浴室的一张床（如图 5 - 2 所示）。

（3）双床房睡两位同性客人时，则朝同一方向开夜床（如图 5 - 3 所示）。

（4）双床房为夫妻二人同住时，则对开（如图 5 - 4 所示）。

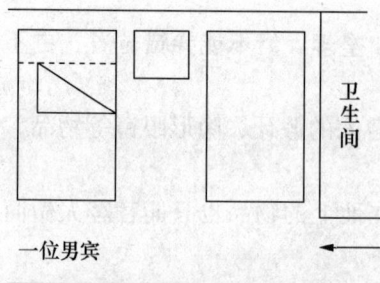

图 5 - 1　住一位男宾开床示意图　　　图 5 - 2　住一位女宾开床示意图

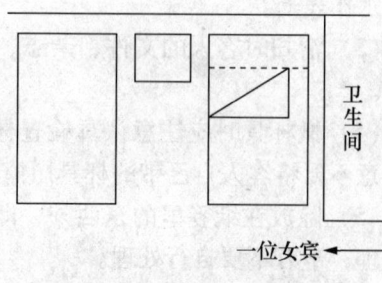

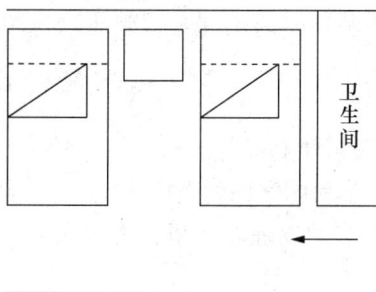

图 5-3 两男宾或两女宾开床示意图　　　图 5-4 夫妇房间开床示意图

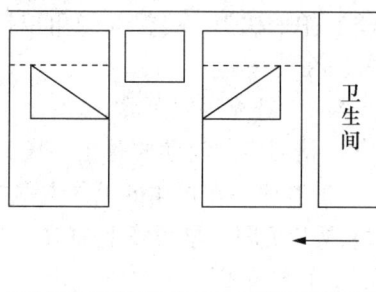

夜床服务通常晚上 6 点以后开始，因为这段时间是多数客人外出用餐的时间，既可避免打扰客人，又方便服务员工作。

3. 开夜床服务程序与标准

步骤 1：进入客房。

（1）按进房程序进房，填写进房时间。停好工作车，将房门完全打开，直至客房整理完毕。

（2）如房门挂有"勿扰"指示牌或亮有"勿扰"指示灯时，将《服务通知单》由门下塞入，并在表上登记。

（3）如客人在房间，征得客人同意后方可进房。

（4）如客人不需要服务，要做好记录。

步骤 2：整理卧室。

（1）清理垃圾和清洁烟灰缸。首先将烟灰缸里的烟灰等杂物倒掉后洗净并按规定放好，然后用垃圾桶收集台面和地面的垃圾并倒入清洁车的垃圾袋内，将垃圾桶洗净擦干，放回规定位置。收垃圾时应注意检查，注意检查垃圾筒内有无贵重物品，有无对环境有污染作用的物品及尖锐物品，如果有的话，应单独处理。

（2）更换茶杯。将客人用过的杯具撤出，如有用膳餐具应一并撤出。

（3）除尘除迹。用抹布将卧室台面各处的污迹、水渍抹干净，同时将家具、物品摆放整齐并注意将客人的物品恢复至原来的位置。

步骤 3：开夜床。

（1）根据住客人数按规定或客人的习惯开始做夜床，将靠近床头一边的棉被向外折成 30°角或 45°角，整理好床面开口处，将剩余部分塞入床垫下，以方便客人就寝。

（2）打开床头灯。开床头灯时应注意：如开 A 床时开 A 床床头灯，开 B 床时则开 B 床床头灯，开双人床时开靠近卫生间墙一侧的床头灯。

（3）拍松枕头，将枕头的角位拉好并将其摆在床头中间，如酒店提供睡衣应叠好放在枕头上。

步骤4：补充房间用品。

（1）按酒店规定摆放鲜花、晚安卡、早餐牌或小礼品等。

1）散客房间在折角的毛毯上斜放早餐卡，早餐牌字面朝上摆放。

2）VIP房间在早餐牌上加放一枝玻璃纸包装的玫瑰花；巧克力一块放在床头柜面中下方位置。

3）晚安卡放在床头柜面正上方位置，印有"晚安"（Good Night）字样朝上。

4）将夜巾放在床头柜前开床折角处的地毯上，将一次性拖鞋去封后摆放在上面，以方便客人使用。

5）补充茶叶、茶杯等。

（2）如有加床，在这时打开整理好。

步骤5：整理卫生间。

（1）先冲洗恭桶，恭桶不脏时仅冲水即可。

（2）清洁客人用过的浴缸、面盆及台面、恭桶，将客人使用过的布草、杯具重新整理，VIP房间则重新更换，并按规定摆放整齐。

（3）用专用擦地布擦净地面。

（4）把地巾铺在浴房前的地面上。

（5）如有加床，增添一份客用品。

（6）卫生间清理完毕环视检查后将门虚掩成45°角。

步骤6：回到卧室拉上遮光窗帘，并注意检查有无掉钩、脱道现象，窗帘应拉严至窗户居中位置，下垂皱褶要均匀美观。

步骤7：按规定将空调调节好，除夜灯和床头灯外，关掉其余灯具。

步骤8：退出房间前，应自我检查一遍，确认无不妥之处，取出继电牌，将房门关上并锁好。

开夜床服务技能考核质量标准，见表5-10。

4. 开夜床服务的注意事项

（1）是否进行夜床服务，应根据酒店的档次和经营成本而定。

（2）晚间服务时，如客人在房间应征询客人是否可以开夜床。

（3）除按常规方式开夜床，还应注意客人的生活习惯和个性化服务。

（4）清理台面时要注意客人的易碎品。床上如有易碎物品，经客人同意移换位置后方可开床，如客人不在，可暂时不开夜床。

（5）一位客人的房间，每天要开固定的床位，不可同时开两张床，以免引起客人的误解。

表 5 - 10　开夜床服务技能考核质量标准

考核项目	操作要求
进入客房	(1) 备好用具，服务车置于房门口。 (2) 敲门通报，符合进房规范。 (3) 开灯，拉窗帘
整理卧室	(1) 倒烟灰缸、清洁卫生、清除垃圾按规范要求操作。 (2) 更换茶具，增添冷、热饮水
开夜床	(1) 开夜床方法正确。 (2) 床罩折叠、摆放整齐。 (3) 拖鞋放置开床折角处的地面上
整理卫生间	(1) 简单清洗面盆、浴缸和恭桶，方法要正确。 (2) 更换或整理毛巾。 (3) 补充卫生用品，用品摆放整齐，符合要求。 (4) 地巾位置摆放正确
留灯、退房	(1) 保留夜灯及床头灯。 (2) 退出房间，填写《晚间服务记录》
整体效果	(1) 操作程序合理。 (2) 操作动作规范

（四）小整理服务

为了使客房始终处于干净整洁的状态，体现酒店的服务水准和对 VIP 客人的礼遇规格，在一些酒店里住客房除了每天一次的全面清洁整理外，还提供临时的小整理服务，即住客每次外出后，客房服务员都要对其住房进行简单的整理。

1. 小整理服务的主要内容

整理客人午睡后的床面，必要时补充茶叶、热水等用品，使客房恢复原状。有的酒店还规定对有午睡习惯的客人，在其去餐厅用餐时迅速给客人开床，以便客人午休。

2. 小整理服务程序与标准

步骤 1：进入客房。

根据《住客房的进房程序》进入客房。

步骤 2：拉开窗帘。

拉开窗帘，重新铺好客人午睡用过的床。

· 113 ·

步骤3：整理床面。

清理桌面、烟灰缸、纸篓和地面杂物，注意有无未熄灭的烟头。对房间进行小整理，视情况抹浮灰，使之清爽整洁。整理时，不得翻看、移动或抛弃客人的私人物品并补全备品。

步骤4：清理垃圾，除尘除迹，补全备品。

更换用过的杯具、补充茶叶、增添冷热水和其他物品。

步骤5：清点小酒吧。

检查房内小酒吧的消耗情况，如有消耗，立即报补。

步骤6：整理布草。

整理客人用过的卫生间棉织品。

步骤7：清洁卫生间台面，补全备品。

清洗并擦干浴房、面盆、恭桶，擦净、擦亮镜子并补全备品及棉织品。

步骤8：清洁卫生间地面。

抹净卫生间地面水迹、污渍。

步骤9：环视检查，关灯、关门。

环视房间，看有无遗漏的项目，关灯、关门。

步骤10：登记。

小整理服务技能考核质量标准，见表5－11。

表5－11　小整理服务技能考核质量标准

考核项目	质量标准
进入客房	(1) 备好用具，服务车置于房门口。 (2) 敲门通报，符合进房规范
整理卧室	(1) 拉开窗帘。 (2) 整理床铺。 (3) 倒烟灰缸、清洁卫生、清除垃圾按规范要求操作。 (4) 更换茶具，增添冷、热饮水
整理卫生间	(1) 简单清洗面盆、浴房和恭桶方法正确。 (2) 更换或整理毛巾。 (3) 补充卫生用品，用品摆放整齐，符合要求。 (4) 擦拭卫生间地面
退出房间	(1) 环视检查有无漏项。 (2) 退出房间，填写《服务员工作日志》
整体效果	(1) 操作程序合理。 (2) 操作动作规范

（五）空房的清扫

空房的闲置会造成客房卫生质量的下降，所以必须每天进行检查并做简单的清理，以保持其良好的状况，以便随时能住进新客人。

1. 空房清洁的主要内容

（1）擦拭家具、设备。

（2）检查房间用品是否齐备。

（3）卫生间水龙头、恭桶、浴房放水。

2. 空房清扫的程序与标准

（1）每天进房开窗、开空调，通风换气，查看有无异味情况。

（2）用干抹布擦拭家具、设备及各种物品上的浮灰。

（3）如果房间连续几天为空房间，应每隔2~3天吸尘一次，以保证地毯的清洁。

（4）用半湿抹布擦拭云台、浴缸边、镜子边，最后擦恭桶及地面。

（5）每天将脸盆、浴房、恭桶的冷热水分别放流1分钟左右，以保证水质的洁净。

（6）卫生间的毛巾时间久了会失去其弹性和柔软度，如不符合要求，须在客人入住前更换成新毛巾。空房清扫服务技能考核质量标准，见表5-12。

表5-12　空房清扫服务技能考核质量标准

考核项目	质量标准
进入客房	（1）备好用具，服务车置于房门口。 （2）敲门通报，符合进房规范。 （3）开灯
整理卧室	（1）操作顺序正确，用抹布擦拭灰尘。 （2）地毯吸尘，操作方法正确
整理卫生间	（1）面盆、浴缸、恭桶放水1~2分钟。 （2）擦干面盆、浴缸及恭桶。 （3）检查毛巾是否符合要求
调节室温	调节温度，室温保持25℃
离开房间	关灯离房，填写工作日志
整体效果	（1）操作程序合理。 （2）操作动作规范

（六）加床服务

1. 加床服务的相关规定

（1）客人向楼层服务人员提出加床服务要求，客房部服务员应礼貌地请客人到总台办理有关手续，不可随意地答应客人的要求，更不得私自向客人提供加床服务。

（2）加床的同时，还须为客人增加一套客房棉织品、杯具、茶叶及卫生间日耗品。

（3）加床收费按标准房价20%～25%收取。

（4）按酒店规定，凡超过14岁的三个成年人同住一间双人房，须与服务中心（或客房部）联系，看可否加床，若可以，则要填写加床单，请客人签名，分送加床单至客房、财务、车组等部门留底。

2. 加床服务的程序与标准

（1）加床服务必须得到总台的通知或认可，房务中心接到前台通知加床，做好记录并通知楼层服务员。

（2）若客人直接向楼层服务人员提出加床服务要求，应先向客人说明收费标准，然后与总台联系办理有关手续，不得私自向客人提供加床服务。

（3）楼层服务员接到加床通知后，立即在工作单上做好记录。

（4）楼层服务员将加床与配套的被芯、被罩、枕头、床单、床褥和一套客用品，推至需加床的房门一侧，按进房服务规范进入客房。如客人在房内，主动询问客人要求，按客人要求摆放好加床。如客人无特别要求，则移开沙发茶几，将加床放于墙角位置，为客人铺好床并保证舒适安全。

（5）与宾客礼貌道别，面向客人离房关上门。

（6）通知客房服务中心加床完毕。

三、客房杀菌消毒

（一）客房消毒的要求

1. 房间

房间应定期进行预防性消毒，包括每天的通风换气、日光照射以及每星期进行一次紫外线或其他化学消毒剂灭菌和灭虫害，以保持房间的卫生，预防传染病的传播。

2. 卫生间

卫生间的设备、用具易被病菌污染，因此，卫生间必须做到天天彻底清扫，定期消毒，经常保持清洁。

（1）每换一位客人就必须进行严格消毒。

（2）每周对地面喷洒杀虫剂一次，尤其注意对地漏处的喷洒。

3. 茶水杯、酒具

（1）走客房的杯具必须统一撤换，进行严格的洗涤消毒。

（2）住客房用过的杯具每天都必须撤换，统一送杯具洗涤室进行洗涤消毒。

（3）楼层应配备消毒设备和用具。

4. 客房工作人员

（1）严格实行上下班换工作服制度，让工作服起到"隔离层"的作用。

（2）清洁卫生间时，应戴好胶皮手套。

（3）每天下班清洁双手，并用消毒剂对双手进行消毒。

（4）定期检查身体，防止疾病传染。

（二）常见的消毒方法

消毒方法很多，大致可分为物理消毒、化学消毒和通风与日照消毒三大类。

1. 通风与日照

（1）室外日光消毒。

利用阳光中的紫外线作用，可以杀死一些病菌。所以，定期翻晒床垫、床罩、被褥、毛毯、枕芯，既可起到消毒作用，又可使其松软舒适。

（2）室内采光。室内采光是指阳光通过门窗照射到地面，以此杀死病菌。一般冬季有 3 小时的日照，夏季有 2 小时的日照，即可杀死空气中大部分致病微生物。

（3）通风。通风不但可以改变室内空气环境，而且可以防止病菌和螨虫等滋生物，因此要注意改善客房的通风和空调效果，使之保持良好的空气环境。

使用空调应注意定期更换空调的滤膜，防止细菌的滋生繁殖。因为适宜的湿度和温度，会使一些致病的微生物在空调内繁殖生长。

2. 物理消毒法

（1）高温消毒。高温消毒可分为煮沸消毒与蒸汽消毒两种。其原理是在高温中，菌体内的蛋白质凝固致使其死亡。

1）煮沸消毒法。煮沸消毒法是将洗刷干净的茶水具置于 100℃ 的沸水中煮 15~30 分钟的消毒方法。此法适用于瓷器，但不适用玻璃器皿。

2）蒸汽消毒法。蒸汽消毒法是将洗刷干净的茶水具和酒具等放到蒸汽箱中，蒸 15 分钟的消毒方法。此法适用于各种茶水具、酒具及餐具的消毒。

（2）干热消毒法。干热消毒法主要是通过氯化作用，将微生物细胞原生质破坏，致使其死亡的消毒方法。

1）干烤法。多采用红外线照射灭菌，目前客房楼层常用的消毒柜多属此类。操作程序是将洗刷干净的杯具放入消毒柜中，然后将温度调至 120℃，干烤 30 分钟即可。

2）紫外线消毒法。紫外线消毒法一般安装 30 瓦紫外线灯管一支，灯距地面 2.5 米左右，每次照射 2 小时，可使空气中微生物减少 50%～75%，有时能达到 90% 以上。此方法可用于卫生间的空气消毒。

3. 化学消毒剂消毒方法

化学消毒剂能使微生物菌体内的蛋白质变性，干扰微生物的新陈代谢，抑制其快速繁殖以及溶菌。

（1）浸泡消毒法。浸泡消毒法一般适合于杯具的消毒。使用浸泡消毒法，必须先把化学消毒剂溶解，同时严格按比例调制好，才能发挥效用。如果浓度过低，达不到消毒的目的；浓度过高则易留下余毒，伤害人体。

浸泡消毒的操作方法是：将洗刷干净的杯具分批放入消毒溶液中浸泡 5 分钟，然后用净水冲净并擦干即可。常用的化学消毒剂溶液有以下几种：

1）氯亚明：配制浓度为 0.3%，配好的溶液只能使用一天。其对金属器皿有褪色和腐蚀作用。

2）漂白粉：配制浓度为 0.3%，搅拌均匀后使用。

3）高锰酸钾：配制浓度为 1∶2000 水溶液。水溶液为紫红色，如果溶液变成黄褐色，则应更换新液。可用于杯具和水果消毒。

4）"84" 肝炎消毒液：配制浓度为 0.2%～0.5% 水溶液。能快速杀死甲型肝炎、乙型肝炎、艾滋病、脊髓炎病毒和细菌亚细胞等。

5）TC-101：配制浓度为 0.2%～0.5% 水溶液（每千克水放 2 片 TC-101），须浸泡 15～20 分钟。

（2）擦拭消毒法。用药物的水溶液，擦拭客房内的设备和家具，以达到消毒的目的。

1）房间。服务员在对客房进行定期消毒时，可用化学消毒溶液进行擦拭消毒。例如，用 10% 浓度的石炭酸水溶液或 2% 浓度的来苏水溶液擦拭房间内的家具设备。

2）卫生间。服务员打扫完走客房的卫生间后，应对其进行消毒。可采用化学消毒溶液进行擦拭消毒。例如，用 2%～3% 浓度的来苏水或 "84" 肝炎消毒剂擦拭卫生间洁具。消毒完毕，要紧闭门窗 2 小时，然后进行通风。

对房间和卫生间消毒，用得较多的是化学消毒剂的消毒方法。化学消毒剂对人体有一定的腐蚀作用，在进行消毒时，应注意采取保护措施，如有接触，用清水冲洗即可。

（3）喷洒消毒法。为了避免化学消毒剂对人体肌肤的损伤，可采用喷洒的方法进行消毒。例如，用浓度为 1%～5% 的漂白粉澄清液或石炭酸溶液，对房间的死角或卫生间进行喷洒。但应注意禁止将漂白粉和酸性清洁剂同时使用，以免发生氯气中毒。

喷洒消毒采用快干型的消毒剂为最佳。

四、公共区域清扫

（一）公共区域清扫的重要性

公共区域是客人活动频繁的场所，公共区域在酒店中包括了很大范围，到酒店来的客人只有40%会成为住店客人，另外的60%只是一些过客，一家酒店公共区域的清洁保养水平成为上述这些客人评价一家酒店的重要依据。所以，公共区域是最容易影响酒店环境质量和形象与声誉的地方，为此，要加强公共卫生的质量控制。

（二）公共区域主要部位的清洁保养规范

1. 大堂的清洁

大堂清洁保养的一般原则是：以夜间为基础，彻底对其进行清洁，白天进行维护和保持。

（1）大堂地面清洁。

1）每天晚上应对大堂地面进行彻底清扫或抛光，并按计划定期打蜡。打蜡时应注意分区进行，操作时，打蜡区应有指示牌，以防客人滑到。

2）白天用油拖把进行循环迂回拖擦，维护地面清洁，并保持光亮。拖擦地面时应按一定的路线进行，不得遗漏。每到一个方向的尽头时，应将附着在拖把上的灰尘抖干净再继续拖擦。

3）操作过程中应根据实际情况，适当避开客人或客人聚集区，待客人散开后再进行补拖。若遇到客人要主动问好。

4）客人进出频繁的出口、梯口等容易脏污的地面要重点拖，并适时增加拖擦次数，确保地面清洁。

5）遇有下雨天气，要在大堂入口处放置脚踏垫，并立防滑告示牌，注意增加拖擦次数，以防客人滑倒，并视情况及时更换脚踏垫。

6）如在拖擦过程中遇有纸屑杂物，应将其集中堆在角落，妥当处理。

（2）酒店门庭清洁。

1）夜间对酒店大门口庭院进行清扫冲洗，遇有雨雪天气，应适时增加冲洗次数。

2）夜间对停车场或地下停车场进行彻底清扫，对油迹、污渍应及时清洁，并注意定期重新划清停车线及检查路标的清洁状况。

3）夜间对门口的标牌、墙面、门窗及台阶进行全面清洁、擦洗，始终以光洁明亮的面貌迎接客人。

4）白天对玻璃门窗的浮灰、指印和污渍进行抹擦，尤其是大门玻璃的清洁应经常进行。

（3）大堂扶梯、电梯清洁。

1）夜间对大堂内扶梯和电梯进行彻底清洁。如有观景电梯则应特别注意其玻璃梯厢的清洁，确保光亮，无指印、污迹。

2）夜间应注意更换电梯内的地毯，并对地毯或梯内地面进行彻底清洁。

3）擦亮扶梯扶手、挡杆玻璃护挡，使其无尘、无手指印，如不是自动扶梯，还应对楼梯台阶上的地毯铜条进行擦抹，并使用铜油将其擦亮。

4）夜间对电梯进行清洁和保养，白天则对其进行清洁维护，并保持干净整洁。

（4）大堂家具清洁。

1）夜间对大堂内所有家具、台面、烟具、灯具、标牌等进行清洁打扫，使之无尘、无污渍、保持光亮，并对公用电话进行消毒、擦净，使之无异味。

2）白天对家具等进行循环擦抹，确保干净无灰尘。

3）及时倾倒并擦净立式烟筒，烟灰缸内的烟蒂不得超过3个，如更换客用茶几上的烟灰缸时，应先将干净的烟灰缸盖在脏的上面一起撤下，然后换上干净烟灰缸。

4）随时注意茶几、地面上的纸屑杂物，一经发现，应及时清理。

2. 公共卫生间的清扫

酒店公共卫生间使用者众多、使用频繁，清洁保养工作要求高、难度大，酒店必须保证公共卫生间设备完好，用品齐全和清洁卫生。公共卫生间清扫的主要内容包括以下几点：

（1）按顺序擦净面盆、水龙头、台面、镜面，并擦亮所有的金属镀件。

（2）用清洁剂清洁恭桶及便池。

（3）擦坐厕内的门、窗、隔挡及瓷砖墙面。

（4）拖净地面，保持无水渍、无脏印。

（5）喷洒适量空气清新剂，保持室内空气清新、无异味。

（6）洗手台上摆放鲜花。

（7）按要求配备好卷筒纸、卫生袋、香皂、擦手纸、衣刷等用品。

（8）检查皂液器、自动烘手器等设备的完好状况。

3. 公共区域的绿化布置及清洁养护

（1）绿化布置程序。

1）按规定对客人进出场所的绿化花草进行布置，摆放在适当位置上。

2）根据规定的调换时间，定期调换各种花卉盆景，给客人一种时看时新的感觉。

3）重大任务前，如接待贵宾或举行圣诞晚会，则要根据酒店的通知进行重点绿化布置。

4）接到贵宾入住通知单，应根据客人等级和布置要求，准备好摆放鲜花，按房号送至楼面交给客房服务员。切记客人所忌讳的花卉。

（2）绿化清洁养护程序。

1）每天从指定的地点开始按顺序检查、清洁、养护全部花卉盆景。

2）拣去花盆内的烟蒂杂物，擦净叶面枝干上的浮灰，应保持叶色翠绿、花卉鲜艳。

3）对喷水池内的假山、花草进行清洁养护，对池内水中的杂物要及时清除并定期换水。

4）发现花草有枯萎现象，应及时剪除、调换，并修理整齐。

5）定时给花卉盆景浇水，操作时溅出的水滴及弄脏的地面应用随身携带的抹布擦干净。

6）对庭院内的树木花草定期进行修剪整理和喷药打虫，花卉盆景应按时调换。

7）养护和清洁绿化区时，应注意不影响客人的正常活动。遇到客人礼貌问好。

（三）面层材料的清洁保养规范

1. 地毯的清洁保养

地毯是一种高档地面装饰材料，它不仅可以美化环境、营造庄重气氛，而且还有助于吸音，并提供舒适的踏足地面和清洁、安全的工作、居住场所。据统计，星级酒店的地毯铺设面积要占其总面积的65%左右。由此可见，地毯的清洁保养是酒店保洁工作中的一个重要环节。

（1）防污防脏。采取适当的预防性措施，可以避免和减轻地毯的污染，这是地毯清洁保养最积极、最经济、最有效的办法。具体的做法有：

1）喷洒防污剂。地毯在启用前，可以喷洒专用的防污剂，在纤维外表面加一层保护层，起到隔离污物的作用，即使有脏物，也很难渗透到纤维之中，而且很容易清除。

2）阻隔污染源。酒店要在一些出入口处铺上长毯或擦鞋垫，用以减少或清除客人鞋底上的尘土污物，避免客人将污物带进酒店，从而减轻对包括地毯在内的地面的污染。

3）加强服务。通过周到的服务也可以达到防止污染地毯的目的。例如，有些客人有时会在客房内吃一些瓜果。发现这种情况时，服务员应为客人提供专门的用具用品，并给予适当的帮助，从而避免将瓜果壳及汁水弄在地毯上。

（2）经常吸尘。在地毯保养过程中，吸尘是最重要的，吸尘可以去除地毯表面及纤维中的灰尘、皮屑等松散形污垢，有助于疏松地毯纤维，减少洗地毯的次数，并保持地毯的弹性和柔软度，从而延长使用寿命。

1）吸尘的次数。一般来讲，吸尘频率根据以下情况而定：交通非常频繁的地方，每天吸尘 1 次；交通比较频繁的地方，每周吸尘 3 次；普通地方，每周吸尘 1~2 次。地毯吸尘平时可用普通吸尘器，但应定期使用直立式吸尘器彻底吸除地毯根部的杂质、砂粒等。

2）吸尘的注意事项。吸尘前先清除区域内大的垃圾和尖利物品；吸尘时，客房或公共区域的角落、墙边等处应选用合适的吸尘器配件；吸尘时应采用由里向外并按一定的顺序的方法进行，以免遗漏；吸尘时应采用推拉式，推时应逆毛，拉时应顺毛，保证吸过的地毯纤维倒向一致。

（3）及时除渍。日常工作中，地毯上经常会有局部的小块斑迹，如饮料迹、食物斑迹等，发现地毯出现斑迹，应立即加以清除。不同的污渍应用不同的方法加以清除，否则渗透扩散后会永远留下无法清除的脏迹。

对地毯进行局部除迹时，要注意以下几点：

1）先用清水湿润污迹周边地毯，以防止污迹潮湿后向四周扩散。

2）用刷子擦刷时，采用湿刷的办法，以减轻对纤维的损伤。

3）在清洗污迹时必须采用有效的方法清除污物。

4）根据污迹的种类和性质选用合适的清洁剂。

5）使用清洁剂后，必须用清水过洗，以减轻清洁剂对地毯的损伤。

6）避免清洁方法不当而留下新的痕迹，如褪色等。常见地毯污迹的清除方法见表 5 - 13。

表 5 - 13　常见地毯污迹的清除方法

污渍类型	清除方法
油渍	吸干，用海绵蘸上干洗剂擦拭、吸干
一般食物	彻底清除食物、吸干汁水，用海绵蘸上清洁剂擦拭、吸干，再用清水擦拭，再吸干。如一次效果不好，可重复一次
番茄酱	刮去番茄酱，用海绵蘸上清洁剂擦拭、吸干，再用清水擦拭吸干，也可用漂白剂清除
果汁、菜水、可乐、咖啡、葡萄酒	用干布吸干，用海绵蘸上清洁剂擦拭、吸干，再用海绵蘸上清水擦拭、吸干。如仍有污迹可用漂白剂清除，可用清水擦拭，吸干水分
蜡迹	彻底刮去蜡烛斑点，在斑迹上铺上潮布，用熨斗熨烫，使融化的蜡液被潮布吸除
口香糖	用口香糖除渍剂喷在口香糖上，待其硬化后，将其剔除
口红、指甲油	用海绵蘸上醋酸或专用清洁剂擦拭、吸干，再用清水洗净、吸干
血迹	吸干，用冷水浸泡，再用干布吸干，用海绵蘸上清洁剂擦拭、吸干，再用清水洗净、吸干

（4）定期检查。

1）检查地毯是否有污迹。

2）检查地毯是否有线头，若有，应用剪刀剪去，绝不能抽拉线头。

3）检查地毯是否有小块脱离的毛簇，若有，主要是手刷地毯造成的，这种凸起的毛簇会因地毯清洗不正确而变得脆弱或因灰尘堆积而溃散，补救方法为：在凸起的毛簇上覆上一块湿布，用熨斗起熨，并用软刷刷熨过的毛簇，移开家具防止长期压迫使地毯变形。

4）检查地毯，若角落卷起，可在地毯上、下各铺一块湿布，用电熨斗压在湿布上产生蒸汽熨平。

5）检查地毯上的胶垫，胶垫可防止地毯起皱。

（5）适时清洗。

地毯清洁次数建议，见表 5－14。

表 5－14　地毯清洁次数建议

清洁地域 清洁项目	普通地方（如办公室、特别客房等）	交通繁密的地方（如走廊、通道等）	交通非常繁密的地方（如出入口、电梯等）
吸尘	每周 1~2 次	每周 3 次	每天 1 次
起渍	每周 1~2 次	每周 3 次	每天 1 次
干泡抽洗	每年 1 次	每年 2 次	每月 1 次
液体抽洗	每年 1 次	每年 1 次	每年 2 次

2. 大理石地面的清洁保养

对大理石地面进行清洁保养时，方法一定要得当，否则会对大理石地面造成损伤，既影响其外观，又会缩短其使用寿命。

（1）大理石地面保养的注意事项。

1）避免使用酸性清洁剂。因为酸性清洁剂会与大理石产生化学反应，使大理石表面变得粗糙，失去光泽和韧性。

2）有选择地使用碱性清洁剂。部分碱性清洁剂如碳酸钠、碳酸氢钠、磷酸钠等会对大理石造成损伤。

3）不能使用肥皂水。肥皂水用后会留下黏性沉淀物而不易清除，使大理石地面变滑，影响行人安全。

4）不可将清洁剂直接泼洒在地面上。应将地面预湿，使清洁更加容易，而且可以防止清洁剂中的盐分被大理石表面的细孔吸收，造成对大理石的损伤。

5）新铺大理石启用前须清洗打蜡。第一次打蜡可以打两层底蜡和两层面蜡。

打蜡后，可防止污物渗透，使其表面光洁明亮。

（2）大理石地面的日常保养。

1）要及时除尘，通常用尘推干推，必要时用中性清洁剂湿拖或清洗。

2）平时只要用高速抛光即可保持光泽。

3）当表面污迹积聚较多时，用低速洗地机清洗，清除逐渐积累的上光剂和污物，然后重新涂上上光剂。

（3）大理石地面的清洗。

1）通风。

2）设置警示。

3）清除障碍。

4）将清洁剂溶液放入清洁桶，用地拖或机器将清洁剂溶液适量洒到地面上。

5）用机器分块清洗。

6）用手工擦洗边角部位。

7）及时用吸水机或地拖清除溶液和污物。

8）用清水彻底清洗，在最后一次清洗时，要在水中加入适量的醋，用以中和清洁剂的碱性。

9）将地面处理干燥。

10）清洁所用设备、工具，然后妥善收放好设备、工具和用品。

11）打蜡抛光。

12）撤销警示。

（4）大理石地面的打蜡。

1）设置警示。

2）通风。

3）用胶纸带封住离地面60厘米以下的墙面上的插座，以免液体溅人身上。

4）面对自然光。

5）涂蜡动作自然流畅，用力均匀。

6）不可遗漏，把两个区域的交界处轻轻带过。

7）涂一遍之后，要等干燥后用机器磨去粗糙不平处，再涂一遍蜡。

8）封蜡要在12~16小时后才干。

9）上光抛磨。

10）清洗工具、设备，然后妥善收放工具、设备及用品。

11）撤销警示。

（5）大理石晶面处理。

一是晶面处理程序。

1）设置预警。

2）彻底清洁地面并风干。

3）将选择好的晶面处理剂倒入处理机的相应装置内，开启机器。

4）处理剂被均匀地喷涂在地面上，高速转动的钢丝垫迅速抛光。

5）地面上很快形成一层透明薄膜牢固地附着在地面表层，约2小时后即可在上面行走。

6）清洁设备、工具，并妥善收放设备、工具和用品。

7）撤销警示。

二是晶面处理时的注意事项。

1）做晶面处理时，须防止灰尘、砂粒进入工作场地。

2）晶面处理剂在使用时须摇匀，如不小心洒在地面上需迅速擦净。

3）生锈的抛光钢丝垫不能使用，所以在工作结束后应妥善保管钢丝垫。

4）如地面表层已凹凸不平，在晶面处理前应先用特殊的钻石垫对不平处进行研磨和砂磨，使地面恢复平滑后再进行晶面处理，这种处理被称为石质地面翻新。

（6）大理石地面打蜡抛光常见问题及原因（见表5－15）。

表5－15　打蜡抛光常见问题及原因

问题	原因
全部涂层很差	①对碱性清洁剂清除不彻底，有残留。②上光剂太少。③前层未干就涂后一层。④上光剂太差
地面过滑	①上光剂太多。②上光剂是从另一处移过来的。③地面未在打蜡抛光前清洗干净
涂层成粉状	①地面已受过污染。②封蜡时湿度过高或过低。③地面下有热度。④定期保养时错用保养器具
耐久性差	①交通负荷超过地面承受的压力。②错用清洁剂。③日常保养时错用保养器具。④上光剂太少。⑤上光剂上在受污染的地面上。⑥清洗时碱性不够

3. 墙面的清洁保养

现代酒店的墙面装饰材料品种繁多，墙面对酒店公共区域的视觉感应是首要的，它的好坏直接影响到客人对酒店的印象和评价。因此，酒店投入大量资金用于墙面装饰，以使整个酒店更具有特色和吸引力。酒店常用的墙面材料种类有：硬质墙面、墙纸、墙布及涂料墙面等。

（1）硬质墙面清洁保养。

1）日常清洁保养主要是对其除尘除迹。

2）定期清洁保养大多是全面清洗，光面层可用蜡水清洁保养。

3）厨房、卫生间的墙面可用碱性清洁剂清洗，但洗后用清水洗净，否则，时间一长，表面会失去光泽。

（2）墙纸、墙布的清洁保养。

1）墙纸、墙布的清洁保养主要是除尘除迹，除尘时，可使用干布、吸尘器等，除迹时，需按规范谨慎操作。

2）对耐水的墙纸、墙布可用中性、弱碱性清洁剂和毛巾，软刷擦洗，擦洗后用纸巾或干布吸干。

3）对不耐水的墙纸、墙布只能使用干擦的方法，如用橡皮擦拭或用毛巾蘸少许清洁剂溶液轻擦。

（3）软墙面的清洁保养。

1）软墙面的清洁保养主要是除尘除迹。除尘时可用干布或吸尘器。

2）如有污迹，可选用合适的方法清除，一般不宜水洗，防止褪色或形成色斑。

3）如用溶剂除迹时，要注意防火。

（4）涂料墙面。

1）涂料墙面的日常清洁保养主要是除尘除迹。

2）如有污迹，可用干擦等方法清除。

3）由于涂料墙面容易脱落，因此要定期重新粉刷墙面。

第六章 客房对宾客的服务与管理

一、客房对宾客的服务模式

酒店客房在楼层设立的服务台称为楼层服务台或楼面服务台。同时配备专职人员对宾客提供服务,服务台后面一般设有供客房服务员使用的工作间。楼层服务台在一般情况下都设在靠近电梯较近的位置,为客人提供 24 小时服务。楼层服务台具有服务中心的功能,接受客房部经理和楼面主管的直接管理。同时在业务上也受前台的指挥,与前台互通信息、核对房态等。这种模式是我国现今酒店客房服务中最基本、最传统的模式。

（一）了解楼层服务台模式

在我国酒店业中,传统的客房服务模式是楼层服务台模式,即在客房区域各楼层设立服务台,配备专职的值台服务员,一天 18 小时或 24 小时都会有服务员值班,为住客提供服务。从某种意义上来说,它就相当于酒店前厅驻楼面的办事机构。从整个酒店的宏观管理上来看,楼层服务台已成为其他部门与客房直接沟通的桥梁。

楼层服务台模式设置的优点在于:一是能够及时地为客人提供较全面、有针对性的服务;二是加强了与住店客人之间的交流;三是有利于酒店楼层的安全保卫工作;四是有利于及时、准确地了解客房房态的运营情况。此模式的设立也为前厅管理工作提供更准确、及时的信息。

但是,在如今高星级酒店中,楼层服务台模式已经慢慢地被淘汰,主要原因是楼层服务台有诸多的缺点:一是楼层服务台投入的人力成本较大;二是管理点过于分散,不利于部门工作的统一管理;三是使客人有一种被监视的感觉。

（二）熟悉客房服务中心

现代酒店客房管理中,普遍推行的主导模式是客房服务中心模式。它是酒店客房管理的神经中枢。它一般设置在酒店员工更衣室与员工电梯之间的隐蔽处,主要通过电话的形式为酒店的住客提供周到的服务。在一般情况下,客房服务中心应该具有同时接听两部以上电话的能力,大型酒店可以采用小型交换机来保证信息运量。在客房员工管理方面，一般酒店都会建立一个对讲机寻呼系统，以保证客房部员工信息沟通的及时和顺畅。

客房服务中心模式的优点：一是减少了人员成本；二是保证了客房楼层区域内的安静；三是为客人提供了一个较为安宁和私密的空间；四是有助于人员的调度与控制；五是保证了客房管理信息的畅通；六是有助于加强对客房整体运作效果的把握。

但是，客房服务中心模式也有其相应的缺点：一是缺乏人情味，不利于与客人的沟通和交流；二是管理过于集中，对员工的工作动态很难掌控；三是楼层区域的安全隐患不易发现。

（三）了解前台直管模式

前台直管模式是基于现代酒店发展的类型增多而出现的一种新的客房服务模式。目前，在我国经济较发达城市的酒店中是一个重要的发展趋势，以往那种旧模式的招待所、旅社、家庭旅馆等小型社会宾馆开始逐渐向特色商务酒店方向发展。这种家庭式的商务酒店一般不大，客房数量在 50 ~ 60 间房，价格在 100 元左右。房价和房内设施都参照或遵循经济型酒店的做法，但其特点更突出了商务型。这种类型的商务酒店由于客房数量较少，往往采取的客房服务模式是前台直管模式，即沿袭旧式的招待所、旅社的做法，将客房直接划归前台管理，不设置楼层服务台，也不设置客房服务中心，而是在前台班组中设置客房服务和清扫小组来对客房进行管理。

前台直管模式与客房服务中心模式的优点较为相似，就是节省了人力成本。将客房纳入前台管理系统之内，保证了前台管理与客房管理的统一性。但是，前台直管模式应该慎用，主要是缺点也比较明显，即在对客服务方面不能够做到非常完善，同时也存在较大的安全隐患，如住客在客房区域发生问题不能够及时发现。

（四）熟悉宾客服务中心

近几年，一些酒店成立了宾客服务中心，为客人提供一键式（一键通）服务。住店客人只要拨一个特定的号码，店外客人只需拨打酒店总机，订餐、订房、送餐、问询、叫醒等服务，全部都由宾客服务中心服务员协调解决，做到"服务一键式，沟通零距离"。一键式服务对客人而言，更为方便；对酒店而言，更为经济。采用宾客服务中心服务模式的酒店，客房部不再设客房中心，客房中心的其他职能如工作钥匙、遗留物品管理等可由客房部办公室承担。

例如，某星级酒店以前厅部总机班组为基础成立了"宾客服务中心"，将以往客人需要拨打多个电话，联系多个岗位才能解决的问题汇集到一个岗位，让客人轻轻松松拨打电话号码"9"，即可感受到"一键式"服务所带来的方便与快捷。作为整个酒店的信息传递中心，"宾客服务中心"的工作已不局限于接转电话，服务范围涵盖电话转接、信息查询、叫醒服务、紧急呼叫、留言服务、酒店咨询、城市咨询、信息传递、应急指挥、代理预订等工作职能，从而形成一体化完整的服务体系。

（五）了解商务（行政）楼层管家式服务

我国从 20 世纪 90 年代开始，一些中档、高档酒店就在客房区域设立了商务楼层或行政楼层，它集酒店的前台登记、结账、商务中心、餐饮及客房贴身管家服务为一体，为客人提供更为便捷、舒适的服务和环境，让客人享受更加优质的服务。从客人进店开始，贴身管家便听从客人的吩咐和安排，包括为客人打扫房间、订餐送餐、收送客衣、发送传真、安排外出旅游、会议行程安排等，使客人享受到亲切而舒适的服务。贴身管家服务的出现，也可以说是楼层服务台模式变化后的一项创举。

二、客房对宾客的服务特点

（一）了解宾客类型与服务方式

一般酒店的客源都来自世界各地及社会各阶层，他们的旅行组织方式及旅行目的都不一样，有着不同的背景、不同的兴趣爱好、不同的生活习惯以及不同的宗教信仰等。以下即根据不同的划分方法来探讨客人的类型及特点。

1. 根据旅行的"组织方式"划分

（1）散客。主要是指个人、家庭及 5 人以下自行结伴的旅游者。其中，大部分是因公出差的商务客人，少部分是旅游观光客人。这类客人在酒店滞留时间较长，平均消费水平较高，对客房的硬件和软件的要求都较高。

在客房的硬件方面他们多选择大床房，并要求房内要有电脑接口及不间断电源、办公设备及用品齐全还要有变压器、电热水壶、国内国际直拨电话、小酒吧等。在客房软件方面，他们要求客房的服务项目齐全、客房清扫整理的时间安排要合理、服务快捷高效、水准要高，并且不希望经常被打扰。

客房部员工在接待这批客人的过程中应注意当客人到达楼层时，服务员应微笑相迎，热情主动问好，如为客人提供行李服务时，要注意观察客人的态度，不要抢夺。对老弱病残的客人要主动搀扶，服务要周到，照顾要细心，然后手拿钥匙引领客人到达所住的房间，进房后根据客人的要求，适当地介绍一下酒店的产品和情况。

（2）团队。团队客人大多数以旅游观光为目的，也有为执行公务、专业考察、商务活动、会议、访问、参观比赛或演出而出行的客人。他们一般都有组织、有计划地进行，并且日程安排较紧、一次出租的房间数量多、活动时间统一。除在酒店参加会议的客人外，一般店外活动较多，店内停留时间较少。

酒店虽然给团体客人的折扣较大，但由于出租的房间数量多，其客房收入对酒店来说也是非常可观的。

在接待团队客人中，应注意对旅游团中每一位客人都要一视同仁，不要谈及有关房价、餐费等问题，不介入客人之间的矛盾，遇到问题时，与接待单位或旅行社的领队或负责人联系，要充分做好团队进店、离店前后的各项工作。为更好地为他们提供服务，可以根据接待单位或旅行社通知的预抵达时间，提前调好客房内的温度。这些客人一般对卫生要求比较挑剔，尤其注重卫生间的清洁。因此，在清洁客房卫生时，卫生洁具一定要按标准进行严格的清洗和消毒。

2. 按"旅游目的"划分

（1）观光客人。这类客人的主要目的是游览风光，了解风土人情，品尝地方风味，进行文化交流等。他们游览参观的项目多，一般每日行程安排较紧，在酒店逗留的时间较短，白天在外观光，体力消耗大，希望回酒店能得到很好的休息，尽快消除疲劳。他们购买旅游纪念品、拍照留念等活动对于邮寄信件或明信片等委托服务的需求量较大。因此，客房服务员应努力为这类客人创造一个安静、整洁、温馨的居住环境，使他们有充足的精力、愉悦的心情完成旅行活动，同时应及时、准确地为其提供叫醒、问询、购物指引等服务。一般叫醒服务都是由前厅总机来负责，但如果需要客房服务员配合时，一定要听到客人的应答后方可完成，以免耽误客人的行程和活动。

（2）疗养、度假型客人。此类客人以国内客人为主，他们多选择度假型酒店。此类型的客人与观光客人的区别在于，他们的目的地一般只有一个，且逗留时间较长。因此，他们对客房的服务水准要求较高，如24小时有热水、室内冷暖适度、房间的朝向和外景较好等。同时，对其他一些辅助服务也有要求，如客房送餐、小酒吧、委托代办、洗衣服务等。通常，他们喜欢有丰富多彩的娱乐项目，喜欢同服务员打交道，希望得到热情、随和的服务。另外，此类客人对酒店的建筑格局也有特定的喜好。如喜欢别墅式、园林式建筑，对客房的安全也更为在意。

（3）商务、公务型客人。此类客人占酒店客源的比例较大。据统计，全世界酒店客源中，此类客人会占到55%左右。因此，他们对酒店的经营至关重要，要好好接待他们。这类客人对酒店要求较高，其中国际旅客要求享受高级别的生活待遇和优良的服务，因工作关系对自身形象也较为注意，那么就要求酒店能够提供高质量的擦鞋服务、洗衣服务及其他委托代办服务等。国内公务旅游客人的消费水平以能够报销账目为限度，夜间往往需要娱乐活动，同样也要求有较好的服务。通常，这类客人都比较忌讳服务员挪动他们的办公资料或办公用品。因此，服务员在服务时要特别小心，不得随意翻动，同时也不得随意拔掉客人插好的电源插头，以免给他们造成损失。

（4）会议旅游客人。此类客人人数多、用房多、时间集中、活动有规律。因此，客房服务的任务较重、服务水准要求严格。客房部在服务时，要注意服务人员的灵活调配及客房、公共场所或会议室的合理布置及利用，并随时留意房间内信封、信纸、笔等用具的配备。

（5）蜜月旅游客人。此类客人一般对房间有特殊的要求。如大床房、房间整洁、外景要好等。一般情况下，比如向新婚客人赠送礼品，增加欢乐气氛，做到既庄严、隆重，又热情礼貌。与客人见面时要讲祝福的话，平时多介绍景色优美的旅游点、旅游纪念品商店和风味餐馆的所在位置，方便客人游玩和购物。一般人们比较反感被打扰。因此，在服务上要特别注意时间的安排。

（6）文艺、体育代表团客人。这类客人以参加当地比赛或演出为目的，一般以团队的形式出现，生活规律强。此类客人服务需求通常较集中，客房部要做好妥善调配工作。文艺代表团成员对服饰比较注重，对客房洗衣服务的要求较高。

3. 按宾客身份划分

（1）政府官员。这类客人对客房服务及接待标准要求较高，更重视礼仪，在店内逗留时间较短。客房服务人员应避免过多进入客人的房间，做客房卫生时也应尽量在客人外出时进行，要特别注意不要动客人的文件或资料等物品，一定要注意尊重客人的隐私，严格按照有关部门和接待单位的要求做好保密工作。客房内的所有设施设备及电器要使用正常，并随时进行检查，对各种安全隐患要立即消除，这类客人对服务效率也有更高的要求。

（2）专家学者。此类客人对客房的要求是清静、整洁及舒适，在服务上要细心和周到。

（3）新闻记者。此类客人一般生活的节奏快。因此，要求有较高的服务效率。他们把房间既当卧室又当办公室，各种资料、稿件、复印件、传真件都较多，东西摆放也比较杂乱，希望房间有齐全的办公用品和完备的通信设施，也希望准时得到当天的报纸等。这类客人一般都比较敏感，服务员在为其提供服务方面要特别留意。

（4）长住客人。这类客人通常也会被视为贵宾级别来接待。客房的清洁时间可与客人提前协商，注意与客人之间的关系，定期征询客人的意见。房内物品供应要齐全，可以为其提供足够的衣架及其他生活用品等。

（5）体育、文艺工作者。这类客人一般是文艺演出和体育代表团中的明星，很容易引来一大批的"追星族"或崇拜者，对来店内和店外的追星族要及时发现和劝阻，以免影响客人的正常生活。同时，作为服务员不要找客人索取签名或合影。为他们提供安全和保密服务，是客房部尤为重要和必要的一项工作。如有意外事项发生时，应及时向保安部汇报，请求协助。

4. 按宾客国别划分

（1）国内客人。此类客人一般以公务型散客为主。观光旅游团队也会占有一定比例。他们习惯于随叫随到的服务方式。相当一些内宾有中午休息或午睡的习惯，不希望在中午被打扰。此外，内宾喜欢在客房内会客，所以此类客人的访客较多。

（2）外国客人。此类客人在生活习惯方面与国内客人不同，习惯于晚睡和晚起。对窗帘的遮光效果要求较高；对客房的卫生设施、设备非常敏感，喜欢淋浴，24小时热水供应对他们来说非常重要；对室内温度要求较高，大多数外宾夏天喜欢把室内温度调得很低，很多人一年四季都喜欢食用冰块。在消费方面，习惯于享用酒店所提供的客房送餐服务、房内小酒吧服务、洗衣服务等。在从事外宾接待工作时，对客房服务员的语言就有一定的要求，同时还要求服务人员了解并尊重客人的不同文化和禁忌等知识。

（3）港、澳、台地区客人。接待中要注意保持热情、主动的态度，周到、细心的服务，同时也可适当地介绍一些当地的风土人情、景区景点、购物场所等，应始终给他们一种宾至如归的感觉。

（二）熟悉对宾客服务的特点

客房服务与酒店的餐饮、前厅等服务既有不同之处又有相同之点。对客房服务来说，其特点具有一定的针对性。

1. 客房服务的主要特点

（1）对客服务的表现形式"明"、"暗"兼有。客房服务是有形服务和无形服务的综合体现。客房一旦被客人租用，就成为客人的私人领域。客人进入房间后，是通过对房间的整体感觉、床铺的整洁、地面的洁净、服务指南的方便程度等感受客房服务人员的服务。客房对宾客服务的这一特点，使客房服务人员成为酒店的幕后英雄，但这并不表示没有面对面的服务。如客衣的送、取，客房清洁，输送物品等往往又是"明"的，是面对面的。因此，服务人员在对客服务时要讲究礼貌、礼节。客房服务"明"、"暗"兼有的特点对客房服务人员的素质提出了很高的要求。

（2）体现出"家"的气氛和环境。既然酒店的宗旨是为每位宾客提供一个"家外之家"。因此，能否体现出家的舒适、安全、方便和温馨，就成为客房对客服务优劣的重要因素之一。在对宾客服务中，我们的客房服务人员始终扮演着"侍者"和"管家"的身份。因此，在服务中要留意客人的生活习惯，以便提供有针对性的服务，确实能给客人"家"的感受。

（3）质量的不稳定性。服务人员因工作、生活和学习的环境不同，各自的素质也各不相同；每天的心情也会受不同的环境影响而发生变化，因此在一定程度上造成了服务质量的波动。当今酒店的客源成分也十分复杂，客人与客人之间既有经济上的差别，也有地位上的悬殊，还有文化程度上的差异、风俗习惯的不同等，另外，再加之旅行目的的不同，对服务的期望和需求也存在很大的差异，即使对相同的服务也会有不同的评价，从而造成服务质量的不稳定。

（4）服务工作的随机性。客房服务项目众多，工作分工较为分散，各服务项目之间没有非常明显的直接联系，且客人没有固定需要某项服务的时间。客人需求的随机性也很强，给服务工作带来了较大的难度。服务员若服务滞后，就会使客人感到服务不到位。但过度热情的服务，又会使客人担心，在一定程度上造成对客人的干扰。

（5）服务工作不可重复性。对酒店客房服务而言，其服务大多是"生产"和"销售"同时进行的。这就导致了客房服务工作的不可贮存性。有些服务项目看似不与客人面对面接触，但从开始为客人提供服务到服务的结束，都需要服务员与客人进行交流和沟通，服务的任何环节出现了问题，都会给客人留下不好的印象。为此，客房服务工作必须认真和细致，绝不允许有任何的错误发生。

2. 对宾客服务的要求

任何一位宾客在下榻酒店期间，都是在客房内逗留的时间较长。客房部对客房服务水准的优劣和高低，在很大程度上决定了客人对酒店产品的认知程度和满意程度。这就要求客房部在对客服务时，要以与其酒店星级相对称的服务程序及制度为基础。以整洁、舒适、温馨和安全的客房为前提，随时为客人提供礼貌热情、真诚主动、舒适便捷、耐心周到、准确高效、尊重隐私等方面的服务，使客人"高兴而来，满意而归"。

（1）礼貌热情。礼貌待客主要通过服务员整洁的仪容仪表、自然亲切的语言、悦耳动听的语音语调、端正得体的举止、落落大方的态度等方面表现出来。热情待客会使客人消除异地的陌生感和不安全感，并增强对服务员的信赖。

（2）真诚主动。通常员工对客人的态度，是客人衡量一个酒店服务质量优劣的标尺。员工对客人态度友好的最直接的表现形式就是真诚。因此，客房服务员先要突出真诚两字，实行情感服务，避免单纯的任务服务。我们通常所说的提供主动的服务，是以真诚为基础的一种自然、亲切的服务。主动服务来源于细心，即在预测到客人的需要时，就把服务工作做到客人开口之前，如客人接待朋友时主动送上茶水。这些看似分外的工作，却是客房服务人员应尽的义务，更是优质服务的具体体现。客房服务人员要把客人当作是自己请来的亲朋和好友，这也是提高服务质量的最有效方法之一。

（3）舒适便捷。客房是客人入住酒店后长期逗留的场所。因此，对客房的舒适性、方便性也最为重视。如服务员应留意客用品的摆放，以方便客人的使用，还应定期翻转床垫，以保证床垫不会产生局部凹陷。

（4）耐心周到。客人的多样性和服务工作的多变性，要求服务人员能正确处理各种各样的问题，必须经得起各种委屈、责备、刁难，要摆正心态，耐心地、持之以恒地做好对客服务工作。服务人员要掌握客人在客房生活期间的心理特点、生活习惯等，从各方面为客人创造舒适的住宿环境。通过对客人方方面面的照顾、关心，把周到的服务落到实处，充分体现出"家外之家"的真正含义。

（5）准确高效。为客人提供准确而快速的服务。效率服务是现代快节奏生活的需要，也是优质服务的保证。酒店服务质量中最容易引起客人投诉的就是等待的时间太长。客房部应对所提供的服务在时间上进行量化规定，制定切实可行的标准。速度和质量是矛盾的，在制定标准及具体服务工作中，要正确处理两者之间的关系，切忌只求速度、不求质量的工作方法。

（6）尊重隐私。作为酒店工作人员，特别是接触客人时间最长的客房部员工，有义务尊重住店客人的隐私。服务员应该做到不打听、不议论、不翻看、不传播客人的书刊资料等，始终要为客人保密。

三、客房的迎送宾客服务

（一）迎客服务

1. 迎客准备

在客人即将到达前，准备工作就拉开了客房接待服务的序幕。要做到充分、周密和准确，并于客人到店前完成。具体要求做到以下几点：

（1）了解客人情况。楼层服务台接到前台传来的接待通知单后，应尽可能详细地了解客情，包括客人的人数、国籍、抵离店时间、宗教信仰、风俗习惯、接待单位、客人生活标准、付费方式、活动日程等信息。做到"一知道、三了解"：知道接待单位、人数、国籍、身份、生活特点、接待标准、健康状况；了解客人到（离）店时间，了解车、船、航班的时间；了解客人宗教信仰，做好各项准备工作。

（2）房间布置。应按照酒店的规定对客房进行布置，首先，要补齐日用品，补充小冰箱的食品和饮料。如客人或接待单位有其他的特殊要求，也应尽可能予以满足，以示对客人的尊重。房间布置完毕，还要对室内家具、水电设备及门锁等安全设施再进行一次全面检查，发现有损坏失效的，要及时进行保修或更换。在客人到达前，也要根据当时的气候情况，调节好客房内的温度。如果客人预计到店时间较晚,可提前做好开夜床服务。

(3) 各项迎接准备工作做好后,服务员应根据客人抵店的时间,在指定的地点迎候。

2. 迎接服务

一般情况下,客房服务员只需在楼层迎接入住客人即可。因此,客房服务的迎接工作通常都在客人乘电梯上楼进房间时进行的。客人经过长途跋涉,抵达后一般都比较疲倦,希望尽快妥善安顿,及时用餐或休息。因此,这个环节的工作必须热情礼貌、服务迅速、行李分送准确、介绍酒店或房间情况更需简明扼要。

(1) 迎接宾客。当客人走出电梯时,服务员应主动微笑问候,并作自我介绍,然后问清楚客人的房号,引领客人进房。若无行李员陪同时,服务员还应帮助客人提拿行李。

(2) 引领客人。当客人抵达客房楼层时,服务员应主动引领客人到其入住的客房,特别是第一次入住的新客人。服务员在引领时,应走在客人的斜前方,行走速度以客人的速度为准,与客人保持 1 米左右的距离,转弯时应停住,面向客人伸出手臂向客人示意,到达客人房间时,按规程为客人开门,插卡取电,请客人先进入房间。

(3) 介绍情况。进房后,服务员应向客人详细介绍酒店的服务设施、营业时间、收费标准和房内设施设备的使用方法等情况。如客人面带倦容或是回头客人,则可不作介绍,告知客人客房服务中心的电话号码即可,并祝客人在酒店住宿愉快。然后退出房间,面向客人轻轻关上房门。

(4) 做好记录。回到楼层工作间,按要求做好相应的工作记录。

(二) 送客服务

客房部在得知客人的离店时间后,客房服务员要帮助客人做好离店前的各项准备,使客人感受到临行前的热情和关照。此项服务包括三个环节:客人行前的准备、离开楼层时的送别和离开后的检查工作。

1. 行前准备工作

客房服务员应掌握客人离店的时间。检查各种账单及各项委托代办事项是否办好,客人洗烫衣物是否送回等。提醒客人收拾好行李物品并仔细检查,不要遗忘在房间。问清客人是否需要行李搬运服务,如果需要的话,应问清具体的搬运时间及行李件数,而后及时通知前厅行李部,早做准备。送别团体客人时,要按规定时间集中行李,放到指定地点,清点数量,并协同接待部门核实件数,以防遗漏。临行前,还应主动征求客人的意见。

2. 离开楼层时的送别

客人离开房间时,服务员要送到电梯口,主动为客人按电梯,协助行李员将行李送入电梯、放好。当电梯门即将关闭时，面向客人，微笑告别，并向客人表示欢迎再次光临。对老弱病残客人，要护送下楼至大门或上车。

3. 善后工作

客人离开楼层后，应迅速进入房间仔细检查衣柜、床铺、卫生间等处，查看有无客人的遗留物品，如有，立即通知客人并派人追送，如追送不到，应做好记录上交，以备客人查找时归还。同时检查房内物品有无丢失，设备有无损坏，有无消费项目，如有，立即通知前台收银处，请客人付账或赔偿。最后，做好客人离房记录，告知客房服务中心并做好房态的变更。

（三）离店查房

当接道前厅收银处通知退房时，客房服务员应尽快查房。如发现客人的房门挂有"请勿打扰"牌，服务员暂不能进房打扰客人，应将此情况及时通知前厅收银员，并注意该房情况。若房内有客人，应等客人出来后再查房；若该房客人已不在房内，则应通知领班一起进房查看。

当服务员查房时，如发现床罩、地毯有烟头烫痕或其他设施设备或物品有损坏及遗失时，应保持该区域的原状，然后及时通知大堂经理（副理），查看现场并与客人协商赔偿事宜（是否需要赔偿及赔偿标准等，因酒店不同，具体的制定标准也各异）。索赔后，服务员再进行清洁或修理。

处理客人遗留物品事项时，有的客人因急事提前退房，委托服务员代其处理未尽事宜。服务员承接后要做好记录，千万不可因工作忙碌而丢在一边或造成物品的丢失。

四、客人住店期间的服务

客房部在客人住店期间为其提供各项的服务。这些服务的水平也是客房优质服务的关键所在。服务员不仅要做到"客人至上，服务第一"，更要掌握各项服务的要领和服务技巧。

（一）清扫服务

客房部在客人住宿期间，要随时保持客房整洁。客房管理部门一般制定二进房的操作程序，即白天住客房大清扫和晚间提供客房夜床服务。客房服务人员不仅要按照规程定时进房整理房间，而且还要根据宾客的要求，随时进房提供客房整理服务，做到定时与随时相结合。特别是当宾客在房内会客或用餐结束后，更需及时提供房间整理服务。

（二）小酒吧服务

为方便客人在房间里享用酒水饮料的需求，同时增加酒店客房收入，中、高档酒店的客房一般都配备小冰箱或小酒吧，存放一定数量的软硬饮料和干果，如烈性酒、啤酒、果汁、汽水等，供客人自行取用。收费单放在柜面，一式三联，上面注明各项饮料食品的储存数量和单价，请客人自行填写耗用数量并签名。

客房服务员每天进房清点小冰箱内的饮料数量，并核对客人填写的饮料收费单。收费单的第一联和第二联转交前厅收银处记账和收款，第三联则由客房部汇集后填写食品耗用报告。服务员除记录客人的耗用情况外，还须及时将食品按规定的品种和数量补充齐全，将用过的杯纸巾、杯垫、调酒杯等撤换，并放上新的饮料收费单。

（三）洗衣服务

衣物洗涤方法通常有三种：干洗、湿洗、烫洗。时间上有快洗、普通洗两种：快洗一般用 4 小时，普通洗一般用 24 小时。客人送洗的衣物必须由客人在洗衣表上自己填写清楚。服务员收到客人送洗的衣物时，必须仔细检查客人衣物有无破损、严重污点、褪色、不适合洗涤的，衣袋里有无东西，衣物的扣子有无脱落等缺点。如有问题，必须与客人讲明，并得到客人的最终授权后，方可为客人提供洗涤。

送洗的衣物，必须按质、按时、按要求，如数送交回客人。若有缺损，客人会不客气地要求赔偿，遭遇这种情况时，应按照洗衣单中关于赔偿的事项，向客人进行赔偿。

（四）擦鞋服务

客人需要擦鞋服务时，一般会致电客房服务中心或将脏鞋放在门外，服务员应热情主动地将鞋拿到擦鞋间帮客人将鞋擦亮，拿鞋时一定要注明房间号码，决不可搞错。

提供人工代客接鞋服务时，应在客房壁橱内放置标有房间号码的鞋篮，并在服务指南中告示客人，如需擦鞋可将鞋放入鞋篮内，于晚间放置房间门口并直接通知楼层服务员。客房服务员一般只替客人擦拭深色普通皮鞋，若遇客人交来浅色皮鞋或特殊皮革制成的鞋，不可随意乱擦，应在征得客人同意和授权后，将皮鞋交鞋匠处理。

（五）托婴服务

带婴儿的客人有两种情况：一是以住公寓的长住客为多；二是度假的客人，他们喜欢带小孩外出度假。为了方便住客，酒店提供托婴服务。客房部帮助客人照顾小孩，并收取服务费。一般酒店没有专职保育员，承担照管工作的服务员应该受过照料小孩的专门训练，懂得和掌握照看小孩的专门知识和技能，并且略通外语。在照管前，服务员必须向客人了解小孩的特点及家长的要求，确保小孩愉快、安全，使客人满意。酒店并不配备专职人员从事此项服务，而是向社会服务机构代雇临时保育员，或是由客房部女服务员利用业余时间照管。在规定的区域内照看小孩，不得擅离职守，并需认真填写托婴服务情况表。一般以 3 小时为计费起点，超过 3 小时的，按小时增收费用。

（六）租借物品服务

酒店还向有特殊需要的住店客人提供借用物品服务，临时出借熨斗、烫衣板、吹风机、婴儿床、睡枕、冰袋、体温计、剪刀等物品。

借用物品服务，由客房部负责提供。在酒店的服务指南中，应标明可供借用的物品名称及借用办法。客人在借用和归还物品时，都必须办理借用和归还手续，造册登记。在宾客离开酒店前，客房部应通知客人归还借用的物品。

（七）加床服务

客房服务员不得随意答应客人加床要求，更不得私自向客人提供加床服务。客房服务员接到总台有关提供加床服务的通知后，应立即在工作单上做好记录，随后将所需物品送至客房。如果客人在房内，主动询问客人，按客人要求摆放好加床。在加床的同时，还须为客人增加一套客人棉制品、杯具、茶叶及卫生间用品等。

五、宾客类型和服务接待要求

（一）VIP 客人服务

在酒店日常接待服务中，对贵宾的服务是一个重要的环节。酒店根据客人的身份高低、社会影响的大小及对酒店本身的利益，把贵宾分为不同的等级，不同的等级有不同的接待标准。在客房服务中主要表现在"准备服务、迎接服务、住店服务和离店服务"这四个环节上。

1. 贵宾抵达前的准备

（1）了解客情。客房服务人员通过"贵宾接待通知单"全面了解客人的基本情况，以便客人到达时，服务人员能够称其名、道其职，按其生活习惯安排工作，进而提供个性化服务，使客人真正感到宾至如归，受到与众不同的接待。

（2）清理客房。接到贵宾接待通知书后，要选派经验丰富的服务员将房间彻底清扫，按规格配备好各种物品。通常贵宾房除了按照一般规程进行客房清理外，还必须做好客房的计划卫生项目。为了表示对贵宾的欢迎，一般在写字台上摆放有总经理签名的欢迎信、名片，同时摆放酒店的赠品，如鲜花、果篮、饮料、点心等。

2. 贵宾抵达时的迎接

贵宾在酒店有关人员陪同下抵达楼面时，客房部主管、服务员要在楼梯口迎接问候，并根据情况进行适当地引领和介绍，并随时做好服务工作。

3. 贵宾住店期间的服务

优质的对客服务，可让贵宾在住店期间感受到特别的尊重和不同于普通客人的礼遇。客房服务人员需要用姓或职务尊称客人，并主动问候。根据所了解的贵宾情况和服务中观察到的客人生活习惯、爱好和工作规律，把握时机，为客人提供各种有针对性的服务。

在提供各项客房服务时应优先考虑贵宾房，务必在客人最方便时进行服务，以不打扰客人休息和正常生活起居为原则。在客人外出期间安排整理服务并及时更换客人用过的卫生间用品。

配合保安部做好安全工作，如服务中注意为客人保密，不要将房号告诉无关人员等，对特殊身份的访客更要谨慎，以确保宾客的安全。根据宾客的要求随时提供服务。

4. 贵宾离店送行

楼层服务员接到贵宾离店通知后，应主动进房向客人表示问候，征询客人意见，询问有无需要帮助的事宜，通知行李员为客人提携行李。

客人离开房间和楼层时，应向客人道别，为客人按下电梯按钮，客人进电梯后，祝客人一路平安并欢迎再次光临。

迅速检查客房。检查客房酒水使用情况及客房设施设备有无损坏，并使用房内电话报到前厅收款处。检查有无客人遗留物品，如有应尽快归还给客人。若有设备损坏，应通过大堂经理（副理）或客房管理人员给予处理。除非重大损失，一般不要求其进行赔偿。

（二）特殊客人的服务

1. 醉客服务

对醉客服务，既要耐心、周到，又要注意安全，包括客人的安全、酒店的财物安全和员工自身安全。客房服务人员在为醉客服务时，应做好以下几个方面的工作。

（1）发现醉酒客人。

1）当发现客人在房内不断饮酒时，客房服务人员应特别留意该客人动态，并通知领班，在适当情况下，与当班其他服务人员或领班借机进房查看，切忌单独进房。

2）客房服务人员有时会在楼层发现有醉酒客人，如果证实其为外来游荡的醉客，应请其离开，通知安全部人员将醉客带离楼层，并控制醉客的行为。

3）若是住店客人，应通知领班或请同事帮忙，安置客人回房休息。

（2）视客人醉酒程度给予适当的服务。

1）如果客人饮酒过量，但尚清醒，应扶客人上床休息，并将垃圾桶放在床边，以备客人呕吐，并备好面巾纸、漱口水，放在床头柜上。如客人呕吐过的地面，也要及时清理干净。

2）征求意见后，泡一杯茶给客人放在床头柜上。

3）安顿客人休息后，房间要留灯，如夜灯或廊灯，然后轻轻退出房间，关好房门。

（3）注意安全。

1）密切注意房内动静，以防房内物品受损或因客人吸烟而造成火灾。

2）对因醉酒而大吵大闹的客人要留意观察，在不影响其他客人的情况下一般不予干涉。但若发现客人因神志不清而有破坏行为，则应立即通知保安部、大堂副理。若已造成设备物品损坏，应做好记录，待客人酒醒后按规定索赔。

3）若遇客人倒地不省人事和有发生意外的迹象，如酒精中毒，应及时通知大堂经理，同时通知医务室医生前来检查，以保证客人安全；如醉客纠缠不休的，要机警应对，礼貌回避。

（4）做好记录。

在"服务员工作日报表"上填写醉酒客人房号、客人状况及处理措施。

2. 病客服务

如果遇到住店客人生病时，应给予特殊关照，并体现出关怀、同情和乐于助人的态度。

（1）病客服务程序。

1）发现住店客人生病要表示关怀并主动提供帮助。

2）礼貌地询问客人病情、了解病因，若客人表示确有些不舒服或道出病情，服务人员应提醒客人，酒店有医务室或驻店医生服务，可前去就诊或请医生到客房出诊。

3）对在房内病卧的客人，应把纸巾、热水瓶、水杯、纸篓等放在客人床边，加送热毛巾。

4）要适时借服务之机进入客人房间并询问客人有无特殊要求，建议并协助客人与就近的亲朋熟人取得联系，提醒客人按时服药，推荐适合客人的饮食。

5）关上房门并随时留意房内动静，报告领班或主管，并将客人房号和生病概况记录在"服务员工作日报表"上。

6）客房部管理人员应亲自慰问病客，并送鲜花、水果等，祝客人早日康复。

（2）病客服务注意事项。

1）在日常对病客的照料中，服务员只需做好必要的准备工作即可离去，不得长时间留在病客房间，病客若有需要可电话联系。

2）如遇危重病人应及时与医院或急救站联系，组织抢救，救护车未到前可由驻店医生给予必要的救治处理，同时要立即逐级上报，大堂副理或酒店值班经理应亲临处理。若客人处于清醒状态，则需征得客人的同意。

3）未经专门训练和相应考核的服务员，若发现客人休克或有其他危险迹象时，应及时通知大堂副理或值班经理采取必要措施，不得随便搬动客人，以免发生意外。

4）若有客人要求服务员代买药品，服务员首先应婉言向客人说明不能代买药品，并推荐酒店内医务室，劝客人前去就诊。若客人不想看病，坚持让服务员代买药品，服务员应及时通知大堂副理，并由其通知驻店医生到客人房间，进而由医生决定是否从医务室为客人取药。

5）若发现客人患有传染病时，应做到：

①关心安慰客人，稳定客人情绪；

②请酒店医务室医生为其诊治；

③将客人转到医院治疗；

④客人住过的房间应请防疫部门进行消毒；

⑤彻底进行清理后再出租。

3. 残疾人服务

在残疾客人中，常见的有三种类型：一是坐轮椅的腿部有残疾的客人；二是盲人或视力不佳的客人；三是听力不佳的客人。在客房服务中应根据残疾客人行动不便以及生活自理能力差等特点，给予特别的照料。

在服务中应注意的事项：

（1）在客人进店前，根据前厅等部门提供的资料了解客人的姓名、残疾的表现、生活特点、有无家人陪同以及特殊要求等，做好相应的准备工作。

（2）客人抵店时，在梯口迎接，问候客人并主动搀扶客人进入客房，帮助提拿行李物品等。

（3）仔细地向客人介绍房内设施设备和配备物品，帮助客人熟悉房内环境。尤其是对盲人和视力不佳的客人，这点尤其重要。

（4）在客人住店期间，对其进出应特别加以关注，并适时给予帮助，如搀扶其进出电梯、客房，提醒客人注意安全，小心滑倒等。当客人离开楼层到酒店其他区域时，应及时通知有关人员给予适当照料。

（5）主动询问客人是否需要客房送餐服务，配合餐饮服务人员做好服务。

（6）应尽力承办客人委托事项，通过有关部门的协作，及时完成并回复，使残疾客人住店期间感到方便、愉快。如客人需代寄邮件或修理物品等，要及时通知大厅服务处为客人办理，提供让客人满意的服务。

（7）对残疾人的服务应主动热情、耐心周到、针对性强，并照顾到客人的自尊心，对客人的残疾原因不询问、不打听，避免因言语不当而使客人不愉快。

（8）当客人离店时，服务人员应主动征询客人意见和要求，并通知行李员帮助客人提拿行李，送客人进入电梯后方可离开。

第七章 客房督导管理与技能

一、客房督导管理基础知识

督导层是酒店内处于基层管理的层次，主要包括领班、主管这两类管理者。这一阶层的管理者在酒店内扮演承上启下的角色，既是酒店决策层管理者理念的执行者，又是基层员工的监督者和指导者。相当部分的督导层管理者是从基层员工起步，逐步被提升为领班、主管的，因此在角色转换的过程中难免有不适应新角色的情况。

（一）督导的地位、作用

督导是指对提供服务的员工进行现场管理的人员，是酒店的基层管理者。在小型酒店里，督导层主要是领班；在大型酒店里，督导层除领班外还包括主管。

1. 督导的地位

督导处于管理者结构的最基层，他们易于与被管理者即普通员工直接接触，介于管理者与非管理者之间。简单来说，是处于"中介"地位。

2. 督导的作用

督导在酒店内部起到的作用主要有两方面。

（1）"阶梯"作用。现代督导被认为是员工和上层管理者的媒介或中间人。督导身处团队之中，但在某种意义上他们既属于又不属于这个团队。督导既要向上层管理者汇报，又要作为管理层的代表与员工联系。督导要传达上层管理者的决议，同时有权力向上层管理者提出自己的建议。

（2）"润滑剂"作用。酒店基层员工的工作繁重，直接承受来自宾客的压力，有时还要蒙受委屈。督导大多出身于基层，能真切感受到员工的压力，能调节和员工与宾客的关系，必要时要代员工"出头"，承担责任。在员工与上层管理者之间，督导也扮演着类似的角色，要帮助员工成长，所以督导还起到润滑剂的作用。

（二）客房部督导的素质要求

1. 懂得管理自己

作为一名督导，不论面对的是什么，必须做到最好，不乱阵脚。如果连自己都把握不好，那么也无法有效地指挥他人。管理自己还意味着有自控能力。

2. 树立良好的自我形象

督导是最贴近员工的上级工作人员，他们的一举一动和对工作的认真程度都是员工的榜样。因此督导首先要从自身做起，用积极的态度来面对每日的工作，认真履行工作职责，注重细节，抓住重点，用高标准来要求自己。

3. 保持灵活性和创造性

督导要有积极的思维。积极型思考者总是着眼于如何建设性地处理当前的问题；消极型思考者总是把目光集中到问题的难点上，总想退缩。作为一名督导，应该努力学习做一名积极型思考者，如果自己犯了错误，不要自怨自艾，应该从错误中吸取教训。

一般来说，客房部督导必须具有以下素质：

（1）吃苦耐劳，工作认真负责。

（2）熟悉客房业务，有一定的工作经验和较高的操作技能。

（3）有一定的英语水平。

（4）有督导下属的能力。

（5）具有本岗位较强的专业知识，如清洁知识、布草知识等。

（6）有良好的人际关系处理能力。

（7）有良好的个人品质，办事公平合理。

（三）督导的管理技能

成功的督导需要具备三种技能：实际操作技能、人际关系技能、宏观管理技能。各管理层所需技能要求见表7-1。

表7-1　各管理层所需技能要求　　　　　　　　单位:%

管理层 技能	实际操作技能	人际关系技能	宏观管理技能
高层	18	35	47
中层	27	42	31
督导层	47	35	18

1. 实际操作技能

实际操作技能是指完成员工工作所需的技能。作为督导，必须给予员工必要的工作指导。对于员工工作所需的技能，督导不但要掌握，还要精通，应该比员工做得更好。所以客房部督导层管理人员必须熟悉以下工作内容，并掌握这些工作的技能，成为本专业工作的全面能手。

（1）工作流程——熟悉本人及属下员工的全部工作内容、工作环节和工作程序。

（2）操作规程——熟悉并掌握各种操作的规定程序和操作技术。

（3）服务规范和技巧——掌握服务中的规范性动作要求和各种技巧。

（4）工作质量标准——懂得提供给客人产品、服务必须达到的效果和要求标准。

（5）设备的使用、检查、维护和保养——对自己管辖范围内的设备必须懂得如何使用，并负责检查，还要有一定的维修和保养技能。

（6）用品的使用方法——负责范围内的用品必须懂得如何使用，并能指导其他员工使用。

（7）成本控制——懂得成本预算、核算，并能提出控制成本的措施。

（8）人员征聘、配备、考核和培训——应参与人事部门征聘挑选员工的工作，懂得如何配备和考核员工，能独当一面地指导和培训员工。

（9）其他知识——应具有其他相关学科，如旅游学、公共关系学、心理学、法学、外语等知识。

2. 人际关系技能

督导人员是酒店内典型的"夹心阶层"，向上要对上级领导负责，向下直接与广大普通员工打交道，对外还要处理好宾客关系，因此，人际关系技能对督导人员来说也是很重要的。成功的督导人员不仅是专业的行家，还应当是人际关系的艺术家。所以督导应该做到：

（1）善于做宣传说服工作。督导要能抓住员工的思想脉搏，循循善诱，排除其心理障碍和不健康情绪，让员工愉快地投入到工作中去。

（2）满足员工的需求和渴望。督导要了解员工的困难和追求，努力解决其困难，尽可能满足其需求，并善于进行感情投资，广交朋友，让员工对企业充满希望并对督导充满友好和信任。

（3）软化非正式组织。督导要能善于发现非正式组织和心理领袖，获得心理领袖的信任，化非正式组织的不良因素为积极因素。

（4）善于组织、沟通、协调各种关系。督导要能善于组织、沟通各种关系，包括各部门、各环节、各岗位之间的关系，并善于联络、协调，以利于发挥合力的作用。

3. 宏观管理技能

宏观管理技能是指督导人员能够把握全局，认清部分与整体的关系。

作为督导，如果不能宏观地看待整个局势，不能指挥员工，把他们安排到最合适的岗位上去，就不是一位合格的督导。只有从宏观角度看待形势，操纵全局，真正地站到管理方一边，才有可能往更高的管理层次发展。

（四）督导管理的基本手段

与酒店整体管理的基本手段一样，督导管理的基本手段有经济手段、行政手段和法律手段。

1. 经济手段

经济手段就是利用员工对经济利益的关心，通过一系列经济指标和分配制度来进行管理的一种手段。采用经济手段，必须建立健全经济核算制度和经济责任制度。通过经济核算，结合经济责任制，将酒店的、部门的经济效益与员工的工作实绩和工作表现挂钩，给员工以经济上的奖励或惩罚。

采用经济手段，实质上是利用经济杠杆的作用，以物质利益为动力，影响、诱导管理对象的行为，调动其积极性。但是要注意，经济手段绝非万能手段，要防止它对员工思想意识所产生的消极作用，还应当辅以思想教育、精神激励而共同发挥作用。

2. 行政手段

行政手段是指利用组织机构、行政领导的权威性，通过下达政策、计划、规定、办法、指示、决定等行政命令进行管理的一种手段。

行政手段具有强制性和直接性的特点，应当说这种手段在任何时候都是必要的，否则，酒店就无法实行集中统一的管理，也就不可能成为一个严密的组织，各部门、班组将出现"无政府状态"。因此，行政手段是督导管理层执行管理职能中不可缺少的手段。当然，利用行政手段要注意克服官僚主义和滥用职权现象，防止那种脱离酒店总目标、实际和违背经营管理规律的指挥。

3. 法律手段

法律手段即利用法律调整酒店与外部之间、酒店内部之间关系的一种手段。酒店内部之间的关系包括酒店与员工的关系。

（五）督导管理的基本方法

1. 表单管理

表单管理是指通过各种表格、单据等传递信息，衔接各部门、各环节的工作，收集资料，并以此进行检查监督的管理方法。

这里说的"表单"从广义上去理解，还应当包括：上级对下级的指令单、通知书，下级对上级的报告书、建议信，各主要岗位的工作日志等文字材料。

表单的最大优点是白纸黑字，有据可查，信息确凿，不易遗忘，不易扯皮。所以它是督导管理中借以检查和监督的重要依据。表单管理是督导管理中必不可少的有效方法。

2. 定量管理

定量管理即通过对某些方面规定数量标准来要求执行，并以此检查监督的一种管理方法。

　　酒店要达到科学管理水平，在许多方面要尽可能地做到量化管理。有了数量标准，大家心中才有数，对要求才清楚明确。数量标准是督导管理中指导、检查工作质量的一个重要依据。因而，定量管理经常被督导人员所使用。

　　3. 走动管理

　　走动管理是指管理人员深入第一线，亲临现场，走动巡视，观察和发现问题并争取当场解决问题的一种管理方法。

　　走动管理对督导层来说尤其重要。这是因为酒店工作大都由手工操作，员工经常独立操作，而且分布面广，不可能像大工厂生产流水线那样，全部置于管理人员的监督之下。所以，为保证各环节工作的有效衔接和各岗位工作质量的可靠稳定，督导管理人员必须时刻走动于现场，密切注视，随时检查，动手示范，亲自指导。走动管理还弥补了表单管理只有数字文字、不见实际状况的不足。因而，在执行表单管理的同时，切不可忽视走动管理。

　　4. 制度管理

　　制度管理即通过规章制度、运行程序、操作规程、服务规范等强制性规定，要求员工执行，并以此检查监督的一种管理方法，制度管理中要注意：

　　（1）制定的制度要配套，要切实可行，否则将无法执行而流于形式。

　　（2）执行制度要严肃公正，不能执行一段时间后又放松或放弃，不能要求一部分人执行而对另一部分人迁就。

　　（3）检查制度执行结果后要奖罚分明，给予兑现。

　　5. 感情管理

　　感情管理即通过"感情投资"来改善与员工之间的关系，融洽与员工的感情，以此改善管理的一种方法。

　　如果说制度管理是"硬"的方法，那么感情管理就是"软"的方法，两者相辅相成，结合使用，是督导管理取得满意效果的有效途径。

　　6. 参与管理

　　参与管理是指让属下员工参与讨论管理问题，吸收属下员工好的意见和建议，以形成管理决策、计划和措施的一种方法。

　　参与管理的最大好处是让员工感到上司对其重视和厚爱，这既能让员工树立主人翁精神，又能激发其对工作的热情，调动其主动性和创造性。吸收了员工意见所形成的决定就更容易被员工所接受，贯彻起来也就顺利得多。同时，以此方式而产生的决定、计划集思广益，其科学性和可行性都较好。因此，参与管理经常被督导人员所采用。

　　以上所述的各种管理的基本手段和方法应结合应用，相互补充，使督导管理工作得心应手、事半功倍。

二、客房督导管理工作任务

客房督导直接在现场指挥、指导、检查客房服务员的工作，对客房部服务质量的好坏起着至关重要的作用，他们要肩负起客房部服务质量控制的重任。

客房督导管理工作是围绕提升以下三方面的内容而展开的：

1. 客房设备设施用品质量

客房设备设施用品质量包括客房家具、电器设备、卫生间设备、防火防盗设施、客房备用品和客房供应品的质量。这些是客房服务提供的物质基础，其舒适完好程度可以直接影响整个客房服务的质量。

2. 客房环境质量

客房环境质量主要是指客房设备设施的布局和装饰美化，客房的采光、照明、通风、温湿度的适宜程度等。良好的客房环境能使客人感到舒适惬意，产生美的享受。

3. 劳务质量

劳务质量是客房部一线服务人员对客人提供的服务本身的质量，它包括服务态度、服务语言、服务的礼节礼貌、服务方法、服务技能技巧、服务效率等。

在这三方面中，设备设施用品和环境的质量是有形的，劳务质量是无形的，却又是服务质量的最终表现形式。三者的有机结合便构成了客房服务质量。客房管理的目的就是促使客房服务质量得到全面提高，满足客人的物质需求和精神需求，从而创造经济效益和社会效益。

在这三方面中，每一方面都有不可控的内容，如客房设备设施的种类数量、客房的装饰布局、客房的服务项目方法等，是在酒店落成后就基本固定下来的，会沿用相当长的一段时间，属于不可控内容。服务质量的控制则主要是针对可控内容，例如设备设施完好程度、客房的温湿度、服务员的礼节礼貌等方面，分解开来就是在几个环节上的质量控制。

三、客房督导管理基本内容

（一）客房安全管理

1. 客房安全管理的定义及内涵

（1）客房安全管理的定义。安全是指没有危险，不受威胁，不出事故。客房安全是指宾客在客房范围内的人身、财产、正当权益不受侵害，也不存在可能导致侵害的因素。客房是酒店的基本设施和主体建筑，是酒店安全隐患较多和安全事故主要发生的区域，也是酒店安全的重点防范部门之一。

客房安全管理是为保障所有客人、员工的人身和财产安全以及酒店的财产安全而进行的计划、组织、协调、控制等一系列的管理活动。例如，管理者在日常管理中采取积极有效的措施，防患于未然；员工根据客房部安全工作的特点，强化安全意识，加强责任意识，切实做好客房的各项安全工作等。

（2）客房安全管理的内涵。

1）客人安全。客房安全首先是客人安全，根据国际旅馆业的惯例，宾客一经住宿登记即表明酒店与客人建立了交易关系，契约行为使酒店有责任和义务全力维护客人的人身、财产安全和心理的绝对安全，即保证客人在客房区域内的人身、财产和正当权益不受侵害，客人住店期间在精神上和心理上不受伤害。

2）员工安全。酒店与员工是雇佣关系，员工在履行自己的职责和义务的同时，其安全也必须受到酒店的保护。员工安全主要包括员工的人身和财产安全、职业安全和健康。

3）客房安全。客房部必须保证所有的基础设备设施的功能完善，并定期进行维修和保养，防止因硬件设施的缺陷或使用时的疏忽给客人或员工带来生命和身体的损害。

总之，客房安全是全方位的，客房安全维护的对象既有住店宾客、访客，也有员工及酒店自身；既有人身安全，也有财物、心理方面的安全。一旦发生安全事故，对酒店带来的危害不仅仅是事故本身所造成的损失，更重要的是会给酒店的声誉带来极其恶劣的影响。

2. 客房安全管理的特性

客房安全是酒店安全的重要组成部分，行业的特性使其具有不同于其他部门安全管理的独特性。

（1）客房在安全上有致命性的弱点。

1）作为服务性企业，客房服务员既要向宾客表示出热情欢迎的待客之道，又要防范和制止不法分子的不良行为或犯罪行为。处理好这两者的关系是很不容易的。

2）客房一经出租就成为客人的私人场所，具有隐蔽性，安全隐患不易被察觉。

3）客房的安全管理制度，如请勿卧床吸烟、访客制度等，必须得到客人的理解与配合才能有效实施。

（2）不安全因素较多、管理难度大。

1）酒店是公共场所，是消费场所，客源流动量大，客人形形色色，有住客、有访客，也可能有伺机作案的犯罪分子，人员往来复杂、目的各异，这为酒店带来了很大的安全隐患。

2）酒店属于劳动服务业，员工众多，且流动率较高，员工队伍的稳定性相对较差，这对酒店的安全工作会造成一定的影响。

3）客房区域是存放有大量物质财产、资金的场所，很容易成为外来不法分子及酒店不法职工进行偷盗活动的目标。

4）客房一般位于酒店的上层，房间内有大量的生活用品和电器设备，用电量大、易燃物多，且电源、火源及酒店装潢工程较多，这些潜在的不安全因素都给酒店的安全管理工作带来了很大的难度。

（3）对服务人员素质和技巧要求高。

1）客房安全管理以防火、防盗、防爆、防突发事件为主，项目多、难度大，而且许多是涉外案件。一旦发生安全事故，不仅会给当事人造成损失和痛苦，也会给酒店的声誉带来极其恶劣的影响，甚至影响国家的形象。这就对服务人员的全面素质提出了更高的要求。

2）客房服务员在执行规章制度时，既要态度坚决，又要讲究技巧，既要保证客人的安全，又要注意不妨碍客人的自由，既要讲究原则，又要有灵活性。例如，有客来访的，楼层服务员必须进行记录，并留心观察房内的动静有无异常。访客到晚上规定时间仍不离开客房的，要劝其离开或登记留宿。而有的客人认为这是多此一举，有抵触情绪，此时，服务员不仅要坚持原则，而且讲话要委婉，不能伤害客人的自尊心。

3. 客房安全管理的任务

根据公安机关安全工作的有关规定和保安部门对客房部安全管理工作的具体要求，结合部门工作的基本特点，可以把客房部安全管理工作的主要任务总结为以下几点：

（1）加强对员工的安全教育，制定严密细致的安全制度，落实安全责任制。客房安全必须让客房部全体员工都来关心。客房部要教育员工增强客房安全意识，懂得如何做好客房安全工作，明确每个人在其中应起什么作用。尤其是楼面服务员和客房清扫员，更要对客房安全切实负起责任，克服麻痹心理，当好楼面的"保安员"。客房安全必须以严密的制度来保证，要集中员工集体智慧制定出周密细致的安全制度，包括客房防火、防盗、钥匙管理、访客接待、员工因公出入客房、楼面安全等一系列规章制度，并制定相关的奖惩措施，使员工有章可循、有法可依。

（2）检查有关安全的设备设施，保证其正常运转。客房部各级管理者要注意检查楼面及客房的安全装置和其他设备设施的安全性能，尤其是防火防盗设施，保证其正常运转或需要启用时能正常发挥作用，不能只靠服务员汇报了解情况。对已有的安全制度要经常检查执行情况，不能仅写在纸上、贴在墙上。

（3）检查督导服务员的安全防范工作，消除安全隐患。客房服务员是接触客房机会最多、最了解客房安全状况的人。客房部必须充分发动服务员寻找安全隐患，提供信息，及时调整改进。服务员的工作过程也就是客房安全服务的过程，例如：清除卫生间地面的积水，可以防止客人滑倒；发现电线老化时及时报废更新，可以防止客人触电。领班也是最掌握客房安全状态的人，客房部要督促领班认真查房，纠正服务员因工作不细可能带来的安全问题，使客人入住时更有安全保障。

（4）保护客房财产安全。客房安全管理不仅要保证客人安全，也要保护酒店财产安全。事实上，的确有个别素质低的客人入住后对客房设备设施不爱护，给酒店造成或大或小的经济损失。客房服务员要把好这一关，在客人结账查房时及时发现问题，并通知总台和相关管理人员处理。

4. 客房安全设施配置

安全设施是指一切能够预防、发现违法犯罪活动，保障安全的技术装备，由一系列机械、仪表、仪器、工具等组合而成。当前，酒店常用的安全设施有：由多类警报器组成的自动报警系统，由摄像机、录像机、电视屏幕组成的电视监控系统，由多类火警报警器、防火门等组成的消防监控系统等。客房部的工作涉及酒店的各个区域，是酒店安全工作的重点所在，因此有必要对整个酒店的安全设施配备情况有一个基本的了解。

（1）安全监控系统。安全监控系统是一个由摄像机、控制器、监视器和录像机组成的闭路电视系统。配备电视监控系统，可以通过安装在各个角落的摄像头，将现场的动态汇总到监控中心的屏幕上。若发生意外情况，监控中心可立即通知有关人员前往解决，这样既减轻了保安人员的负担，又大大提高了酒店处理问题的效率。另外，通过摄像头还可以发现不法分子和可疑分子，及时做好防范措施，以确保酒店及客人的安全。特别是对于建立客房服务中心的酒店，安全监控系统是必备的安全设施。

（2）安全报警系统。安全报警系统是由酒店在一些关键部位安装的各种类型的报警器联结而成的安全网络系统，其目的在于防盗、防火等。

（3）消防监控系统。火灾是酒店安全的最大敌人。虽然火灾的发生率很低，但现代酒店大都为高层建筑，一旦发生火灾，仅靠消防部门的救火能力和救火高度是不能迅速扑灭大火的。因此，有关部门明确规定，酒店必须建立自己的消防监控系统。消防监控系统一般由火灾报警器、灭火设施和防火设施组成。

（4）通信联络系统。通信联络系统是指以安全监控中心为指挥枢纽，通过电话、传呼机、对讲机等器材而形成的联系网络。这个简单的网络系统使酒店的安全工作具有快速反应能力，对保障酒店的安全起着十分重要的作用。

（5）钥匙系统。钥匙系统是酒店最基本的安全设施，其目的在于防止酒店钥匙遭偷窃、遗失和复制，以确保安全。为了适应日益复杂的局面，越来越多的酒店采用电子磁卡钥匙系统。此系统的工作程序是：客人到达时，接待员根据房号和其他信息，通过钥匙制作机制作一张磁卡，同时将房间的信息译成密码输入到客房内的钥匙安全装置中；客人入住时，把磁卡钥匙插入客房的锁槽，前一张磁卡钥匙的信息就会自动报废。这种钥匙系统还具有防撬和记录使用的功能，每当客人或服务员出入客房时，电脑监视器将如实记录人员的进出时间。因此，该系统避免了可能出现的漏洞与缺陷。

（6）应急照明和安全标识。为了便于客人在夜间或在烟雾很大的情况下紧急疏散，在疏散走道和楼梯上均应设置应急照明灯和安全疏散标识。应急照明灯应重点设置在疏散出口的上顶部、疏散走道的两侧墙面上、楼梯口和走道转角处，其高度一般应在人的视线高度以下；安全疏散标识主要是疏散指示灯，一般设在走道墙面及转角处，其间距不宜大于 20 米。此外，楼梯间的门上方还应设置安全出口灯。标识和灯具的颜色应选用易透过烟火被识别的绿色为宜。应急照明灯和疏散指示灯要有一定的光照度。国外有的酒店将荧光涂料用于安全出口和疏散标志上，它具有相当的亮度，因而用它来代替应急照明。

（7）客房安保设施及用品。

1）门锁。门锁是保障住客安全最基本，也是最重要的设施，由于酒店规模、档次的差异，各酒店所使用的门锁各异。

2）窥镜、防盗链。窥镜和防盗链安装在房门上端为广角镜头，便于住客观察房间的外部情况。

3）保险箱。现代酒店为保障住客的财产安全，在每个客房都应配备不可移动的小型保险箱以供客人存放小件贵重财物，保险箱的密码一般设置为 6 位数。

4）烟感和喷淋。房内天花板上设有烟感报警器（简称烟感）和温感喷淋头（简称花洒），供报警和自动灭火之用。

5）紧急呼救、报警器。酒店为防止意外事件发生，一般将紧急呼救、报警器安装在床头柜和卫生间靠近浴缸处，供客人发生意外时紧急呼救使用。另外，有的酒店还在阳台门窗上安装报警装置，以方便客人及时报警求助。

6）手电筒。当发生意外事件时如停电、火灾时，手电筒可供客人使用。

以上各类安全设施都自成系统，但在实际的运转中是相互联系发挥作用的。随着安全硬件设施的建设，越来越多的酒店都建立了安全监控中心，以便统一指挥与控制。安全监控中心就是由以上各类安全设施系统并联组成的。

（二）客房人力资源成本控制

客房部组织结构、人员编制的确定只是解决了客房部人力资源需求的数量问题，所配备的员工是否具有岗位工作所需的基本素质，是否适合本部门本岗位工作的需要，这就是需要解决的人力资源质量问题。人力资源质量不仅对客房服务质量起着关键性的作用，而且对本部门与酒店运营成本的控制、经营效益的提高都有很大的影响。

1. 客房人力资源的选用

（1）客房部员工的招收。

1）用人标准的确定。招收员工首先要确定标准，由于客房工作与酒店其他业务部门工作有较大的区别，因此用人标准也不尽相同。选择客房服务员时，要将岗位的职责范围、用人条件详细列出，让应聘者仔细阅读，然后做出抉择。要如实介绍任职环境和要求，不能夸大美化，否则会使员工应聘后产生上当受骗的感觉，从而影响员工的工作情绪及队伍的稳定。

2）人员的招收。人员的招收主要包括准备、宣传报名、考核录用几个环节。人员的招收虽然是酒店人力资源部的工作，但在最后面试时应由客房部自己把关，选择适合从事客房工作的人员。

（2）客房部员工的使用。员工招收到位后，酒店按员工手册和部门岗位职责规章制度合理有效地管理好每一位员工，在工作过程中既要对其严格督导，又要关心、尊重他们。考评与激励就是客房部人力资源管理过程中非常重要的内容，是了解员工、推动员工努力工作的外在动力。做好这项工作可以充分调动员工潜在的工作积极性和主观能动性，有利于提高人力资源的使用效率，在一定程度上也促进了人力资源的成本控制。

员工考评。考评也称考绩、测评、评估，是指在管理者和员工之间通过一定的程序与方法，对员工的工作表现进行考核和评定，并对其今后的工作提出可改进和提高的意见与方法。考评可以为发掘和合理使用人才提供可靠依据，为制定员工培训计划提供参考，部门考评还可以作为员工晋级的依据之一，给酒店人力资源管理部门提供参考，同时是奖惩、激励员工的手段。因此考评是人力资源管理的一项重要制度，是客房部管理人员的一项重要工作职责，应定期或不定期地进行。

1）考评类型。员工考评分为常规考评和特别考评两种。常规考评又称正式考评或系统鉴定，主要有上级对下级、下级对上级和同级之间的相互考评，一般酒店根据淡旺季半年或一年进行一次；特别考评又称非正式考评，它以日常服务工作为基础，往往针对表现突出或表现欠佳的员工。

对新招聘员工应将常规考评与特别考评相结合：对新员工在试用期内的工作表现进行特别考评，如有不满意就应立即指出其不足，最好告知改进的意见；在试用期结束时进行常规考评，告知其是否被录用。

2）考评内容。考评一般包括以下几点内容：一是员工的综合素质能力，包括思想品质、职业道德、仪表仪容、专业知识、工作能力等；二是劳动纪律，包括遵守酒店规章制度、执行服务规程等情况；三是工作态度，包括工作的主动、热情、耐心、周到、礼貌、服从、协作等；四是工作业绩，包括员工完成工作的数量与质量。当然，在对不同层级的员工进行考评时，上述四项内容应有所侧重。

3）考评程序方法。客房部在运行过程中，首先要对员工的工作表现做好考核记录，同时注意各种原始资料的收集、整理和存档，建立客房部原始记录资料库，以此作为评估的基础；其次根据考核记录填写考评表格；最后在完成书面评估后，告诉被评估者考评结果。

4）员工激励。激励，从字面上理解就是激发、奖励或鼓励，在管理心理学中是指激发人的动机，使人产生内在的动力，并朝着一定的目标行动的心理活动过程，也就是调动人的积极性的过程。无论如何表达激励的概念，其内涵通常包括人的行为的动因、行为的方向或目标以及如何保持这种行为这三个基本要素。员工激励是现代管理学的核心，对企业充分有效地利用人力资源、提高劳动效率、降低经营成本具有重要意义。客房部在经营管理过程中应根据员工的不同情况，分别采用需求激励、目标激励、情感激励、信任激励、榜样激励、惩罚激励等方法，以达到激励人的目的。

2. 客房人力资源的开发

与酒店其他资源相同，人力资源在使用之前必须加以科学的开发。人力资源开发的关键在于培训。培训可以树立员工的酒店服务意识，提高劳动效率，掌握基本工作技能，具备职业道德，增强员工的职业安全感，增收节支，对酒店和员工个人都有好处。因此，客房部应遵循一定的原则，科学制定本部门员工培训计划，采用有效的方法认真踏实地做好培训工作。

（1）培训原则与培训内容。一般来说，酒店的基础培训都由人力资源部门或专门的培训部门来完成，而部门业务知识和技能往往由本部门负责。为了增强培训效果，必须坚持长期性、全员性、实效性、科学性的原则，对本部门员工的知识、技能、态度这三方面进行持之以恒的培训。

知识方面的职业培训主要是指对受训者按照岗位需要进行的专业知识和相关知识的教育；技能是指员工为了顺利完成其本职工作所需具备的心理条件和操作技巧；态度是人对人、人对事的心理倾向，即对人、对事的认识、喜恶与反应倾向。一个人的知识与技能并不一定成正比，态度形成之后比较持久，但也不是一成不变的。因此，培训工作要正确处理好知识、技能和态度的关系。

（2）培训类型。

1）岗前培训。岗前培训是指员工上岗前为了适应客房工作的需要而进行的各种培训活动。这项工作看似花费了一定的时间、精力、财力，但上岗前对员工进行培训，能使他们明确工作的具体要求，掌握正确的工作方法，减少浪费，提高工作效率，因此从长远看反而是一种降低成本的有效方法。

2）在岗培训。在岗培训就是对现职员工进行的以提高本岗位工作能力为主的不脱产的训练活动。随着社会的进步发展，知识、技能有一个更新、不断完善、提升的过程，加上人有渐忘的特点，因此不论是新员工还是老员工，在岗期间都需要加强进一步的培训。

3）转岗培训。转岗培训是指员工由于工作需要从一个岗位转向另一个岗位，使转岗人员取得新岗位资格所进行的训练活动。随着酒店业的发展，酒店机构设计逐步趋向扁平化、小型化，提倡一专多能，因此员工之间的转岗机会逐渐增多。由于酒店各部门、各岗位的业务特点不同，服务标准、技能技巧等各有要求，因此，要提高人力资源的工作效率、降低人力资源成本，转岗培训也是必不可少的一项工作。

4）晋级培训。不同管理层级的员工在知识、能力、技巧等方面的要求是不一样的。一个人能出色完成目前的工作任务，并不意味着能胜任更高层级的管理职务。管理者若不能胜任自己的工作，在管理活动中必定会造成资源的浪费，因此晋级培训可以使新晋升人员在较短时间内可以达到晋升岗位的要求。

上述培训根据内容、要求，可以安排个别培训或集体培训，既可以在店内培训，也可以在店外培训，既可以是速成培训，也可以是长期培训。但从全局来看，培训工作必须是全员的、长期的、系统的。

（3）培训系统。培训是一个过程，培训工作是有系统性的。任何一项培训活动必须首先分析培训需求，确认有需求存在，再根据需求来制定培训计划和方案，然后组织培训方案的实施，最后回顾、评估，循环往复，形成一个完整的循环系统。否则，培训效果将大打折扣，不仅达不到培训目的，而且浪费大量的资源，增加酒店的运营成本。

1）分析培训需求。培训需求是指员工的态度、知识、技能未能达到酒店或部门对其要求的工作水平和行为标准，即员工的实际工作表现与酒店、部门的标准和要求之间的差距，而这些差距在实际工作中往往表现为部门运转中存在的各种问题。在开展培训之前就必须认真分析培训需求，即要查找部门运行过程的问题或差错，但要注意不能把非培训需求视作培训需求。

2）制定培训计划。为了使培训工作有正确的方向和明确的任务，增强培训效果，就必须制定科学的培训计划。培训计划一般应包括培训目标、培训对象、培训内容和方式、培训时间与地点、培训政策和措施、培训效果验收等基本内容。

3）实施培训计划。有了培训计划即可根据酒店及部门的经营情况组织安排具体的培训工作。

4）评估培训结果。培训评估就是根据培训宗旨、培训目标以及培训标准，运用科学的评估手段，对培训活动的全过程及其结果进行评价、鉴别和监督。培训不仅要做好即时评估，还要进一步做好后期评估工作，即员工在岗工作期间的评估。后期评估一方面可以检查培训的效果，督导员工贯彻培训的具体要求，促其养成良好的职业习惯；另一方面可以为以后的培训工作提供依据。

（4）培训方法。

1）讲授法。讲授法是由专人对参加人员用讲解传授的形式传播知识的方法，是最常用的培训方法。这种培训方法的效果很大程度上取决于教师。

2）演示法。演示法也可称为示范法，是通过模拟工作现场或在真实的工作环境中利用设施与使用实际设备及器具、用品进行操作、展示和讲解的方法。这种培训方法比讲授法更为直观，多用于技能培训。

3）个案分析法。个案分析法是对现实工作中发生过的某个典型的事例进行分析、研讨，并提出看法或对问题发表见解的方法。个案分析法的特点是通过解决实际问题来学习，它始终贯穿的主题是"你将怎么做"和"为什么这么做"。学习者不仅可以熟练掌握和运用已学过的概念、知识，还可以发展自己的观点和技巧，甚至在此基础上产生新的概念和思路。个案教学比看教科书更加生动、真实。个案教学与传统的讲授教学形式不同：后者是教员作系统的讲解，学员则被动地听和记；在个案教学中，学习主要是在相互讨论与争辩的氛围中进行的，学员充当主角、中心和主动的学习者，教员则更似导演或教练，起穿针引线的作用，帮助学生相互沟通，启发学生自己去作分析和判断。

4）角色扮演法。角色扮演法是一种非正式的表演方法。它通过学员扮演各种实际工作中的角色，亲自参与解决各种实际问题，通过别人的眼睛去看问题，去体验别人的事情，或者去体验别人在特定的环境里会有什么样的反应和行为。角色扮演活动程序一定首先是学员（扮演者），其次是观察者，最后是教员：学员在扮演角色时要能把自己融入进去；观察者在观察时要能集中在整个表演过程中，并使自己沉浸在具体事例中，以便判断学员扮演角色的真实性；教员要通过列举一些更加具体的表演行为来总结出整个学习的要点。同时，角色扮演法需要注意的是，教员要严格控制时间进度，避免表演时间有余而实际问题却没有充分解决，同时避免过激行为。每个参与者都要积极参与表演、观察、评说。角色扮演法的优点是：可以使学员通过表演剧情中的各种角色来接触实际问题；使学员能够了解别人的思想和观点，并对其进行评价。

5）小组讨论发言法。小组讨论发言法是指将全体学员分成 3～6 人一组的若干小组，在规定的时间内讨论某一特定问题，并将讨论结果由小组代表在全班作交流发言，最后再由教员作总结性发言的培训方式。小组讨论发言法使每个人都能充分参与、表述自己的观点，所以能在较短时间内产生各种思想和观点，有助于提高问题讨论的深度和广度，能带给学员新的思路。由于能在最短时间内让每个人充分参与，调动起学员学习的积极性，且使整个学习过程显得轻松热烈、气氛活跃，因此小组讨论发言法对研讨难点、热点等暂时无法确定答案的问题尤其适合。

6）管理游戏法。管理游戏法是 20 世纪中期产生于美国的一种用于高级管理培训的方法。管理游戏法生动、具体，在案例分析中，受培训员工在人为设计的理想条件下能够轻松地做出决策。管理游戏法常因游戏的设计而使学员在解决问题的过程中面临更多切合实际的管理矛盾，决策成功或失败的可能性同时存在，需要受培训人员积极参与和训练，同时运用相关的管理理论与原则、决策力与判断力对游戏中所设置的种种境遇进行分析研究，并采取必要而有效的办法来解决难题，进而争取游戏的胜利。

（三）客房设备用品控制

1. 客房设备用品的管理范围

通常客房设备用品的管理范围仅限于单纯的仓库管理，但激烈的市场竞争导致服务产品之间的削价竞争，从而使酒店利润急剧下降。因此，控制经营成本和开源节流就越来越受到管理者的重视，客房设备用品管理在组织上的业务范围也更为扩大化和系统化。一般来说，客房设备用品管理大致包括客房设备用品的选择与采购、使用与保养、储存与保管。对于客房督导来说，主要是做好用品的使用与控制、储存与保管工作以及提供有关使用计划的意见给上级作决策参考。

2. 客房设备用品的管理要求

为了便于管理，客房的基本设备用品可分为两大类：一类是设备部分，属于企业的固定资产，如机器设备、家具设备等；另一类是用品部分，属于企业的低值易耗物料用品，如玻璃器皿、针线包、棉织品、清洁用品、一次性消耗品等。这些设备用品的质量和配备的合理程度以及装饰布置及管理的好坏，是客房商品质量的重要体现，也是制定房价的重要依据。客房设备用品的管理应达到"4R"的管理要求。"4R"是指适时（Right Time）、适质（Right Quality）、适量（Right Quantity）、适价（Right Price）。

（1）适时。适时是指在要用的时候能够及时供应，保证服务的延续性和及时性。

（2）适质。适质是指提供使用的客房设备用品的品质要符合标准，能够满足客人的需要。

（3）适量。适量是指计划采购的数量要适当控制，确定合适的采购数量和采购次数，在确保适时性的同时又要做到不囤积，避免资金积压。

（4）适价。适价是指以最合理的价格取得所需的客房设备用品。

3. 客房设备用品的管理方法

酒店客房用品种类繁多、价值悬殊，必须采用科学的管理方法，做好管理工作。

（1）核定需求量。酒店设备用品的需求量是由业务部门根据经营状况和自身的特点来提出计划，由酒店设备用品主管部门进行综合平衡后确定的。客房设备用品管理首先必须科学、合理地核定其需求量。客房督导工作在第一线现场，对需求量应该有最直观的掌握。

（2）设备分类、编号及登记。为了避免各类设备之间互相混淆，统一管理，客房部要对每一件设备进行分类、编号和登记。客房部管理人员对采购供应部门所采购的设备必须严格审查，经过分类、编号，建立设备台账和卡片，记下品种、规格、型号、数量、价值、位置，以及由哪个部门、班组负责等。

（3）分级归口管理。分级就是根据酒店内部管理体制，实行设备主管部门、使用部门、班组三级管理，每一级都有专人负责设备管理，也都要建立设备账卡；归口是将某类设备归其使用部门管理，如客房的电器设备归楼层班组管理，对于几个部门、多个班组共同使用的某类设备，要归到一个部门或班组，以这一个部门或班组为主负责面上的管理，而由使用的各个部门、各个班组负责点上的使用保管、维护保养。分级归口管理有利于调动员工管理设备的积极性，也有利于建立和完善责任制，从而切实把各类设备管理好。

（4）建立和完善岗位责任制。设备用品的分级管理，必须有严格明确的岗位责任作保证。岗位责任制的核心是责、权、利三者的结合，即不仅要明确各部门、班组、个人使用设备用品的权利，更要明确他们用好、管理好各种设备用品的责任。责任制定得越明确，对设备用品的使用和管理越有利，也就越能够更好地发挥设备用品的作用。

（5）客房用品的消耗定额管理。客房用品的价值虽然较低，但品种多、用量大、不易控制，容易造成浪费，影响客房的经济效益。实行客用品的消耗定额管理，是指在一定时期内，以为保证客房经营活动正常进行所必须消耗的客房用品的数量标准为基础，将客房用品消耗数量定额落实到每个楼层，实施计划管理，用好客房用品，达到增收节支的目的。

4. 客房设备用品的分类

客房设备用品主要有客用设备用品和工作设备用品两大类。

（1）客用设备用品。客用设备用品主要包括家具、电器设备、卫生设备、安全装置及一些配套设施。

1）家具。家具是人们日常生活中必不可少的主要生活用具。客房使用的家具主要有卧床、床头柜、写字台、圈椅、小圆桌、沙发、行李架、衣柜等。

2）电器设备。客房内的主要电器设备有：

①照明灯具。客房内的照明灯具主要有门灯、顶灯、地灯、台灯、床头灯等。它们既是照明设备，又是房间的装饰品。

②电视机。电视机是客房的高级设备，可以丰富客人的生活。

③空调。空调是使房间保持适当温度和调换新鲜空气的设备。

④音响。音响是供客人收听有关节目或欣赏音乐的设备。

⑤电冰箱。为了保证客人的饮料供应，在客房内放置小冰箱，在冰箱内放置酒品饮料，方便客人随意饮用。

⑥电话。客房内一般设有两部电话机，一部放在床头柜上，另一部装在卫生间，方便客人接听电话。

3）卫生设备。卫生间的设备主要有洗脸台、浴缸、坐便器、毛巾架、镜子、灯具、垃圾桶等。

4）安全装置。为了确保宾客安全，客房内一般都装有烟雾感应器，门上装有窥视镜和安全链，门后张贴安全指示图，标明客人现在的位置及安全通道的方向。楼道装有电视监控器和自动灭火器。安全门上装有昼夜照明指示灯。

（2）工作设备用品。工作设备用品主要包括服务员做房所需的工作车、布草车、吸尘机，以及放置在楼层工作间、布草仓、酒水仓的电器和家具等。

5. 客房设备用品的使用与保养及管理

（1）客房设备用品的使用与保养。客房设备的使用主要涉及员工与客人两方面。客房部要加强对职工的技术培训，提高他们的操作技术水平。本岗位工作任务所涉及的酒店相关的硬件设施、设备工具的操作、管理，机电等设备、工具的使用，应当知原理、知性能和知用途，即通常所说的"三知"；另外，还应当会使用、会简单维修及会日常保养，即"三会"。

（2）客房设备用品的管理。

1）建立健全设备档案资料。其内容包括：客房装修资料，如客房装饰情况、楼层设计图、照片资料等；客房历史档案，如客房装修或启用日期、规格特征和历次维修保养记录；工作计划表列上那些需要安排特别工作的房号或区域；机器设备档案；等等。

2）客房设备的更新改造。包括1年1次的部分修整、5年1次的部分更新、10年1次的彻底更新。

6. 客房设备用品的日常管理

客房设备用品的日常管理是客房用品控制工作中最容易发生问题的一环，也是最重要的一环。日用品的购置费用虽低于设备，但其使用量大，若不加强控制，将会造成很大的浪费。

（1）控制流失。

1）建立客用品领班责任制。各种物资用品的使用主要是在楼层中进行的，因此，对客用品使用的好坏及定额标准的掌握，关键在于领班。各楼层应配备专人负责楼层物资用品的领用、保管、发放、汇总以及分析的工作。

2）控制日常客用品消耗量。客用品的流失主要是由员工造成的，比如有些员工在清洁整理房间时图省事，将一些客人未使用过的消耗品当垃圾扔掉。因此，领班要做好员工的思想工作，通过现场指挥和督导，减少客用品的浪费和损坏量，同时，要为员工创造不需要使用客用品的必要条件。

客用品的发放应根据楼层小库房的配备定额明确一个周期和时间，这不仅方便中心库房的工作，也是促使楼层日常工作有条理地开展以及减少漏洞的一项有效措施。在发放日期之前，楼层领班应将其所管辖楼段的库存情况了解清楚并填明领料单。

（2）每日统计。服务员要按规定的数量和品种为客房配备和添补用品，并在服务员做房报告上进行登记。楼层领班通过服务员做房报告汇总服务员在每房、每客的客用品的耗用量。

（3）定期分析。统计分析可以分每日统计和定期统计。每日统计指服务员每天按规定的数量和品种为客房添补日用品，并在工作报表上做好记录。办公室文员或客房服务中心服务员负责本楼层客房日用品的管理，每天汇总本楼层消耗品的数量，填写主要日用品的耗用统计表，并向客房部经理汇报。各种客房日用品的使用主要是在楼层中进行的，所以楼层领班是管好用好客房日用品、掌握定额标准的关键。

客房部根据每日统计资料，定期（通常是1个月）对各楼层客房日用品的消耗进行汇总，并以此为基础对日用品的消耗情况进行分析，这就是定期统计。定期统计的方法主要是采用对比分析法，其内容包括：一是与消耗标准比较分析，即用各主要日用品的月度实际消耗量与制定的消耗标准对比，找出差别产生的原因；二是动态对比分析，即根据开房间天数和总消耗量或消耗金额，计算出平均消耗量或平均消耗金额，然后与上期同类指标对比，计算增减量和增减幅度，说明主要客房日用品消耗的动态变化，并分析变化原因。除月份对比外，也可作季度、年度情况对比，但在用金额指标对比时，要注意价格因素的变化，控制前后对比分析。

（4）及时控制。在客房日用品的使用消耗过程中，一旦发现问题、漏洞，客房部应及时采取新的控制措施，通过控制前后的间/天平均消耗量或消耗金额指标的对比分析来说明措施是否行之有效。通过分析研究，要不断总结经验，善于摸索管理规律，提高管理水平，降低成本消耗，提高酒店的经济效益。

（5）奖惩落实。定期公布各楼层的客房日用品消耗量，实行奖惩制度，对增收节支者要给予表扬和奖励，对超控浪费者要扣发班组和个人奖金。楼层员工利用工作之便私自将客房日用品携带出去据为己有，或送给其他部门员工，须按酒店管理制度给予必要的处罚。

（6）完善管理制度。例如，员工上班不能带私人用包进入楼层，并控制酒店其他部门人员及外来人员随意上楼层；服务员在打扫房间卫生时，应将工作车紧靠在房门口停放；员工上下班必须走员工通道，并主动接受值班保安人员的检查；建立月末盘点制度；等等。

（7）做好员工的思想工作。服务员在整理房间、补充客用品时，大多是单独作业，能否做到尽量减少日用品的浪费和损坏，除要加强领班、主管的现场检查和督导外，在很大程度上取决于员工的职业道德水准、工作责任心和成本意识。所以，要加强对员工的思想教育工作，培养员工勤俭节约的精神，尽可能做好废物利用、旧物利用的工作，尽量减少浪费和人为的破坏。要教育员工不私自使用客房日用品，同时为员工创造不使用客房日用品的必要条件。例如，更衣室和浴室应配备员工用衣架、香皂，提高员工的福利待遇，做好劳保用品的发放工作等。另外，员工用品与客房日用品要有明显的标志来区别。

第八章 客房安全管理与防范

客房安全工作的好坏直接关系到客人的人身安全和财物安全，关系到客人的满意程度和酒店的效益，同时还关系到员工的工作环境。酒店客房不仅要有完善的设施、齐全的项目、优良的服务，而且还要有令人放心的安全措施和制度。

一、客房安全设施

安全设施指一切能够预防、发现危险迹象与违法犯罪活动，保障安全的技术装备，由一系列机械、仪器、仪表、工具等组合而成。客人住店需要食宿、文化、娱乐、交通、通信等各方面的服务设施，其中安全设施也是不可缺少、极为重要的，特别是客房安全设施对保护宾客的人身和财物安全具有重要作用，一旦出现隐患、漏洞和险情的苗头，安全设施能够立即显示报警、自救等功能，对保障安全创造了有力的物质基础。

（一）门锁

客房门锁对保护宾客人身及财物安全具有重要作用。坚固、安全的门锁以及严格的钥匙控制是宾客安全的重要保障。酒店客房的门锁可分为两类：一类是机械锁，另一类是电子锁。

机械锁的历史较长、品种较多，类型主要包括：①把手上带锁道的锁；②标准型榫眼锁，一般包括门把手装有钥匙面板和门外有单独钥匙孔、门里有门栓装置两种；③可调整程序带锁筒的榫眼锁，这种锁的号码很容易更换；④锁心可以调换的榫眼锁等。以前，绝大多数酒店都采用机械锁，但机械锁一旦钥匙遗失，就必须更换门锁。如果酒店无法更换门锁，对酒店安全造成的威胁是难以想象的。还有一种磁片锁（有人也称它为"磁卡锁"），它实际上是一种机械锁。这种锁的钥匙是由一个带磁性的磁片替代了传统钥匙，由磁片中安装的按一定顺序排列的小磁铁吸动锁中的销柱，达到开锁的目的。使用磁卡钥匙可以随时变更每一客房的门锁密码，大大提高了安全程度。但非电子化的磁卡钥匙多少还有点麻烦，就是每当要改变客房门锁密码时，一定要有技工去客房重新组合密码，这种系统比较适用于那些原先只有传统机械门锁的酒店更新。

电子锁是近年新出现的以电子计算机程序控制的锁系统。电子锁与机械锁相比，具有安全、可靠、方便等特点。

靠电子计算机操作的 IC 卡锁和磁卡锁在客人入住时，可以重新设定密码和信息，相当于换了一把新锁，便于管理和控制。作为钥匙使用的磁卡同身份证相似，而在其一面涂有可存储密码信息的磁条，可由总服务台使用计算机和配套的刷卡器将密码及客人特征、信息记入磁卡的磁条中。客人开门时，将磁卡插入锁中的读卡器缝隙后拿出磁卡，锁中的磁头就可以读出磁卡上的密码，经锁中的电脑芯片运算，判断是否是"合法磁卡"，并通过电磁铁动作控制锁的开关。其磁卡和银行的信用卡完全一样，只是信息内容不同，这种磁卡在酒店内同时可兼作信用卡消费使用。

IC 卡锁同磁卡锁基本相近，只是作为钥匙的"卡"略有不同，磁卡成本低，可以一次性使用，也可以回收反复使用。IC 卡是一种类似游戏卡功能的智能卡，由一个或多个集成电路芯片组成。信息储存在集成电路芯片中，有判断功能和运算功能，可以封装成大小不同的各种形状，方便携带，也可反复使用，故 IC 卡要贵一些。IC 卡还便于加密、防磁，具有寿命长、功能强等特点。

这两种锁常做门锁，也可做酒店的保险柜或保险箱锁使用。它可以设置 10 亿以上个密码且不会重复，因此保密性很强。磁卡及 IC 卡还可以根据不同层次的管理人员、宾客分成主控卡、楼层卡、清洁卡、宾客卡等，可以分级进行管理，不同的人员使用的卡受到不同的制约。这种锁可以储存最后约 200 次的开锁次数、时间等信息，并可以随时提取，以备查询。

另外还有电子光卡锁，这种锁是利用带有暗孔的塑料卡片作为钥匙控制门锁的电磁机构。光卡的暗孔在一般情况下是看不到的，而光卡锁是通过塑料卡片钥匙拾取红外线密码来达到开锁目的。这种锁相对说来保密性差，密码的破译也较容易。它的保安性不如电子密码锁，而外形同磁卡锁相似。这种锁的价格比机械锁要高，已被磁卡锁取代。

无论是哪种锁系统，对钥匙的管理都显得比较重要，特别是对楼层或区域通用钥匙、客房全通用钥匙的管理，关系到所有客房的安全管理。

（二）窥视镜

在酒店客房门上安装窥视镜是为了使住店客人在开房门前就知道来访者是谁，以保障宾客人身安全的一种预防措施。广视镜头的窥视镜能扩大视野，可看到房门附近的走廊。对于使用窥视镜的酒店，其客房走廊的照明需要加以调整，以防光线过于刺眼，避免来访者的脸部处在阴影之中。

（三）带锁的抽屉

为确保住店客人的财物安全，有些五星级豪华酒店在每间客房内配备保险箱供客人使用。大多数酒店则采取在前厅总服务台设立贵重物品保管箱为客人保管贵重物品。但住店客人的有些较高级的日常用品如高档衣服、常戴的首饰就不便于存入贵重物品保管箱，有些客房如标准间有时会住两位客人，为安全起见，酒店可在客房内的抽屉或衣柜上配锁。客人居住期间，钥匙由住客保管、使用，这样就大大增加了客人财物的保险系数。

（四）可封闭的窗户

酒店客房的窗户是安全防范的重点，它是不法歹徒最容易选择的进出客房的通道。酒店一切易于攀越的窗户都应装有栅栏、铁条、锁或其他限制出入的设施，不用的窗户应永久封闭。对于低层楼或其他区域不用的窗户可用障碍物或其他不易遭破坏的物质代替。尽管有些并非是客房窗户，但歹徒也有可能通过这些窗户进入客房。新建酒店更应把客房窗户设计的安全要素放在首位。客房窗户应能完全封闭，上锁后只能从客房内部打开，即使打碎客房玻璃仍然无法破窗而入。当然，选用质地优良、抗撞击的材料作窗玻璃，安全防范效果就更好。据报道，新一代的塑料产品可以用作窗户的透明材料。这种材料很坚固，经得起砖头和斧头的敲击，在玻璃上贴上一层特殊薄膜甚至可以抵御枪弹的袭击。但是有了材质优良的可封闭窗户，歹徒并非就无可乘之机，如客人打开窗子后忘记锁上窗户，客房服务员清扫客房时打开窗子透气后忘记锁上窗户，都给犯罪分子提供了进入客房的机会。所以，人对窗户的操作控制对保证客房的安全也很重要。

（五）烟感器与警报装置

烟感器是为了预防酒店客房和公共场所引发火灾而安装的自动报警装置。它一般装在客房床位上方，因为一些客人喜欢躺在床上抽烟，容易引起火灾。有的酒店在走廊里每隔一段距离也装有烟感器。其原理是用各装有一片放射性元素镅构成的两个电离室和场效应晶体管等电子元器件组成的电子电路，把火灾发生时的烟雾信号转换成直流电压信号而报警。在选用烟感器时，应选择质量过硬的产品。否则当火灾发生产生大量的烟雾且温度在不断升高时，烟感器并不报警，这种情况是很危险的。另一种情况是安全性误报，又称虚报，像离子式烟感器，不仅火灾生成物会使它工作，而且灰尘、水蒸气以及较高的湿度都会引起探测器发出火警信号。

除烟感器外，还有感温式和感光式探测器。

感温式探测器分为两种：一种是运用金属热胀冷缩的特性，使探测器在正常的情况下断开电路，当温度升到一定值时，由于金属膨胀、延伸，导体接通，于是发出信号。另一种是利用某些金属易熔的特性，在探测器里固定一块低熔点合金，当温度升高到熔点时，金属熔化，借助弹簧的作用力，使熔头相碰、电路接通，发出信号。

感光式探测器也有两种：一种是红外线火灾探测器，其工作原理是利用红外线探测元件，接收火焰自身发出的红外辐射，产生电信号报警；另一种是紫外线火焰报警器，它是利用紫外线探测元件，接收火焰自身发出的紫外线辐射而报警。感光式探测器主要用于电器机房等地，客房很少用感光式探测器。

以上几种探测器都属于自动报警装置系统。酒店除需安装自动报警装置外，还需要安装适当的手动报警装置。这是因为火灾发生时的情况往往较为复杂，自动报警探测器也不可能遍布酒店的每一个地方，客房的每一个角落。酒店通常使用的手动报警装置多数是用击碎玻璃即报警的报警器。比较原始的还有使用电铃按钮进行报警的；另外还有一种有效的报警方法，即通过电话报警，它可以比较准确地把着火部位及火势情况报告给有关部门。

（六）疏散图示

酒店发生火灾时还涉及住在酒店上层客房客人的疏散问题。国内外都有过这样的例子，当发生火灾时，客人找不到出口，而电梯又停开或有的虽能开动但因行至失火层即停住，反被烧死在电梯内。有些客人急于求生，跳窗而下，以致摔死。酒店火灾死亡人数中相当数量的人是跳楼摔死的，少数是烟熏昏迷后被烧死的。所以，如何组织疏散和避险是非常重要的。

"火灾紧急疏散示意图"是告诉客人发生火灾时逃生的路线和办法，一般张贴在客房的门背后，有的放在酒店服务指南夹中。在图上应把本房间的位置及最近的疏散路线用醒目的颜色标示，这样可以供客人在紧急情况下安全撤离。

有的酒店在客人入店登记时发给一张住宿卡，在住宿卡上除注明酒店的服务设施和项目外，还注明防火注意事项，印出酒店的简图，并标明酒店的紧急出口。有的酒店在房间写字台上还放置"安全告示"或放一本《万一发生火灾》的小册子，比较详细地介绍酒店的消防情况，以及在发生火灾时该怎么办。国外有的酒店还专门开辟了一个闭路电视频道，播放酒店的服务项目、安全知识和防火及疏散知识。

无论图示、文字说明还是电视录像，都应简单明了，起到发生火灾时易于疏散的作用。

（七）其他安全设施

1. 二道门控制装置

一般来说，连接门朝客房那一面各有一把手，而两门之间没有把手，只有锁面和一道空隙，所以应考虑提供附加的安全装置，诸如链条、插销、滑门或其他较有效的锁控装置，应装在显眼的地方，便于客人使用。

2. 监视器

为保证客房安全，可在客房过道及其敏感部位安装监视器，从中发现可疑人物及不正常活动，以便及时采取措施。

3. 耐火材料

在酒店建筑中，凡高度超过 24 米的高级酒店均属于一类建筑物，一类建筑物的耐火等级应为一级，其建筑构件要用非燃烧体材料。除耐火墙要求耐火极限为 4 小时外，其他隔墙、柱梁、楼板、疏散楼梯等都要求有 1～3 小时不同的耐火极限。发生火灾时减缓高层酒店火势蔓延的速度和顺利疏散住店客人是非常重要的。

4. 吸烟层和非吸烟层

为确保客人的人身安全，有的酒店把客房楼层划分为吸烟层和非吸烟层。在客人登记入住时让他们选择吸烟或不吸烟的房间。在吸烟层采用防火床罩、防火地毯等阻燃用具，在床头放置"请不要躺在床上吸烟"的牌子。在非吸烟的客房内不设烟灰缸，并放有"请勿吸烟"的标志。这样，把吸烟的客人集中在某几个楼层，便于重点防范。

5. 客房通信

一般来说，高级酒店每间客房都装有电话，没安装电话的酒店应考虑安装其他装置（如呼唤铃），使客人可以利用房内电话或其他通信装置向酒店报告紧急情况或可疑活动。国外有些酒店正在对使用双声道电传电视为客人提供安全或紧急情况通信进行可行性研究。同轴电传一般用来播放娱乐节目，同时也具有回收通信之功能。这一装置可以监视客人的紧急医疗需求、抢窃警报及火警。

二、客房安全防范

保障宾客在酒店客房内的人身和财物安全，最重要的是防范，一旦事故发生，对宾客、酒店都会造成危害。一般来说，侵害因素在实施侵害前，都会有各种迹象和征兆。如犯罪分子实施犯罪行为，一般都会有一个计划、预谋、准备的过程，只要认真研究事故发生的种种规律，采取预防措施，不给任何违法犯罪分子以可乘之机，是可以把违法犯罪活动制止在预谋阶段的。另外，要进行安全检查，及时发现和消除各种不安全因素和事故苗子，把各类事故消灭在萌芽阶段。

（一）火灾与防火措施

火灾，是因失火而造成的人身伤亡和财产损失的灾害。酒店建筑费用高、装饰豪华，各类物品储存较多，住客密集，一旦发生火灾，将危及住店客人的生命安全，并会造成巨大的经济损失。有关调查表明，全世界几乎每 34 小时就发生一起酒店大火，每年由于酒店火灾造成的损失高达 1.5 亿美元。

1. 酒店客房火灾发生的主要原因

（1）客人吸烟。据调查，40.7% 的酒店发生火灾是由于客人吸烟不注意所致。主要有两种情况：一种是卧床吸烟，另一种是酒后卧床吸烟。

（2）电器设备故障。现代酒店机电设备众多，因电器设备故障而引起的酒店火灾占整个火灾总数的22.5%。主要原因是电线老化、线头裸露、电器设备安装不合理、电器本身故障等。

（3）大量易燃材料的使用。酒店客房大量使用棉织品、地毯、窗帘、各种木器家具等易燃材料和可燃性装饰材料。一旦发生火灾，这些易燃材料会加速火势的蔓延。有条件的酒店最好使用阻燃的地毯、床罩和窗帘等。

（4）火情发现得晚。酒店绝大多数的火灾发生在夜间，因为此时客人已休息，酒店工作人员少，火情不易被发现，发现时火势已具一定规模，给扑救造成很大困难。

（5）未及时通知消防部门。

由于酒店的特殊性，很多酒店的消防工作程序写明，发生火灾时首先向酒店消防中心报警，由酒店义务消防队扑灭初起火灾。只有当火势发展到一定程度，义务消防队很难把火扑灭时，才由酒店消防委员会做出决定，通知当地消防队。如果酒店消防委员会判断有误，没有及时通知消防部门，就失去了灭火的最佳时间，使大火迅速蔓延。还有的酒店是因为发生火灾时，电话线路中断，无法通知消防部门。

2. 发生火灾时宾客伤亡的主要原因

（1）判断错误。在发生火灾时，人们避难的心理使所采取的行动往往出现错误，即使处于安全场所，也往往会做出错误的判断，如发生火灾时，往往向熟悉的出入口逃生，向明亮的方向跑，盲目跟随人流跑，或躲在房角或钻进橱柜内，有的甚至从高楼跳下，造成死亡。

（2）发生火灾时未及时通知客人。目前国内有相当一部分酒店没有安装通知客人疏散的广播系统，或者安装不合理，不足以唤醒熟睡的客人，致使火灾发生时造成人员大量的伤亡。

（3）酒店没有防火救灾的预案。有些酒店平时不重视防火，更没有一套发生火灾的应急方案。因此，在发生火灾时，往往不知应如何救助客人。

（4）使用大量有毒的装饰材料。酒店客房使用的大量装饰材料不但容易燃烧，而且燃烧时会产生大量有毒的烟雾。据统计，火灾中因烟雾中毒或窒息而死亡的人数占整个死亡人数的72.5%。像聚苯乙烯泡沫、塑料夹层石膏板、玻璃棉贴面板、化纤地毯、塑料墙纸等合成材料制品，燃烧时会释放出大量的有毒气体。

（5）疏散困难。酒店楼层越高，疏散就越困难。据测试，当每层楼有120人时，15层楼的人员疏散需要19分钟，30层需要39分钟，50层需要66分钟。若人数增加一倍时，疏散的时间则成倍增加。大多数酒店火灾是在夜间发生，燃烧产生大量烟雾，电梯停止运行，更增加了疏散的困难。

从酒店客房发生火灾的原因及发生火灾后客人死亡的原因可以看出，酒店首先应做好火灾防范工作，避免发生火灾。其次，应有一套切实可行的疏散措施，当火灾发生时把伤亡损失降低到最小。

3. 防火措施

（1）安装现代化的消防设备。

1）消防给水系统。酒店应设室内、室外消防栓给水系统。一旦发生火灾，若像以往那样靠楼外的消防栓给水和地方消防部门的云梯车登高灭火已不能适应，必须建立自身的消防供水系统。

2）划分防火、防烟区。防火分区是指用防火墙及防火门把建筑物分隔为若干防火分区，上下层敞开相通的部分作为一个防火区。防火分区的面积不应超过1000平方米。防烟分区的面积不宜超过500平方米。

3）设立防烟排烟系统。设立排烟管，酒店每个防烟分区的排烟口应设在顶棚上或靠近顶棚墙上。排烟口平时处于关闭状态，采取手动或自动方式开启，排烟口和排烟风机有连锁装置，当任何一个排烟口开启时，排烟风机即自动启动。

4）设立安全疏散通道和消防电梯。酒店应设防烟疏散楼梯，其前室不少于6平方米，在底层应有直通室外的出口。还应设立消防电梯，消防电梯应设有电话和消防队专用操纵按钮，电梯的井底应设有排水装置。一旦火灾发生，消防电梯由酒店安全消防部门控制，既可作疏散客人用，更重要的是又可把消防队员、灭火器材等送到灭火前方。

5）客房自动报警、灭火系统。在客房内装置烟感、温感报警器，并应装置自动喷洒系统，一旦客房内有火情，便会自动扑救并报警，以免酿成大火。

（2）做好消防工作的组织与管理。

1）制定酒店防火、灭火与疏散计划。

2）对酒店的各种危险品实行监管并检查其防火、防爆的落实情况，要经常检查棉织品和易燃品的存放地，做好安全检查记录工作。

3）对客房、餐厅及会议室内的烟感、温感探头要与工程部一起进行定期的测试检查，每3~4个月进行一次除尘清洗以保证其敏感度。

4）对客房服务员整理客房时的烟头再次熄灭处理等项的安全作业，要不时地严格检查，同时要经常巡视督导检查，以防止因烟头熄灭处理不够而引起的火灾事故。

5）对员工进行消防教育和培训，使每位员工特别是客房部员工认识到酒店消防工作的重要性，还要熟悉报警程序、疏散程序，熟悉酒店的紧急出口和通道，并能正确地使用灭火器材。

4. 酒店发生火灾时应采取的措施

酒店一旦发生火灾，并失去控制，就必须迅速将人员安全地疏散出来。

（1）及时通知客人疏散。通知客人疏散，一般有两种办法：一种是通过报警系统报警，另一种是通过广播系统通知客人。报警系统可以通过碎玻报警器报警，也可由消防中心发出。比如有的酒店规定一停一响的警铃为火灾信号，持续不断的警铃为疏散信号。当酒店的警铃持续不停时，店内所有人员应当开始有组织地疏散。

国际上通过广播系统通知客人有两种做法：一种是发生火灾时由酒店工作人员直接通过广播系统通知客人，其优越性是可以根据火灾的实际情况来通知客人如何疏散，但由于涉外酒店内往往有不同国籍的客人，必须用多种语言通知。另一种是根据本酒店的客源情况，录好音，放在消防中心、总机或音像室，在酒店发生火灾时，按照消防委员会的指示，及时播放疏散通知。疏散通知通过背景音乐广播播送，还要接通客房内的音响，以便客房内的客人能及时得到消息。

无论是通过报警系统报警还是通过广播系统通知，因种种原因总有客人会得不到消息，因此，客房服务员应逐一敲打客人房门，指引客人疏散。

客房服务员在检查房间时，要注意检查卫生间，对套间的所有房间也要仔细查看，在确认房内无人时，要把房间的所有门都关上，以阻止火焰的蔓延，然后在房门上做个记号，表示此房已检查无客人。

在检查客房或是怀疑某客房发生火情时，不可直接打开房门，要先用手摸一下房门，如果感到烫手就不能打开房门，证明房内的火很大，一旦打开房门会造成人员伤亡，还会使房内大火迅速向外蔓延。如果房内只是有烟雾，而未见火苗，一般是刚开始起火，这时可开个门缝，进去查看，及时扑灭火源。如果房内已出现火光，证明火势已发展到一定阶段，不能随便开门进入。要先准备好灭火器材或等酒店消防队到达以后，一开启房门便立即灭火。

（2）安全离开房间。宾客疏散逃生时，要仔细观察前进的方向，按照疏散图示或酒店的通知选择最近的通道疏散。离开房间前要做好以下准备工作：

1）出门前要用手摸一下房门及把手，如果发烫，证明外面的火势已达一定的规模，此时千万不要轻易打开房门强行疏散。

2）拿好房门钥匙。因为一般客房的门都装有闭门器，一旦离开房间，房门会自动锁上。带钥匙为的是在疏散道路被切断时，能够回到房内待救。

3）在通过烟雾区时，应尽量将身体放低，最好贴近地面前进，并用湿毛巾捂住口鼻，以防有害的烟雾侵害。

在离开房间前，要记住逃生的路线及回到房间的路线。住酒店高层的客人无法下楼时，可跑上顶楼，站在逆风的一面等待救援。

（3）守在房内待救。如果疏散路线被切断，则应守在房内待救，在等待援救时，应采取以下措施：

1）用湿毛巾将门缝堵上，不让外面有毒烟雾蹿进房内。

2）用手摸房门，如果房门发热，说明房外火势较大，这时要不断地往门上浇水，以延缓燃烧的时间。

3）在窗前晃动物品，如白色床单、枕头、毛巾等，让外面的人知道房内有人，以便前来救援。

（二）防范宾客偷盗

宾客偷盗的目标主要有酒店客房内的物品、入住酒店的其他宾客的财物及逃账等。

防止宾客偷盗可采取的措施有：

（1）将有可能成为客人偷盗目标的物品，如浴巾、手巾等，可印上或绣上酒店的标记，这能使客人打消偷盗的念头。

（2）有些宾客并非真要偷窃酒店的财物，只是喜欢将免费纪念品带回家而已。酒店可用针线包、塑料洗衣袋等价值低廉的纪念品来满足宾客。

（3）有些价值较高的装饰品，像客房内的雕塑、织锦、书画等艺术品，有客人想留作纪念的，可考虑在酒店商场部或客房部出售，这可在《旅客须知》中说明，或在陈设物品上贴上"可出售"的小标签。而客房内的陈设物品应该拴紧或粘牢。

（4）一些高级酒店常常向宾客提供他们忘带的生活用品，宾客可以借用烫衣板、电熨斗、剃刀、电动剃刀、吹发器、暖垫等物品。一般这些物品的存放、分发、收回都应由客房部负责。这些借用品的失窃率相当高，客房工作人员将物品送到客房时，要请宾客在借条上签字，然后把借条送至前厅总服务台，记入宾客账目之中，待宾客归还所借物品时再通知总台从账单中抹去这一借项。

（5）客房服务员日常打扫房间时，对房内的物品加以检查；在客人离开房间后对房间的设备及物品进行检查。如发现有物品被偷盗或设备被损坏，应立即报告。

（6）任何客房服务员、管理人员都不应让其他任何人使用他（她）们手里的工作用钥匙进入客房，即使客人自称忘了带钥匙，也应让他们去前台办理。如果服务员坚持不让任何人进入客房，忘带钥匙的宾客就可能不会受到损失。

（7）客房楼层储藏室里装满了毛巾、餐具、装饰织物、台布、床单、文具等大量客房备用品，客房管理人员必须防止这些物资被宾客擅自使用。另外，当服务员在清洁客房时，要防止宾客在经过工作车时，顺手牵羊地把工作车上的物品拿走。

（8）对出入其他客房的住店客人，应特别注意并观察所出入客房的客人是否在房内。

酒店还可能因客人的逃账以及冒用信用卡、支票等欺骗行为造成酒店的"无形被盗"，为制止这些"无形盗窃"，可采取以下预防措施：

（1）在客人登记入住时，检查外国客人的护照，核实护照的有效性及持护照人的身份。如两人住一房，应要求两位客人都要登记并出示护照。

（2）验证客人提交的信用卡，即在客人登记入住时，将其信用卡影印下来，要注意查证信用卡的有效性。

（3）收款员应熟悉各国货币及各种旅行支票，并借助于货币检验机来辨别伪币及伪支票。

（三）防范员工偷盗

酒店员工在日常的工作及服务过程中，能直接接触酒店的各种财物和住店客人的财物，他们有更多的机会偷盗这些财物而难以被发现，特别是客房用品有供个人家庭使用或再次出售的价值，很容易诱使员工进行偷盗。酒店可采取以下措施加以预防：

（1）员工上班都必须穿上工作制服，戴上工作牌，便于安全人员识别。

（2）在员工上下班进出口，由安全人员值班，检查及控制职工携带进出的物品。

（3）完善客房物品的领用制度，严格控制仓库的储存物资，定期检查及盘点物资数量。

（4）有些酒店的不良员工利用工作之便从客人的钱包、公文包、信封或抽屉里抽出少量钞票据为己有，或用假钞、假首饰换走客人的真钞、真首饰。这种盗窃手段一般不易被客人察觉。当客房主管、领班及服务员来领用客房钥匙时，客房部办公室人员应记下钥匙发放及使用的情况，如领用人、发放人、发放及归还时间等，并由领用人签字。还应要求客房服务员在工作记录表上，记录下进入与退出每个房间的具体时间。

此外，酒店还应防止总台服务员自己或者与客房服务员一起合谋盗取现金。其偷盗手段有：

（1）为客人登记住房，提前收费，然后取消登记卡，将客人账单作为"未来住"而空出。这需要总台其他服务员与客房服务员合谋。

（2）用送给客人的账单附件向客人收取高额租金，而在留给酒店的账单附件上记上较低额的现金。或者当客人付账离去后，将留在酒店的账单附件上的金额改为较小额，将差额据为己有。

（3）客人实际上已经付账了，但把客账记为逃账，即客人故意不付账就离开酒店了。

（4）与客人共谋，不收客人留宿朋友的费用以谋取较高的小费。

（5）把房间钥匙卖给窃贼。

对以上偷盗行为应制定合理、严格的财务制度，控制及限制存放在收银处的现金额度，实行财务检查。

在防止员工偷盗行为时，要制定并严格实施奖惩制度，奖惩措施应在员工守则中载明并照章严格实施，对有偷盗行为的员工应视情节轻重进行处理，直至开除出店。这也要求酒店在录用员工时要严格把好关，要注意员工的素质和道德水平。

（四）工伤事故防范

1. 工伤事故的原因分析

客房服务员在进行客房服务过程中，由于不注意安全因素，时有工伤事故发生，造成宾客或员工自身的人身伤害，既损害了宾客或员工个人的身心健康，又影响了酒店的声誉和经济利益。归纳起来，造成工伤事故的原因主要有：

（1）员工的危险行为。员工的危险行为是造成事故的主要原因之一。例如，服务员不按要求使用工具设备，不遵守劳动纪律，不按规定程序清扫等。

（2）工作环境存在潜在危险。工作环境中的潜在危险主要是设施设备。例如，机械设备操作维护不当，电器设备绝缘性能差，卫生间地面、浴缸无防滑设施等。

（3）员工工作责任心不强。员工在工作中责任心不强往往会给酒店带来损失。例如，员工在工作中发现异常情况未及时汇报，未向宾客说明电器设备的使用注意事项，清洁器具不按规定位置放置。

2. 工伤事故的预防

据统计，酒店中约80%的事故是由员工不遵守酒店操作规程、粗心大意、精神不集中造成的，只有20%左右的事故是由于设备原因所致。因此，客房部员工在工作中应树立安全意识，加强劳动保护，防止事故的发生。

3. 管理者的责任

管理者要承担下述责任：

（1）定期检查保养设施设备，发现问题及时解决，设置防护措施和危险识别标志。

（2）制定安全操作规范和必要的规章制度。

（3）改善劳动环境，科学分工，预防职业疾病。

（4）加强对员工（特别是新员工）的安全意识、操作规范及安全要求的教育培训。

(5) 在日常管理过程中加强教育、检查和督导，纠正不正确的操作行为。

(6) 制定奖惩措施，严格奖惩，强化员工的安全意识和安全责任。

4. 员工安全操作规范

客房部工作人员应按以下要求进行安全操作：

(1) 服务员清洁客房时如有急事要离开，不得将门虚掩，一定要锁好。

(2) 进入暗房间前，应先开灯，使用开关或其他电器时，应擦干双手，以免触电。

(3) 清理室内高处时，不能站在浴缸、洗手台边沿或家具上，要用工作楼梯。

(4) 高处物品的堆放要整齐，工作车运送物品时不要让物品挡住视线，遇到转弯时应特别小心。

(5) 吸尘器、抹布、扫把、水桶等清洁用品应放在安全地方，不可留在走道或楼梯口。

(6) 遇有东西掉进垃圾袋内，不能直接用双手伸进垃圾袋翻拣，而应将垃圾袋拿出放平，倒出来检查。

(7) 不能用手直接捡取破碎的玻璃器皿、刀片或其他锐利物品，应使用扫帚清除，并放在指定容器内，以免造成意外。

(8) 若发现工作区域的地板、楼梯破裂或滑溜，应立即报告。

(9) 擦拭电器用品时，不能站在潮湿的地面上，也不能用湿滑的抹布，以免触电。

(10) 使用各种清洁溶剂时，要戴口罩和手套，使用时若不小心沾到皮肤，要立即用水冲洗干净，以免伤害身体。

(11) 洗衣房员工在使用烫衣板时，要按规定操作使用，否则会因大意而受伤；操作各类蒸汽开关及各类机械时要注意安全，使用脱水机前应注意检查衣物是否均匀放好，盖子是否盖好，在运转中不可取出衣物或放入任何衣物。

(12) 如果割伤或刮伤，应立即上药、就医，以免感染细菌。

(13) 在操作所有机械设备时，要遵守操作说明标志，确保安全，以免发生意外。

(14) 学会使用楼层消防器材。

(15) 员工在客人召唤入房时，要将房门大开，对客人关门要保持警惕，不能坐在客人的床上。

(五) 其他安全防范

1. 防止外来人员作案

一些专把酒店作为作案目标的犯罪分子在作案手段上体现出高智能和高技

能，他们常以住客或访客身份进入酒店，装扮入时，有的还懂一些外语，以其外观形象迷惑服务人员。有的犯罪分子利用以往住店时复制的客房钥匙进行作案。在使用电子锁的酒店，则装作忘带钥匙，欺骗客房服务员为其开房。有的犯罪分子利用客房服务人员不熟悉房客的弱点，冒充房客，在当班服务员做客房卫生时进入客房，在服务员眼皮底下公然取走物品。

这就要求客房服务员提高警惕，在未证明来者真实身份的情况下，不要轻易让其出入客房。总台服务员不应将登记入住的客人情况向外人泄露，如有不明身份的人来电话询问某位客人的房号时，电话接线员可将电话接至该客人的房间，绝不可将房号告诉对方。

要加强入口控制、楼层走道控制及其他公共场所的控制，对有可疑迹象的外来人员采取"盯、堵"措施，以防止外来不良分子窜入酒店作案。

严格规定外来办事人员、送货人员、维修人员使用员工通道，并须经安全值班人员检查其携带出店的物品。须带出店外修理、更换的设备、用具、物品，必须具有所属部门经理签名，经保安值班人员登记后才能放行。

2. 保护员工的安全

任何酒店都有法律上的义务及道义上的责任来保障在工作岗位上的员工的安全。酒店若忽视员工安全，未采取保护手段及预防措施而引起员工安全事故，酒店负有不可推卸的责任，甚至将受到法律的追究。

保护员工安全，一是要注意工作中的操作安全，酒店前台各服务工种基本上以手工操作为主，而前厅行李员、客房清洁服务员，应制定安全工作的标准，在技术培训中也应包括安全工作、安全操作的培训。对员工使用的工具与设备，应制定定期检查及维修的制度。二是应保护员工免遭外来侵袭。客房服务员清洁房间时应始终保持房门开着，一旦工作人员受到侵扰，应想办法脱身，若男服务员遭到殴打、女服务员受到调戏时，应尽量通知其他工作人员，在场的工作人员应及时上前协助受侵袭的服务员撤离现场，免遭进一步的攻击，并尽快通知保安部人员迅速赶到现场，据情处理。

总之，客房安全防范工作，必须从安全意识的建立到各种安全制度的制定，从内部教育到外部防范，形成一套有效的安全防范措施。比如建立便装保安员体制，利用便装保安员不易引人注意，以加强对楼层的安全防范工作。国外许多酒店的实践表明，便装保安员在预防盗窃方面有明显的效果。同时，采用先进的设备和技术手段，进行有效防范。

3. 遇到自然灾害的处理

自然灾害常常是不可预料或无法抗拒的，包括水灾、地震、飓风、龙卷风、暴风雪等。自然灾害的发生会引起客人的恐慌，酒店的服务人员应以轻松的心情、沉着的态度来稳定客人的情绪，同时客房部应做好相关的安全计划，具体内容包括：

（1）客房部及其各工作岗位在发生自然灾害时的职责与具体任务。

（2）应具备的各种应付自然灾害的设备器材，并定期检查，保证其处于完好的使用状态。

（3）必要时的紧急疏散计划（如类似火灾的紧急疏散计划）。

4. 突然停电的处理

停电事故可能是外部供电系统引起的，也可能是酒店内部设备发生故障引起的。停电常会造成诸多不便，因此，酒店须有应急措施，如采用自备发电机，保证在停电时能立即自行启动供电。客房部在处理停电事故方面，应该制定周密计划，使员工能从容镇定地应对，具体内容包括：

（1）若预先知道停电消息，可用书面通知方式告知住店宾客，以便宾客早做准备。

（2）及时向客人说明是停电事故，正在采取紧急措施恢复供电，以免客人惊慌失措。

（3）即使停电时间较长，所有员工也要平静地留守在各自的工作岗位上，不得惊慌。

（4）若停电事故发生在夜间，应使用应急灯照亮公共场所，帮助滞留在走廊及电梯中的客人转换到安全的地方。

（5）加强客房走廊的巡视，防止有人趁机行窃，并注意进行安全检查。

（6）防止客人点燃蜡烛而引起火灾。

（7）供电后检查各电器设备是否正常运行，其他设备有没有被破坏。

（8）向客人道歉并解释原因。

（9）做好工作记录。

5. 客人意外受伤的处理

客人在客房内遭受的伤害大多数与客房内的设备用品有关，其要点主要有两个：一是设备用品本身有故障，二是客人使用不当。一旦出现客人负伤、生病等紧急情况时，服务人员必须向管理人员报告，同时应立即采取救护行动。

（1）开房门发现客人倒在地上时，应注意客人是否在浴室倒下；是否因病（贫血或其他疾病）倒地；是否在室内倒地时碰到家具；身上是否附着异常东西（绳索、药瓶等）；倒地时附近是否有大量的血迹；应判明是否因病不能动弹，是否已死亡。

（2）在发生事故后，应立即安慰客人，稳定伤（患）者的情绪，注意观察病情变化，在医生来到之后告知病情。

（3）服务人员在医护人员来到之前，也可以进行临时性应急处置：如果伤处出血，应用止血带进行止血；如果不能缠绕止血带，应用手按住出血口，待医生到达后即遵医嘱。

（4）如果是轻度烫伤，应先用大量干净水进行冲洗；如果是重度烫伤，不得用手触摸伤处或弄破水泡，应听从医生的处理。

（5）如果是四肢骨折，应先止血后用夹板托住；如果是肋骨骨折，应在原地放置不动，立即请医生处置。

（6）如果头部受了伤，在可能的情况下要小心进行止血，并立即请医生或送往医院。

（7）如果后背受了伤，尽量不要翻身体，应立即请医生或送往医院。

（8）如果杂物飞进眼睛，应立即上眼药水或用洁净的水冲洗眼睛。

除此之外，为尽量减少客房内的意外事故发生，在平时的工作中，服务人员要增强责任心，细心观察，严格按照岗位职责和操作规程开展工作，管理人员查房时也要认真仔细，不能走过场。这样许多不安全因素就会被消灭在萌芽状态。

6. 客人食物中毒的处理

食物中毒多是因为食品、饮料保洁不当所致，其中毒症状多见于急性肠胃炎，如恶心、呕吐腹痛、腹泻等。为了保障所有来店宾客的人身安全，必须采取以下措施：

（1）采购人员把好采购关，收货人员把好验货关，仓库人员把好仓库关，厨师把好制作关。

（2）客房服务人员发现客人食物中毒时，应马上报告总机讲明自己的身份、所在地点、客人国籍、人数、食物中毒程度、症状等。

（3）做好记录，并通知医务室和食品检验室、总经理、副总经理、保安部、餐饮部、公关部、行李房、车队到达食物中毒现场。

7. 客人死亡的处理

客人死亡是指宾客在酒店内因病死亡和自杀、他杀或原因不明的死亡。

正常死亡客人的处理规定为：

（1）对于正常死亡的客人，需要公安机关对尸体做出检验后才能定论。

（2）国内人员可根据死亡者所留下的证件、电话号码等与其亲属联系，并根据中国法律进行处理。

（3）国外人员除与大使馆或领事馆取得联系外，还要尽可能地根据各国的民族风俗进行处理。

非正常死亡客人的处理规定为：

（1）立即报告公安机关。

（2）无论是室外、室内的死亡现场，都必须保护尸体和保护现场的各种痕迹、物证不受破坏。

（3）若遇到悬挂着的尸体，应首先检查是否还有体温，是否还有脉搏、呼吸，若有应考虑抢救，抢救时可先用剪刀剪断颈部的绳或带，将人体卸下时避免造成新的伤痕，并将绳或带保存好；若确认已经死亡，则不要移动尸体，待公安人员到场后进行处理。

（4）若室外遇到急救人命、抢救财物、排除险情等必须进入现场或必须移动现场物品的情况，保安人员应尽量避免踩踏现场的足迹和触摸现场的物品，对罪犯留在现场的物品、工具等不要用有浓烈气味的物品遮盖，以免破坏嗅源。

客人住店期间不幸死亡的处理程序为：

（1）发现住客死亡之后，应立即与医生、保安主任和房务主管一起进房。

（2）迅速通知死者的家属、工作单位、接待单位、同行人员，若是境外人员，必须及时通知投保的保险公司。

（3）通知酒店总经理及有关部门的经理，通知总台接待部封锁该房，注意房号要保密。死者运出之前该层一般不安排客人入住。

（4）征得死者家属或单位同意后，向公安机关报告，并接受法医验尸。

（5）尽快将死者转移出酒店，转移时注意避开住客，可选择夜深人静之时从员工梯降到后区出店。

（6）死者的遗留物品应及时整理、清点和记录，作为遗留物品妥为保存，待死者有继承权的亲属或委托人认领并做好领取的签收手续。

（7）前厅部经理应根据调查的结果写出客人在店期间死亡及处理经过的报告，经总经理审阅通过，一份留酒店备案，其余的交给死者亲属及有关单位和人员。

（8）对死者的死因不做随意的猜测和解释，统一由酒店指定的权威人士解答。

（9）请卫生防疫部门严格对客房进行消毒，客人用过的物品和卧具应焚毁处理。

8. 客房防爆

酒店客房的防爆工作是指为了宾客的人身、财物安全，对需要保护的人员、特殊财物、特殊区域，如重要宾客、秘密文件、特殊设施、保密会议等的保卫工作，以及对企图破坏酒店或宾客安全的不安定分子进行警戒、防备、探查、制裁等积极的防范工作。因此，酒店应做好客房防爆管理工作，具体内容如下：

（1）要让酒店的所有管理人员和职工尤其是客房部员工明白防爆的重要性和懂得防爆的知识。酒店内不得存放任何危险品，平时整理客房时要注意观察异常物品，在服务过程中要注意可疑的人。

（2）酒店要制定防爆方案，进行防爆演习，可以同防火工作联系在一起。

（3）对于发生爆炸后的现场，应立即组织人员警戒，除医务人员、消防人员和公安人员，其他人员一律不得进入现场。已死亡者，应等待法医鉴定处理。应向现场目击者问清情况，并详细记下姓名、住址、单位等，以便事后询问。

（4）事故处理完后，撰写详细报告并存档。

9. 预防外来侵入和骚扰事件

客房部安全管理工作还要预防外来侵入和骚扰事件，此类事件既影响酒店的正常营业，也干扰、妨碍客人在酒店中的正常活动与休息。因此，要做好预防工作，防患于未然。

（1）预防外来侵入。为防止住客在客房内遭受外来的侵扰，客房门上的安全装置是十分重要的，包括能双锁的门锁、安全链、无遮挡视角一般不低于160°的门镜，另外，其他能进入客房的入口处的门（阳台门、连通门等）都应能上闩或上锁。

（2）预防骚扰事件。预防外来人员对住客的骚扰，这是客房安全管理中很棘手的一个问题。外来人员骚扰不但影响酒店的声誉和正常营业，而且干扰了客人在酒店中的正常活动和休息，威胁着客人的安全。根据国内外一些酒店的经验，可以采取较为灵活的方法加以控制：

1）客房服务人员应尽量记住住客和访客，特别是一些可疑者的特征，若发现异常情况应及时向管理人员或保安部门报告。

2）可在酒店总机房安装电话来电显示器，如发现有相同号码的电话经常打往酒店的不同客房，可采取预防措施。

3）当客房部员工发现有住客带暗娼进房时，应向酒店保安部门报告。

附：

某酒店安全管理制度

第1章 总则

第1条 为了加强酒店员工的安全意识，深入落实酒店的安全管理工作，特制定本制度。

第2条 完善严格的安全管理是优质服务的重要保障，一定要把安全管理和优质服务有机地结合起来。

第2章 保安员守则

第3条 安保部值班实行轮班制，保安员休息时间由安保主管根据工作需要统筹安排。

第4条 上班前要整理好仪容仪表，提前10分钟到达值班室签到、集队、接受当天的工作任务、领取警械器具和对讲机等工作用具。

第5条 在做好接班准备工作后，保安员应提前5分钟从值班室列队前往工作岗位接班。

第6条 交接班时，交班保安员和接班保安员要认真检查岗位范围内的情况，发现问题及时在登记本和交接班情况登记表上做好记录，交接班双方签名确认，并向主管报告情况，不能因交接班影响保安服务的质量。

第7条 接班20分钟后发现的问题，原则上由当班保安员负责。

第8条 对当班期间发生的问题应立即在当班登记本上做好记录，不能在下班时才补记录，以免遗漏或拖延交接班时间。

第9条 当班期间不准擅自离开工作岗位，如需离开，必须报告主管，在主管安排人员顶岗后方能离开岗位。在返回工作岗位后，需向主管报告。

第10条 部门经理、主管和有关管理人员到岗位巡查时，保安员在登记本上做好记录。

第11条 另外，做好对老、弱、病、残、幼及孕妇等客人的扶助工作。

（1）主动询问这类客人有什么困难需要帮助，如果客人需要轮椅车，可与前厅部联系，尽量满足客人要求。

（2）对没有提出特殊要求的客人，仍要做好跟查，与其他岗位的保安员保持沟通，给予相应的协助。

（3）主动帮助这类客人乘坐电梯和上、下楼梯，如需乘坐出租车离店，可安排其优先乘车，并向其他排队候车的客人做好解释工作。

第12条 熟悉岗位范围内各类设备、物品摆放的位置，发现移动设备、物品的可疑情况，要立即报告主管并迅速查明原因。

第13条 在岗位上要注意观察来往人员的情况及其携带的物品，发现可疑的人和物品要选择适当的位置进行监视，并报告监控中心协助监控但不录像。当可疑人员离开本岗位监控范围时，要及时通知相关岗位的保安员继续跟进。如果发现可疑人员实施犯罪活动时，应立即设法将其擒获。

第14条 对酗酒客人要做好跟控工作，及时通知监控中心进行录像，尽量依靠酗酒客人的亲属或朋友协助处理，防止意外事件的发生。酗酒客人返回房间或离店后，要及时检查客人行走的路线有无呕吐物，如有呕吐物要做好现场控制，并尽快通知客房部员工到场进行清洁处理。

第15条　对在公共场所吵闹、嬉戏和追逐的客人或小孩要及时给予制止，确保酒店的正常经营秩序。

第16条　当值期间如出现突发事件，酒店各门口的保安员必须坚守岗位，控制好各个入口，不能离岗。其他各岗位保安员要服从当班主管的临时调动，及时赶往突发事故现场协助处理。

第17条　接到监控中心发现异常情况的通知时，有关岗位的保安员必须尽快赶到现场处理，并对可疑人员进行跟控或截查。

第18条　在岗位上拾获物品，应及时报告主管到场处理，当面清点后将拾获的物品交客房中心处理，同时将有关情况通知前厅经理。

第19条　礼貌规劝客人不要在公共场所吸烟，并做好解释工作。

第20条　外单位人员来酒店进行拍摄或采访活动，必须事先与酒店公关部或相关负责人员联系获得同意后方能进行。

第21条　如所在岗位有施工项目，要协助做好对施工现场的监护工作。

第22条　自觉遵守酒店各项管理规定，协助做好对各部门员工的纪律稽查工作。

第23条　当班期间要做好与各岗保安人员的情况沟通，认真完成安保部交办的各项工作任务，对岗位中发现的问题要及时向当班主管报告。

第3章　员工安全守则

第24条　注意防火、防盗，如果发现事故苗头或闻到异味，必须立即查找并及时报告有关部门，切实消除隐患。

第25条　下班前要认真检查，消除安全隐患，确保酒店及客人生命财产安全。

第26条　如果发现有形迹可疑或有不法行为的人或事，应及时报告安保部或有关部门。

第27条　发现客人的小孩玩水、玩火、玩电，要加以劝阻，避免意外事故发生。

第28条　不得将亲友或相关人员带到工作场所，不准在值班室或值班宿舍留宿客人。

第29条　拾获客人遗留钱物，一律上交本部门经理、安保部，客人遗留的图书、杂志、报纸一律上交，不得传阅。

第30条　遇到意外应视情况分别通知前厅经理或有关部门酌情处理。通知电话总机转告有关人员，同时加设标志，保护现场，告知其他人员勿靠近危险区。

第31条　在紧急情况下，全体员工必须服从总经理或经理的指挥，全力保护酒店财产及客人生命安全，保证酒店业务正常进行。

第4章　附件

第32条　本制度由安保部制定，上报总经理审批。

第33条　本制度自批准之日起开始执行。

第九章 客房成本控制与管理

一、宾客用品的成本控制

客房部作为酒店的主要经营部门，应紧紧围绕"管理好酒店的客房设施设备，组织好接待服务，加快客房周转"这一工作重点，严格根据酒店工作安排，从源头上规范酒店经营，提高经济效益。客用品成本控制是客房经营管理的重要环节。

（一）客用品配备标准

客用品又称日常客房用品，主要为客人日常生活中所必备的生活资料。酒店客房用品主要有床上用品、卫生间用品、文具宣传用品、装饰用品以及其他用品。根据中华人民共和国旅游行业标准，星级酒店客房客用品质量与配备要求如下：

1. 按消耗分类

（1）一次性消耗品。一次性消耗品是指一次性消耗完毕并且有效完成其价值补偿的物品。

客房配备的一次性用品主要有卫生纸、梳子、浴帽、面巾纸、洗发精、香皂、牙刷、沐浴液、擦鞋布等。

（2）多次性消耗品。多次性消耗用品是指可连续多次供多数客人使用，价值补偿在一定时期内逐渐完成的物品。多次性消耗用品主要有床上用品等。

2. 按用途分类

（1）洗漱用品。

浴巾：每房2条。

面巾：每房2条。

方巾：每房2条。

香皂：每房2块。

浴液、洗发液：每房2套。

牙刷：每房2把。

牙膏：每房 2 支。

漱口杯：每房 2 只。

浴帽：每房 2 个。

梳子：每房 2 把。

拖鞋：每房 2 双。

（2）床上用品。

床罩：每床 1 个。

床单：每床 2 条。

软垫：每床 1 只。

衬垫：每床 1 个。

枕芯：每床 2 个。

枕套：每床 2 只。

毛毯：每床 1 条。

备用毛毯：根据不同地区而定。

（3）卫生间用品。

地巾：每房 1 条。

卫生纸：每房 1 卷。

卫生袋：每房 1 个。

垃圾桶：每房 1 个。

浴帘：每房 1 个。

洗衣袋：每房 2 个。

（4）文具用品。

文具夹：每房 1 个。

信封：每房普通信封、航空信封各 2 只。

信纸、便签：每房各 3 张。

圆珠笔：每房 1 支。

（5）服务提示用品。

服务指南、电话使用说明、住宿须知：每房各 1 份。

电视节目表、价目表、客人意见表、防火指南：每房各 1 份。

提示牌、挂牌：分别有"请勿打扰（DND）"、"请打扫房间"、"请勿在床上抽烟"等标志牌。

洗衣单：每房 2 份。

（6）饮品、饮具。

茶叶：每房袋装茶 4 小袋，或者用容器适量盛装。

热水杯：每房 2 个。

暖水瓶：每房不少于 1 个。

凉水瓶、凉水杯：根据不同地区而定。

（7）其他用品。

衣架：每房至少 2 个。

烟灰缸：每房 2 个。

火柴：每房 2 盒。

擦鞋布：每房 2 块。

纸篓：每房 1 个（放置于卧室内）。

针线包：每房 1 只。

（二）**客用品配备规格**

客用品配备的基本特征是一次性、一客一用、一天一换。

1. 统一标准

（1）毛巾。毛巾基本要求以白色全棉为准，素色则以不褪色为标准。质量上要求符合无色花、色差、污渍，手感柔软，吸水性能好，无明显破损性瑕疵点等规定。

（2）浴衣。浴衣以棉制品为主，要求达到柔软舒适，保暖性好这一标准。

（3）备用棉被。备用棉被要求采用优质被芯，以保证柔软舒适，无污损，有较强的保暖性能。

（4）枕套。枕套以全棉、白色为主，做到布面光洁，无明显瑕疵点及污损，规格则应与枕芯相匹配。

（5）毛毯。毛毯以素色为主，手感柔软，无污渍，具备较强的保暖性能，经过阻燃、防蛀处理。规格尺寸要与床单相匹配。

（6）床罩。床罩应做到外观边缘整洁、线型均匀，无断线、污损，不起毛球、不褪色，经过阻燃处理，夹层可采用定型棉或者中空棉。

（7）衬垫。衬垫要求具备良好的吸水性能，能够有效防止污染物质的渗透，并且能与软垫很好地相固定，可采用定型棉或者中空棉。

（8）香皂、牙膏。香皂要求香味纯正、组织均匀、色泽一致，图案及字迹清晰，无粉末颗粒与软化腐败现象，并在保质期内，符合相关规定。

（9）牙刷。刷毛以尼龙丝为主，要求洁净柔软、齐整，刷头、刷柄光滑舒适，有一定的抗弯性能。标志清晰，密封包装，印有中英文店名及店标。禁止使用聚丙烯等对人体有害的材料，技术指标应符合相关规定。

（10）漱口杯。漱口杯为玻璃或陶瓷制品，要求形态美观端正、杯口圆润、内壁平整。每日清洗消毒并用杯套封好。

2. 依据酒店级别而定的配备标准

（1）浴巾。

一、二星级：规格至少为1200mm×600mm，重量至少为400g。

三星级：规格至少为1300mm×700mm，重量至少为500g。

四、五星级：规格至少为1400mm×800mm，重量至少为600g。

（2）面巾。

一、二星级：规格至少为550mm×300mm，重量至少为110g。

三星级：规格至少为600mm×300mm，重量至少为120g。

四、五星级：规格至少为700mm×350mm，重量至少为140g。

（3）方巾。

一、二星级：规格至少为270mm×270mm，重量至少为35g。

三星级：规格至少为300mm×300mm，重量至少为45g。

四、五星级：规格至少为320mm×320mm，重量至少为55g。

（4）地巾。

一、二星级：规格至少为650mm×350mm，重量至少为280g。

三星级：规格至少为700mm×400mm，重量至少为320g。

四、五星级：规格至少为750mm×450mm，重量至少为350g。

（5）软垫。

一、二星级：规格至少为1900mm×900mm。

三星级：规格至少为2000mm×1000mm。

四、五星级：规格至少为2000mm×1100mm。

（6）床单。

一、二星级：纱支至少为20英支，经纬密度至少为6眼/25.4mm×60根/25.4mm，长度和宽度宜大于软垫600mm。

三星级：纱支20英支以上，经纬密度至少为60根/25.4mm×60根/25.4mm，长度和宽度宜大于软垫700mm。

四、五星级：纱支至少为32英支，经纬密度至少为60根/25.4mm×80根/25.4mm，长度和宽度宜大于软垫700mm。

（7）枕芯。

一、二星级：规格至少为650mm×350mm。

三星级：规格至少为700mm×400mm。

四、五星级：规格至少为750mm×450mm。

（8）洗漱用品的包装。

一、二星级：简易包装，或者以简易容器盛放。

三星级：精制包装，印有中英文店名及店标，或者以精致容器盛放。

四、五星级：豪华包装，印有中英文店名及店标，或者以豪华容器盛放。

（三）客用品日常管理

客房中所配备的日常生活用品与客人的生活、安全密切相关。酒店内客用品的管理是指对酒店客房内各种基础设备、用品进行经营活动所必需的采购、储备、保养以及使用等一系列工作的组织管理。

客用品的日常管理是客房部员工赖以从事客房商品生产的物质基础与技术保证，不仅反映了酒店的等级、规格，而且直接影响着客房部营业费用的多少与经济效益的高低。因此，做好日常用品的管理对酒店声誉的提高、客源量的增加尤为重要。而酒店客房用品种类繁多，必须采取科学的方法做到高效合理管理。

1. 制定预算

客用品预算是指对客用品的采购、控制、使用所作的评估，是客用品管理的重要任务之一。通过制定合理的客用品预算，能够有效控制客用品的成本，从而提高酒店经济效益。

（1）制定预算的原则。

1）区分轻重缓急。在制定预算时，所有预算项目都必须区分轻重缓急。一般遵循来月、来年必需用品优先采购的原则，辅之以客房装饰等其他非生活必需品的采购计划。

2）坚持实事求是。制定预算时必须根据客房的实际状况与经营需要来确定避免虚报预算金额而造成客用品的浪费，保证酒店资金的良好运转。

3）充分沟通协商。一般情况下，客房部负责整个酒店客用品的配备工作，因此，客房管理人员必须与内部员工进行沟通，了解本部门的实际所需，协商确定预算定额。

（2）制定预算的依据。制定客用品预算的主要依据是酒店计划期内的经营预测、酒店历史资料、客用品消耗现状以及计划期内的物价、劳动力成本。

2. 科学采购

（1）确定消耗定额。根据酒店日常所需确定消耗定量，便于科学合理地实施采购。具体方法见下文"合理使用"内容。

（2）确定储备定额。确定储备定额是实施客用品购买、控制的基础之一。将其列成书面表单有助于科学合理地进行日常采购与发放。

1）客房中心库房应储备 1 个月以上的客用品。

2）在楼层布草房内列明供客房 1 周使用的物品，采购回来的客用品需满足这一需求。

3. 合理使用

（1）发放控制。

1）时效性控制。对客用品发放前，相关部门应依据各楼层小仓库的配备量、楼层的消耗量等实际情况确定发放时间。

2）精准性控制。领取客用品前，楼层服务人员应先统计本楼层的消耗量与小仓库现存量，再按照楼层小仓库的配备标准拟订领取计划，按需领取。

（2）消耗控制。

1）一次性客用品消耗控制。对于仅限一次性使用的客用品，其定额确定要根据一张床的配备来确定每天的消耗量，根据客房总数、客房类型以及年均开房率来确定年均消耗定额。

2）清洁用品消耗控制。客房清洁保养所需物品也属于客用品的范畴。清洁用品消耗定额的控制需要根据历史统计资料来确定单项物品所需量，进而控制使用总量。

（3）正确使用。

1）责任到人。无论是客用品的领取与使用，还是其储存和配置，都要由专人负责，经过一系列手续之后方可使用。做到谁用谁管，避免责任不清、互相推诿，进而导致客用品的大量浪费、流失，影响酒店效益。

2）减少流失。在客用品的日常管理中，要严格控制使用中的非正常消耗，减少浪费与流失。

3）合理使用。酒店员工在对客用品的使用过程中，不仅要增强节约意识，减少因使用不当而造成损耗的现象，还要有成本意识，对各种有价值的物品积极进行回收再利用。

4. 分级归口管理

（1）分级归口管理原则。分级归口管理就是将客用品的管理部门与班组岗位职责相结合，在确保服务质量与使用限度合理的情况下，实施一定的奖惩措施，提高客用品的管理和使用效率。

（2）分级归口管理措施。

1）账面落实。各级归口所管理的客用品数量、品种以及价值都要有记录，做到有案可查、账目清晰。

2）完善制度。对客用品的分级归口管理要具体落实到个人，也就是要完善岗位责任制、维修保养制、技术操作制等相关规章制度，使其为酒店的效益服务。

5. 做好统计分析

（1）制订计划。制订计划主要包括制订预算计划、采购计划与消耗计划，并且形成一个书面条例，配合管理控制的奖惩制度，科学有效地控制客用品的消耗。

（2）每日统计。客房服务人员每次做完房之后，需要对主要客用品的消耗加以统计并上交领班，最后由客房中心文员汇总客房部客用品的耗用量。

（3）定期分析。客房部每月需对客用品的消耗量作总体分析，为酒店今后的费用开支控制提供基础信息。

（四）减少客用品流失的措施

客用品是酒店正常运转的物质基础。客用品的流失会严重影响酒店的经营管理，扰乱酒店秩序，不利于酒店声誉及经济效益的提高。

1. 客用品流失的原因

（1）客人在服务人员做房时顺手牵羊从工作车上带走部分客用品。

（2）服务人员利用工作之便，经常将客用品带走以供自用或者提供给他人使用。

（3）一次性购量太大，造成物品过期不能使用。

（4）服务人员清洁房间时为了省事，将一些客人未使用过或用过但可以回收再利用的消耗品与垃圾一同扔掉。

2. 减少客用品流失的措施

（1）严格把关。实行领班责任制。客用品使用大多是在楼层进行的，而客用品的使用、定额标准的掌控，主要责任在领班。因此，客用品的领用、保管、发放、汇总以及分析等工作都要在领班的严格掌控下进行。同时，领班应做好员工的思想工作，提高员工的节约意识，并通过现场指挥来督促减少客用品的浪费。

（2）加强监督。

1）服务人员在做房间卫生时，必须将工作车停放在客房门口，以便于监督管理。

2）服务人员需做好客用品的领取、使用记录，以便于统一地考核、审查。

3）与保安部配合，做好对员工上下班以及员工更衣柜的检查工作，严把监督关。

（3）奖罚分明。年末进行全年工作总结，根据客用品消耗定额、年初预算以及执行情况来落实奖惩政策，对工作积极、客用品使用管理成效突出的员工加以奖励，严厉惩罚浪费、假公济私的员工。通过奖惩来增强员工的职业道德和节约意识。

（4）完善客人使用中的监督与管理。

1）客人入住前、退房时对客房内日常用品做好检查工作，对某些因客人疏忽造成的客用品损坏要求其折价赔偿。

2）对节约意识强的客人从价格上给予优惠奖励，比如未开封的洗漱用品、卫生用品按价格给客人以补贴，不仅能够很大程度上减少客用品的流失，还能提高酒店的声誉，增加客源量，为酒店的长远发展奠定基础。

（五）实现物品循环再利用

物品回收再利用是指将废物直接作为产品或者经过修复、翻新或者再制造后继续作为产品使用。从酒店效益上来看，对可回收再利用的物品进行循环使用，有利于酒店成本的降低，为酒店效益的增加奠定物质基础。酒店客用品的循环再利用，不仅能物尽其用，还能促进社会资源的优化配置，利国利民。

因此，客房部应采取有效措施实现客用品的循环再利用。如对梳子、浴帽、擦鞋布等一次性消耗客用品，客房服务人员在清理房间时，需按是否可回收对"垃圾"分装处理。梳子、浴帽等应收集带回，由酒店统一运回制造商再利用。另外，床上用品等多次消耗品更应该注意回收再利用。

二、客房布草的管理

布草是对酒店经营所需的床单、台布等的总称，其不仅可作为一种日常生活必需品提供给客人使用，还能起到装饰环境、烘托气氛的作用。布草管理主要包括对这类物品的采购、保管和发放工作。布草的采购一般由采购部负责，客房部主要负责布草使用中的管理。

（一）布草收发日常管理

酒店客房储存的布草品种很多，收发频繁，难免在日常收发、计量上出现差错，再加上自然损耗、丢失和毁损，往往会造成盘盈、盘亏等账实不符的现象。这就要求酒店客房必须重视和加强布草收发的日常管理。

客房布草的收发不仅指收发的数量，还有对质量的控制。一般来说，布草收发日常管理主要包括以下几个方面的工作：

1. 布草采购

（1）酒店布草的采购要明确足够的平均用量水平，了解布草在周转过程中会出现的情况，确定采购物品的质量要求，确定客房部和餐饮部等所用布草的平均用量。

（2）布草由采购部统一负责，存货的采购必须依据审核有效的申购单进行。

（3）布草必须按有关部门制定的质量标准采购，且购买量不得超过最高储备量。

（4）各部门需采购布草时，应填写采购申请表，列明其要求和建议，经部门负责人审批后交采购部，采购部根据酒店采购流程实施采购。

2. 布草验收、入库

布草采购后需验收、入库。库房管理人员应根据送货单验收货物，确认货物是否为订单所列货物，实物是否与送货单一致。验收完毕应逐一登记统计，入库保存。

3. 以旧换新，保持布草的整洁

不管是楼层还是餐厅，送洗的脏布草必须填表列明，然后与洗衣房协调，做好布草的送洗和清点验收工作。洗衣房收到脏布草给予复算后签字认可，方可领到相同品种和数量的干净布草。

4. 在收发处设分拣筐或桶

在布草收发处及各个布草储存点应设有布草分拣筐或桶。收点或叠放布草时，应将有破损或污迹的分拣出来以单独处理。这样既可以提高下一道工序的效率，也可以防止出现布草质量下降的情况，这利于布草的保养。

5. 楼层、餐厅布草定期盘点

布草的收发和存放位置要有统一明确的规定，并且定期盘点，来保证布草的数量和供应。

6. 布草的领用、补充与移交

（1）领补：各楼层需领用或补充新的布草时，由楼层主管填写申领单，经审批后按标准发放。

（2）移交：楼面主管、楼面布草管理人员职务变动时，由客房部经理派人监督移交；资产管理人员职务变动时，由财务部派人监督移交。

7. 建立布草专门账户

（1）由财务部资产管理人员建立酒店布草专门账户，详细登记各类布草的库存、使用、洗涤和赔偿、报损、盘点情况。

（2）客房部各楼层指定专人负责建立楼层布草账户，详细登记各类布草的使用、洗涤和赔偿、报损、盘点情况。

（二）布草定额及备用布草管理

1. 布草定额

根据经验，有洗衣房的酒店其客房布草的储备一般为3~4套。其中一套在客房使用，一套在楼层布草房或工作车上，一套在洗衣房或客房中心布草房，其余的一套存在库房。这里所说的"一套"是指酒店规定客房配备标准的总数。

一般来说，库存布草不宜过多，以防止库存时间过长而造成自然质量损耗。且各种布草的损耗情况并不完全一样，根据损耗程度，有的布草还可以改制再利用，因此也无须各种布草都按照3~4套储备。

（1）在用布草定额确定。在用布草即投入日常使用和周转的布草。在确定在用布草的数量时，要综合考虑下列因素：

1）必须能够满足客房出租率达100%以及客房1天24小时运营时的使用和

周转需要，避免在客流达到最大时出现布草供应不足的现象。

2）必须能够适应洗衣房的工作制度对布草周转所造成的影响。

3）必须适应酒店关于客用布草的规定和要求。

4）必须考虑布草调换补充周期及发生周转差额和损耗流失等情况。

5）必须保证刚洗熨过的布草有一段上架保养时间。

（2）备用布草定额确定。备用布草即存放在库房以备更新补充使用的布草。在确定备用布草的数量时，要综合考虑下列因素：

1）布草的损耗率及损耗程度，所使用的布草必须符合要求，以保证服务质量。

2）计划更新补充的周期和数量，避免出现供应不足的现象。

3）预计流失布草的补充。

4）关注是否有更新布草品种及规格等计划，以便及时更新。

5）预计定制和购买新布草所需的时间。

6）库存条件。

7）资金占用的损益分析。

2. 备用布草管理

（1）布草应放在专用的布草库房里，有专用货架分类存放保管，整齐合理，存取方便。

（2）建立清查盘点制度，严格落实责任制。

（3）建立备用布草储量卡，供客房部随时了解现存布草的品种与数量，并可根据布草库存情况及时提出采购申请或计划。

（4）库管人员应该注意保持库房清洁、卫生、整齐和通风，以及注意库房的门窗是否完好，做好库房防火、防盗工作。同时，建立健全防火、防潮、防霉变措施。

（三）防止布草丢失的管理

1. 定期点数

如工作间固定有 50 条浴巾，当天送洗 30 条，工作间必须有 20 条是干净的以备使用。如果多出布草就是房间少配，要尽快复查避免误报。如果不够，则要清点脏布草或查找其他原因，如是否多借房间、错扔垃圾袋中、客人带走等。

2. 对点

相关工作人员到楼层收脏布草时，要双方对点清楚。干净数量的布草送回以及洗涤厂送回时也要对点，欠数要记录。同样，布草送回楼层也要对点，干净布草必须与脏布草送洗的数量一致，欠数要记录。

3. 盘点

每月月底对楼层布草进行盘点。由楼房布草管理人员负责对本楼层布草的清点，分类统计，交楼层主管签字后报送客房部经理。财务部定期与不定期地对酒店布草进行抽查或盘点。

4. 明确责任

指定当班一人负责，另一人可以是协助，但必须要有总负责人。

5. 加强对客人的管理

制定科学、具体的客人须知，明确告诉客人应尽的义务和注意事项，在客房、库房等适当地方作温馨提示，提示入住客人不可带走酒店布草；在酒店的客房介绍中明确客房内布草的种类和数量，并切实做好验证工作。

6. 加强对客房部员工的管理

提高客房服务人员业务能力，在客人退房时能够在最短的时间内核对清查，尽量减少损失；客房部员工出入酒店大门及携带物品应接受保安部检查；员工进入客房及在房内服务应遵守相关的工作程序及工作规定，对于酒店内部人员的偷盗行为应给予严惩。

（四）布草报废管理

对于布草报废，不同的酒店有不同的管理模式，大多数归属客房部管理。在布草的使用过程中，难免会出现布草因为使用时间过久或其他原因而出现需要报废的情况，因此需要有一定的管理程序。

1. 布草报废依据

（1）自然报损：使用6个月以上的正常磨损、变色。

（2）人为损坏、缺失：凭"酒店赔偿单"申请报损。

（3）外部原因：由洗涤公司原因造成的损坏、缺失，凭"酒店赔偿单"申请报损。

2. 报废布草的处理

（1）本着节约资源的原则，对于能够修补的布草先修补，再由相关部门工作人员进行鉴定，并确认处理方法。

（2）登记报废布草。准确登记统计报废布草的种类和数量，区分自然损耗和非自然损耗，定期汇总并送交相关部门。

（3）鉴定报废布草时应明确责任归属，如属人为原因造成物品破损，按酒店有关规定处理。

（4）对于因进行大规模统一调整而作更换的报废布草，应很好地给予利用。

（5）报废布草要洗净、捆扎好之后再集中存放。

3. 报废布草的赔偿

（1）凡人为损坏、丢失的布草，由责任人按"酒店物品赔偿价目表"赔偿。

（2）所有布草赔偿应填写"酒店赔偿单"，并签字确认。

4. 布草报废的防范

（1）酒店所用的布草都有一定的使用寿命，所以除了洗衣房对布草的正常洗涤外，使用部门也要做好布草的维护和保养，尽量延长使用寿命，减小其报废率。

（2）加强库存布草的管理，对在用布草的使用进行监控。

（3）增强对楼层的控制。比如，有地毯的客房可以在附近安排值班人员，在客人进入房间之前提醒其换酒店准备的拖鞋。在雨雪天气，用已报废的布草保护完好的布草设施等。

三、设施设备的管理与保养

客房部的设施设备不但种类多、数量大、使用频率高，而且设备的资金占用量也位居酒店前列。因此，做好客房设施设备管理与保养，能够有效地保证客房设施设备处于正常完好的状态，延长设施设备的使用寿命，提升酒店服务质量，降低酒店设施设备的成本消耗，提高收益。

（一）客房设备用品的管理方法

1. 核定需要量

酒店设备用品的需要量是由业务部门根据经营状况和自身的特点提出计划，由酒店设备用品主管部门进行综合平衡后确定的。客房设备用品管理首先必须科学合理地核定其需要量。

2. 严格把握采购

现代酒店的设备用品品种多、投资大，在确定了客房设备用品的种类、数量、规格等要求后，客房部应形成具体的采购计划并交与相关部门进行采购。采购过程中，一要注意选择供货商，要充分了解供货商的声誉、售后培训维修保养能力、零配件的供货情况、产品尺寸的标准性等；二要注意设备的使用寿命、价格等，不能盲目地追求低价，应综合考虑其性价比；三要注意所有设备采购进店必须由客房部相关人员检查验收，客房部管理者必须严格把关验收。

3. 设备的分类、编号及登记

为了避免各类设备之间互相混淆，便于统一管理，客房部要对每一件设备进行分类、编号和登记。经过分类、编号后，需要建立设备台账和卡片，记下品种、规格、型号、数量、价值、位置，由哪个部门、班组负责等。

4. 分级归口管理

分级就是根据酒店内部管理体制，实行设备主管部门、使用部门、班组三级管理，每一级都有专人负责设备管理，都要建立设备账卡。归口是将某类设备归其使用部门管理，如客房的电器设备归楼层班组管理。几个部门、多个班组共同使用的某类设备，归到一个部门或班组，以它为主负责面上的管理，而由使用的各个部门、各个班组负责点上的使用保管、维护保养。

分级归口管理，有利于调动员工管理设备的积极性，有利于建立和完善责任制，切实把各类设备管理好。

5. 建立和完善岗位责任制

设备用品的分级管理，必须有严格明确的岗位责任作保证。岗位责任制的核心是责、权、利三者的结合。既要明确各部门、班组、个人使用设备用品的权利，更要明确他们用好、管理好各种设备用品的责任。责任订得越明确，对设备用品的使用和管理越有利，也就越能更好地发挥设备用品的作用。

6. 建立客房设备档案

除了为每一套设备进行分类编号、建立档案外，还应该为每套客房设立一张客房设备档案，而房间号码就可作为它的编号，这有利于掌握客房设备和其他设备的完好程度及返修情况。客房设备档案包括客房设备资料、客房装修资料、客房部工作计划表等。

（二）客房设施设备的更新改造与报废

客房设施设备磨损或配置不合理，无法满足客人的需求会影响酒店整体形象，所以必须及时对设备进行更新、技术改造或报废处理。

1. 设备的更新改造

酒店不仅要对客房设备进行计划中的更新，还要对一些设备用品进行强制性淘汰并需要尽快熟悉新设备的性能和保养使用方法。更新计划主要包括：

（1）常规修整。通常每年至少进行一次，其中包括地毯、饰物的清洗，墙面的清洗和粉饰，常规检查和保养，家具的修饰，窗帘、床罩的洗涤等。

（2）部分更新。客房使用达 3~5 年时，应实行更新，包括更换地毯、墙纸、沙发布、靠垫、窗帘、床罩及清洁设备的某些部件等。

（3）全免更新。这种更新往往 10 年进行一次，对客房陈设、布置和格调等进行彻底改变，如家具、电器、墙纸、卫浴等的更新。

2. 设备的报废处理

客房设备的报废，需由客房部提出申请，工程部等相关技术部门进行技术鉴定，确认符合设备报废条件后，填写设备报废鉴定书。价值较大的设备应经总经理批准，由设备管理部门组织对报废设备进行利用和处理，报废设备残值回收凭证应随酒店领导批准的报废意见同时送交财务部门，注销设备资产，同时注销台账卡片，设备报废的各项手续、凭证须存入设备档案。

（三）客房用品的日常管理与控制

客房一次性客用品是指客房被配备的供客人住店期间使用消耗的如茶叶、卫生纸、沐浴液、香皂等物品。它们价值虽然较低，但品种多、用量大、不易控制，容易造成浪费，影响客房的经济效益，所以客房用品的日常管理是客房用品控制工作中最容易发生问题的一环，也是最重要的一环。采购时应遵循实用、经济、美观、适度的原则。

1. 控制流失

（1）建立客用品领班责任制。各种物资用品的使用主要是在楼层进行的，因此，对客用品使用的好坏及定额标准的掌握，关键在领班。各楼层应配备专人负责楼层物资用品的领用、保管、发放、汇总以及分析的工作。

（2）控制日常客用品消耗量。客房用品的流失主要是员工造成的。比如有些员工在清洁整理房间时图省事，将一些客人未使用过的消耗品当垃圾扔掉，因此领班做好员工的思想工作，通过现场指挥和督导，是减少客用品浪费和损坏的重要环节。同时，还要为员工创造不需要使用客房用品的必要条件。

（3）客房日用品的发放和使用控制。客房用品的发放应根据楼层小库房的配备定额明确一个周期和时间。这不仅方便中心库房的工作，也是促使楼层日常工作有条理以及减少漏洞的一项有效措施。在发放日期之前，楼层领班应将其所管辖楼段的库存情况了解清楚并填明领料单，凭领料单领取货物之后，即将此单留在中心库房以便作统计用。

2. 每日统计

服务员按规定数量和品种为客房配备和添补用品，并在服务员做房报告上做好登记。楼层领班通过服务员做房报告汇总服务员在每房、每客的客用品的耗用量。

3. 定期分析

一般情况下，这种分析应每月做一次。其内容有：

（1）根据每日耗量汇总表制定出月度各楼层耗量汇总表。

（2）结合住客率及上月情况，制作每月客用品消耗分析对照表。

（3）结合年初预算情况，制作月度预算对照表。

（4）根据控制前后对照，确定间天平均消耗额。

（四）客房家具的清洁保养

客房家具的清洁保养应该坚持以预防为主，加强日常的保养与定期检修，做到小坏小修、随坏随修，减缓设备的损坏速度，延长家具的使用周期，减少更换频率。

1. 床的保养与清洁

（1）木质床忌潮湿、阳光照射，切勿将木质床摆放于空调出口或除湿机旁以及窗边，避免水汽、阳光影响木质床的使用寿命。

（2）床架各部分的活动走轮、定向轮使用较为频繁，一旦出现脱落和破损情况，应及时报修或更换。

（3）木质床的擦拭应使用拧干的湿毛巾。

2. 床垫的保养与清洁

（1）床垫在使用时可加铺一个保护垫，并且用松紧带固定在床垫上。

（2）根据床垫使用状况和年限定期翻转，使床垫各处受力均等，避免出现凹凸或者倾斜。

（3）床垫弹簧的固定钮要定期查看与保修，避免出现床垫损坏影响使用。

（4）床垫四周的积尘应及时用小扫帚清除，使用率低的客房可用吸尘器清洁床垫。

3. 沙发的保养与清洁

（1）及时用清洁剂去除沙发表面的污迹。

（2）定期翻转沙发坐垫，保证坐垫受力均匀。

（3）定期对沙发进行清尘，保持其清洁。

（4）提醒客人勿在沙发坐垫上踩跳，避免损坏坐垫内的弹簧。

4. 木质家具的保养与清洁

客房中使用的写字台、书桌等多是木质家具，而木质家具强度高，构件之间的连接相对简单，容易出现变形、各部位强度不一致等情况，所以使用时应根据木质材料本身的特性加以保养、清洁。

（1）防潮。由于木质家具受潮后容易变形、开胶和掉漆，所以应放置在距墙5～10厘米处，并注意通风，避免木质家具受潮。

（2）防水。在清洁房间时，要及时擦干木质家具上的水渍，避免木质家具受到污损。

（3）防热。木制家具受到阳光暴晒极易收缩，因此应避免安置在阳光强烈照射的地方，放在窗台边时应用窗帘遮挡阳光。

（4）防虫蛀。壁柜、抽屉底层内应放适量防虫香或直接喷洒防虫剂，以防止木质家具受到蛀虫的侵害，缩短使用寿命。

5. 吸尘器的保养与清洁

（1）使用前，应仔细阅读说明书，掌握吸尘器的使用方法，并按照说明安装好吸尘器。

（2）使用前查看集尘箱里是否清理干净，电源和电线是否破损。

（3）经常擦拭吸尘器的附件，并让其在空气中自然干燥，不要用含有苯或汽油的溶液擦拭。

（4）若吸尘器上有集尘显示，就不能在满点上工作。如果发现显示器指示游标接近满点，就应立即停止工作。

（5）若吸尘器不能干湿两用，则不应用来吸黏性物、液体、较大体积的物件及金属粉末。

（6）在使用过程中，若发现有漏电、电机温度过高或异常响声等现象，必须立即停止工作。

（7）吸尘器集尘没有达到饱和状态，但集尘指示灯亮了，说明纸屑或碎布堵塞了管道，应停止清理。

（8）使用结束后，切断电源，清理干净集尘箱里的灰尘。

（9）集尘箱要定期用温水清洗，在空气中晾干。

（10）查看机体和附件上的螺丝是否松动，若出现松动现象，应及时紧固。

（11）检查刷头是否有磨损，若有磨损，及时更换；若没有，及时将吸尘器刷子上的头发和毛线清理干净，保证良好的吸尘效果。

（12）根据吸尘器的使用次数，及时更换轴承润滑油。润滑油选择高速复合钙基脂或者复合钠基脂。

（13）吸尘器不用时，放置在干燥的地方。

（五）电冰箱的清洁保养

（1）电冰箱应放在通风干燥、温度适中的地方，背面和侧面与墙壁的距离不得低于10厘米，以保证电冰箱能够更好地散热。切忌将电冰箱放在靠近暖气管、热源或者潮湿以及阳光直射的地方。

（2）电冰箱的门封胶边是容易弄脏的部位，要注意保持清洁。另外，电冰箱在使用一段时间后，要用清水或食具洗洁精清理内部，避免积存污物、滋生细菌。

（3）电冰箱内的附件积垢时，应及时拆下用清水或者加入适量洗洁精清洗，零件表面则应用干布擦拭。

（4）电冰箱清洁完毕后，应将电源插头牢牢插好，并且检查温度控制器是否处于正确位置。

（5）电冰箱长时间不使用时，应拔下电源插头，将电冰箱内部擦拭干净，待箱内充分干燥后，将箱门关好存放。

（六）电视机的清洁保养

（1）电视机要避免安置在光线直射或者潮湿的位置，以免出现显像管老化、金属件生锈、机壳开裂等现象。

（2）雨季时最好每天打开电视机一段时间，以散热驱潮。

（3）注意保护好电源线，保证电视机的使用效果。

（4）长时间无人居住的客房，应将电视机用布罩套好，避免灰尘覆盖于机器内外，缩短使用寿命。

（5）电视机外壳表面的灰尘应用软干布擦拭。另外，操作时应先将电源切断，以免漏电伤人。

（6）隐藏在电视机后盖散热孔和缝隙中的灰尘，应用棉签蘸水挤干后擦拭。同时，应注意水的使用量，切忌过多，以免弄湿电视机内部的金属板。

（7）对较难清除的机壳污渍，可用软干布蘸适量多功能清洁剂擦拭，然后用清水擦净即可。

（8）有液体或异物落入机箱内时，应立即拔掉电源线，请专业人员检查、维修。

（七）电话机的清洁保养

（1）每天用干布擦净电话机表面的灰尘，每周用酒精对话筒进行消毒处理，保证电话使用的干净卫生。

（2）随时检查线路是否通畅，对电话线的破损、线路运行不畅及时进行修理、更换。

（八）空调机的清洁保养

1. 中央空调的保养

对中央空调进行正确的清洁与保养有利于保证机组时刻处于最佳状态，保持中央空调使用的最高效率。

（1）日常维护。

1）每天按规定程序对空调执行开关机操作，并检查电源接线的紧固螺栓处是否出现松动。

2）按一定的时间间隔记录机组运行参数。

3）待机组开始运行24小时后，清洗冷冻、冷却水过滤器。

4）随时观察蒸发器和冷凝器压力读数，注意变化误差。

5）检查制冷剂过滤干燥器，防止出现堵塞现象，并注意对其及时更换。

6）检查油箱中的油位，及时添加冷冻油。

（2）系统的清洗。为了提高中央空调的换热效率，减少机身的腐蚀，要定期清洗中央空调的冷却水系统和冷冻水系统，以除去金属表面的沉积物，有效杀灭微生物，保证客房空气洁净。

冷却水系统的清洗主要包括对冷却塔、冷却水管道内壁及冷凝器换热表面的水垢、腐蚀产物等沉积物的清洗。

冷冻水系统的清洗主要包括对蒸发器换热表面、冷冻水管道内壁、风机盘管内壁以及空气调节系统设备内部的生物黏泥、腐蚀产物等沉积物的清洗。

清洗方法：

1）杀菌灭藻清洗。杀菌灭藻清洗的时间一般为 4 ~ 8 小时。在清洗过程中应选择杀菌效果好、有较好生物黏泥剥离能力的杀菌剂，并且每隔 1 小时对冷却水的浊度测定一次，待浊度曲线趋于平缓时便可结束清洗。

2）系统清洗。在杀菌灭藻之后，选择合适的缓蚀剂和酸洗剂对空调进行系统清洗。不停机时，一般在低 pH 值下进行系统清洗。系统清洗的时间为 24 小时，以总曲线和 pH 值曲线趋于平缓为清洗完成的标志。

3）预膜。系统清洗结束后，向系统中投入适量的预膜药剂进行预膜，也可以适当添加些硫酸锌以缩短预膜时间，增加预膜效果。预膜的时间为 24 ~ 48 小时。预膜完成后可将高浓度的预膜水用补加水的方式进行稀释，总磷值控制在 10mg/l 左右为宜，最后转入正常水处理。

4）缓蚀阻垢。预膜结束后，需向系统内投加适量缓蚀阻垢剂，运行时间为 24 ~ 48 小时。缓蚀阻垢主要是为了防止新鲜的循环水腐蚀水管壁以及结垢。

2. 分体式空调的保养

分体式空调在运行过程中，由于内部静电的吸附作用与气流在室内的循环流动，会使得空气中的浮尘、烟气、体味以及碱、胺、病毒、细菌等杂质吸附在蒸发器及热交换系统的表面，从而滋生藻类，堆积污垢，堵塞排水管及蒸发器翅片，导致房间空气质量差、空调耗电量与故障率增高。对分体式空调进行定期清洁、保养，能够提高客房空气质量，保证客人的身体健康；防止空调腐蚀、生锈，延长使用寿命，降低酒店消耗成本；稳定工作电流，减小机器负载，更有效地节能省电。

清洁步骤：

（1）对空调进行清洁前应先测一次出风口的风速以及出风温度，并做好相关记录。

（2）断开空调电源，打开盖板，卸下过滤网清除灰尘。

（3）开启制冷程序，产生冷凝水后关机。将专用空调清洗剂均匀地喷洒于蒸发器的翅片上，等待 10 ~ 20 分钟。

（4）开启空调制冷 5 ~ 10 分钟，灰尘和污垢便会随着冷凝水一道排出。

（5）等到排水口流出黑色污水后关机，用少量清水冲洗之后装上过滤网，合上面板静置 10 分钟后，开启空调，把风量调至最大，保持 20 分钟即可。

（6）定期清洁鼓风机和导管，电动轴承转动部分定期加注润滑油，每隔 2 ~ 3 个月清洗一次进风过滤网，以保证通风流畅。

（九）客房织物的保养

1. 真丝织物

洗涤：如用水洗，应在温水内加入适量中性皂或者"丝毛净"，洗净后将其卷在毛巾内挤出多余水分，沿织物缝合处抹平面料，在空气流通并且避免日光直射的地方晾晒。这样有助于保持真丝面料色泽的鲜艳度，延长使用寿命。

保管：真丝织物在保管时首先要做到干净、干燥。属于动物蛋白纤维的蚕丝如果洗涤不干净或者干燥得不够充分，很容易引起虫蛀、泛黄等。真丝织物宜用色牢度较好的深蓝色布包裹存放，以减少泛黄现象的发生。

2. 棉织物

洗涤：棉织物的耐碱性、抗高温性极好，可用肥皂或其他弱碱性洗涤剂洗涤。洗涤前应放在温水中浸泡几分钟，然后反面洗涤。如有装饰物应先将装饰物取下后再洗涤。有汗渍的棉织物忌用热水浸泡，否则容易出现黄色汗斑。每次冲洗完应拧干再冲洗，以提高洗涤效率。洗涤完成后置于通风阴凉处晾晒反面。

保管：浅色和深色织物要分开存放，防止影色、泛黄现象发生。

3. 棉麻织物

洗涤：棉麻织物中的麻纤维刚硬，抱合力差，洗涤时要注意力度应比洗涤棉织物更加轻柔。

保管：棉麻织物长期存放前需先晾晒 2～3 小时，并且在收回后上下抖动、拍打以除去表面尘埃，待被子凉后再将其折叠存放于干燥的环境。

4. 莱赛尔织物

对莱赛尔织物可用常规洗涤剂置于不超过30℃的水温下进行洗涤。在洗涤时注意与其他织物分开进行洗涤，随洗随清。还要注意不要用力搓洗，忌以硬刷刷洗。清洗后应折叠挤净其水分并置于通风阴凉处晾晒反面，保证其色泽度。

5. 全涤、涤棉织物

宜用低于40℃的冷水浸泡15分钟后再洗涤。洗涤时多使用常规洗涤剂，待洗净后拧干或作脱水处理，并置阴凉通风处晾干。切忌暴晒、烘干，以免其因受热而生皱。通常可以采用低温熨烫。

6. 带蕾丝织物

小方枕、枕套、靠垫套等小面积的蕾丝产品最好放置于洗衣袋中，以中性洗涤剂洗涤、漂清，切忌使用浓缩洗衣精、漂白剂等对布料伤害极大的洗涤剂。对于被罩上带有蕾丝花边的产品，最好将被罩翻至反面洗涤。洗完后可对花边部位低温熨烫，以保持蕾丝的花样不至于扭曲变形。

7. 粘胶纤维织物

粘胶纤维织物宜用中性洗涤剂在低于40℃的水温下洗涤。洗后将面料叠起来以按压的方式挤掉水分，切忌拧绞。最后将其置于阴凉或通风处晾晒，忌暴晒。一般可以用低温烫熨。

8. 羊毛被

使用：初次使用时应置于通风处晾晒 2 ~ 3 小时，同时注意避免阳光暴晒。置于客房使用时，套上大小合适的被套使用，并间隔 1 ~ 2 周的时间取出来晾晒一次。

洗涤：不同品质的羊毛洗涤方式不同，主要有水洗和干洗两种。具体洗涤依据产品上的洗涤标志进行。

保管：羊毛被长期存放前，应先将其置于通风干燥处晾晒 4 ~ 5 小时，待被子放凉后折叠保存于阴凉干燥处。注意上面不要挤压重物，以免影响其蓬松度。

9. 蚕丝被

使用：使用蚕丝被时要选用规格合适的被套。蚕丝被应经常在通风良好处晒干以保持其干爽，但切勿暴晒，以免蚕丝被变质，纤维脆化而缩短使用寿命。

洗涤：蚕丝被不能水洗，也不能干洗。粘上污渍后需要使用专业的真丝洗涤剂进行局部清洗，并放置于通风阴凉处自然风干。

保管：蚕丝被保存时不得使用樟脑丸，可使用色牢度较好的深蓝色布包裹保管，避免出现泛黄现象。并且不可重压，以免影响被胎的蓬松度，缩短使用寿命。

10. 羽绒被

使用：使用时需加被套以保护好被芯，并每隔 1 ~ 2 周取出晾晒一次。避免羽绒被与坚硬物摩擦，以免磨破、钩破面料造成羽绒外溢，影响羽绒被的使用效果。

洗涤：羽绒被一般不用清洗，以免降低羽绒的蓬松度，影响羽绒被的防绒性能以及引起轻微的钻绒。

11. 涤纶纤维被

使用：应注意定期拿到阳光下晾晒。

洗涤：涤纶纤维被可采用中性洗涤剂或者肥皂水洗涤，用洗衣机的弱转清洗并悬挂晾干。

12. 涤纶纤维枕

将涤纶纤维枕放入中性洗涤剂溶液中轻轻搓揉至洗净为止，漂洗干净后把多余的水分挤干。

13. 带有插袋的涤纶纤维枕

带有决明子、荞麦、菊花等特殊填充物的涤纶纤维枕应将其插袋取出晾晒，插袋切忌清洗。枕芯其余部分可按照涤纶纤维枕的洗涤方式清洗，待枕芯充分晾晒后放入干爽的香袋继续使用。建议香袋定期在通风处晾晒，以防止填充物发生霉变，影响其功能。

14. 蚕丝枕

蚕丝枕切忌水洗和干洗，如有脏污可用真丝洗涤剂进行局部清洗，洗涤后将其置于通风阴凉处自然风干。还要注意定期晾晒防止霉变。

15. 乳胶枕

洗涤：注明可水洗的乳胶枕清洗时，必须手工以轻柔挤压的方式进行水洗，水洗之前须先与中性洗涤剂一同放入凉水中浸泡。洗涤完毕取出水面时，要捧住重心和大部分的体积并小心取出水面。切忌抓取一小角部位拉起，以免枕头吸水重量增加后导致断裂。枕芯洗干净后，宜用干毛巾等吸水性强的物品包裹住，用双手轻柔按压以吸出枕芯内部的水分，置于通风阴凉处自然晾干。

保管：不能压重物，不要置于潮湿空间。更要切忌暴晒、烘干，以免乳胶产品受热后发生老化变质。

16. 羽绒枕

洗涤：羽绒枕一般不用清洗。

保管：用手轻拍枕头使其保持蓬松，放于通风阴凉处晾晒以去除汗味、水汽。切忌用力揉搓、拧绞、暴晒，以免枕头出现布面起毛、变形、缩水、褪色等状况，缩短使用寿命。

17. 蚕丝盖毯

清洗：可用吸力强的白毛巾蘸40℃温水或者加入适量真丝洗涤剂局部擦拭。

保管：日常维护中可通过抖动、拍打的方式除去灰尘。切忌在阳光下暴晒，以免毯子失去光泽和弹性。

18. 棉毯

清洗：水洗时宜用手工洗涤。使用机洗时应加入弱碱性温和的洗涤剂搅匀，并将洗衣机调至"轻柔"挡后缓和水洗，然后用甩干机甩干水分，平摊晾晒至完全干燥，再用小细棍均匀地轻轻敲打至绒毛松散。切忌拧干，否则棉毯很容易出现变形、变质。

保管：棉毯晒干后，可用吹风机将板结在一起的棉毛吹松散以恢复毛毯的蓬松度。另外，经常将毛毯取出在阳光下抖动能够很好地除尘。

19. 竹席

（1）竹席不宜在特别软的床上使用。

（2）提醒客人勿在竹席上弹跳、戏打，并且要避免用肘关节压凉席面。

（3）整理床铺时要保持席边的包边布不至于全部露出床的边缘，避免竹席受压折断。

（4）避免竹席暴晒变脆，每天要用湿毛巾擦拭竹席，以保证其使用效果。

20. 藤席

（1）首次放置客房使用前，要先用湿毛巾将席子正反面擦拭干净，待晾干后再铺上。

（2）每天擦拭席面，以保持其清洁光滑。

（3）空气湿度较高季节注意保持房间通风透气，防止藤席发生霉变。

21. 睡帐

清洗：清洗前先用清水将睡帐浸泡 2~3 分钟除去其表面灰尘，然后加入少许洗衣粉在冷水中浸泡 15~20 分钟，用手轻柔洗净后挂在通风处晾干。清洗时切忌用热水，以免导致睡帐变形。

保管：将睡帐叠整齐后用布包好单独存放。

四、客房成本管理制度

（一）客房部节能降耗管理规定

客房部在保证对客服务正常运行的情况下，为了减少物耗，更加有效、合理地降低成本，加大酒店纯利润，特制定本规定。

（1）清洁住客房时，客人用过的拖鞋不予更换，把用过的拖鞋整齐摆放于床边，方便并促使客人再次使用。客人退房后，将拖鞋回收清洗后再利用。

（2）清洁住客房时，客人打开的半瓶矿泉水不予撤出，直到客人退房。

（3）清洁住客房时，客人使用过的香皂、牙具、梳子不撤换，只把新的摆放在一边，如客人仍然使用用过的一次性用品，就可以做到减少物耗。

（4）清洁退客房时，关闭房间内所有灯具、电器设备，清理卫生间和夜晚清理房间时除外。

（5）清理退客房时，如发现有回收价值的一次性用品（洗发水、沐浴液、润肤露、纸张等）要进行回收。

（6）对于住客房的床上布草，可视清洁情况稍作整理，不脏的不予更换，对长住客人的床上布草，可视情况 3 天更换一次。

（7）清理卫生间时要注意节约用水，除冬天外不得使用热水清洁，水源要做到随用随开。

（8）加大对客房纸、笔等客用品的管理，绝不允许员工以任何形式用客用便笺纸写字，并杜绝浪费。

（9）清洁剂严格按比例勾兑，使用时另用小瓶装，避免超量使用带来的用水量增加和清洁剂副作用，从而减少浪费。

（10）做好客房内家具、不锈钢制品的维护与保养，延长更新周期，从而做到节约资源。

（11）清洁工具在使用过程中要加以爱护清洁，清洁工具的更换采用以旧换新的形式，坚持谁使用谁保管、谁丢失谁负责的原则来加强清洁工具的控制与管理。

（12）严格控制一次性客用品的发放，根据住客量来发放低值易耗品。

（13）客房物品配备严格按规定的数量执行，如需另外增加应及时上报。

（14）客房员工上下班严禁带包上楼，一经发现严肃处理。

（15）对于节能降耗管理中表现突出的班组和个人，每季度给予奖励。另外，也要给提出节能降耗合理化建议的员工给予奖励。

（16）客房部成立节能降耗小组，安排如下：

成员：组长×××，副组长×××，组员为各班组领班。

职责：

1）寻求节能降耗的新方法。

2）制定节能降耗措施。

3）对节能降耗措施的执行情况进行检查。节能降耗小组要对整个客房部的节能降耗措施执行情况进行例行检查和突击检查。同时，对于未能按规定执行、浪费能源的现象及时指出，并采取措施要求其改正。

（二）客房部仓库管理制度

（1）以酒店仓库保管条例为准则，加强对仓库管理人员的培训。

（2）对贵重物品集中管理。

1）封箱专人管理，做到账物符合，随取随封箱。

2）除房间正常补充外，客人特殊需要使用的贵重物品，由主管级以上人员书面申请领取。

3）供客人借用的贵重物品，由专人负责，每月清点，需增加时由部门经理签字。

（3）一般物品要有登记、核对制度，外部门借用任何物品，仓库管理人员及其他人无权处理，需经部门经理同意方可发出。

（4）固定资产流出部门，须经部门经理批准。仓库管理人员要做好登记，上报财务部备案。

（5）仓库钥匙下班后封存在办公室。各班次应提前定好自己所需物品，白天做好准备工作，没有客人特殊要求，不得随意进入仓库。如遇特殊情况，由当班主管领取、登记。

（三）客房部物资申领制度

（1）客房部物资领用应根据营业情况而定，并以标准储存量为依据。

（2）申领物品必须填写领货单，领货单必须有领货人及部门经理签字才能生效，发货时由发货人签字，三者缺一不可。

（3）申领物品领入岗位后须由主管清点记账。

（4）贵重物资领用后要由专人负责保管，严格控制用途，做好登记。

（5）对物资使用量要有科学的预测，保证在规定的时间内使用，增强工作的计划性。

（6）使用物资要规范，杜绝浪费，以节约成本及费用。

（四）客房部低值易耗客用品发放管理规定

（1）仓库按住房率补充物品数量。

（2）每星期发放一次客用物品，当客用物品到各楼层后，均由领班负责每两星期按收货单认真做一次盘点。

（3）各楼层物品急需时，由主管负责调整，再列出所需物品的数量，派人到仓库统一领取，否则仓库不予发放。

（4）客房正常补充的物品如有丢失或损坏，由领班书面申领，否则一概不发。

（5）VIP房用品由主管负责，写出区域用量，专人凭单领取和退还，个人不能随意到仓库领取。

（6）严格执行以旧换新，如无旧物，请主管签字重新配给。

（7）公共卫生间所需清洁剂和其他物品，每月由领班级以上人员开单统一领取。

（8）主管人员每月写出书面成本分析报告交给部门经理，作为部门成本分析的参考资料。

（五）客房部物品报损及赔偿制度

1. 报损程序

（1）各区域物品必须持损坏物品实物，经领班级以上人员确认后，再开物品杂项收费单，并说明报损原因，经部门经理或助理签字同意后方可生效。报损数量由文员统一统计备案。

（2）当班领班每天需仔细查看"物品赔偿报损表"上是否有自己所管区域的物品。如有，则持该物品杂项收费单到库房或布草房领取该物品，由该处写领料单（但领料单上必须注明是报损还是赔偿），然后把领料单和杂项收费单粘在一起交客房中心备查。

2. 客人赔偿

（1）文员接到物品赔偿单收费后，应立即通知前台收银员，并填写"物品赔偿报损表"做好赔偿记录。

（2）当班文员应及时到收银处领取杂项收费单。取回后，在表上做好记录。每班文员都要注意查看有无未收回的杂项收费单。若有，要催收银员返回白联。

（3）所管区域领班凭杂项收费单到相应岗位领补物品，其程序与报损程序相同。

3. 员工赔偿

（1）员工损坏或丢失物品，应按成本价赔偿。由文员开出员工赔偿收据，员工签字后，文员及时在"物品赔偿报损表"上做好记录。

（2）物品领取程序同上。

（3）文员将赔偿收据蓝色联与赔偿金额放在一起，月底将蓝色联与赔偿金额交财务部。

备注：以上三种情况的杂项收费单白色联、员工赔偿收据均由文员保管，月底连同"物品赔偿报损表"交库管员附在盘点表后。

（六）客房部设备维修检查细则

（1）房门：是否需补漆，门牌铆钉是否松动或胶是否有脱落现象，门窥镜是否松动，门把手是否松动，用门禁卡开门是否反应灵敏，"请勿打扰"灯是否正常，门铃是否正常工作。

（2）房门后：紧急疏散图是否有破损，门窥镜是否能看清，安全链是否松动，门吸碰是否松动、有效，闭门器是否工作正常、有无异响。

（3）行李架：有无破裂、翘起。

（4）写字台：是否破裂、翘起，抽屉活动是否自如、有无破损，梳妆镜是否松动、需补漆，插座是否缺螺丝、松动、破裂。

（5）镜前灯、床头灯、顶灯：灯架是否松动、脱落，灯罩是否发黄、内外面是否有破损，灯泡瓦数是否正确，开关是否正常。

（6）椅子：椅子腿、坐垫、靠背、扶手等是否松动，面料有无破损，是否需要补漆。

（7）电视柜：是否有破裂、翘起，转座是否好用。

（8）衣橱：衣橱门是否好用、无异响，是否需补漆。

（9）酒吧柜：吧灯是否正常，是否需补漆，镜面是否有破损、松动。

（10）窗户：玻璃有无破裂，窗台及窗框四边是否有损坏，窗把手是否松动，窗户关闭是否正常。

（11）窗帘：轨道是否好用，窗帘挂钩有无短缺，拉绳或拉杆是否好用。

（12）落地灯：灯罩有无破损，灯泡瓦数是否正确，电线有无破损，插头是否损坏。

（13）茶几：有无破损，是否需补漆。

（14）沙发：是否破损、松动，是否需修补。

（15）床头板：是否松动、破损，是否需要补漆。

（16）挂画：画面、画框有无破损，是否固定。

（17）床头柜：有无破损、翘起，是否需要补漆。

（18）电视机：画面是否清晰，遥控器是否好用，声音是否正常，电线有无破损。

（19）电冰箱：是否正常制冷，有无异响，电线有无破损。

（20）电话机：是否正常，有无铃响。

（21）墙纸：有无破裂、短缺、脱落、翘起。

（22）地毯：有无破损和污渍，是否卷边翘起或不平整。

（23）地板：有无破损、开裂、翘起。

（24）空调：有无异响，是否制冷。

（25）浴缸、马桶、面池、排风扇等卫浴设施是否正常使用，有无异响，有无短缺或损坏。

（26）背景音乐：公共区域背景音乐是否正常工作。

（27）紧急广播系统是否正常工作。

（28）消防报警设施设备：如烟雾感应器、温感器、消防栓、水枪、水袋等，是否齐全，有无短缺或损坏，消防灭火器是否在保质期内。

五、客房成本管理表单

（一）客房仓库客用消耗品盘存记录

月份：

序号	品类	单位	上月结存	本月进货	本月发出	结存	备注
1	火柴	盒					
2	衣架	只					
3	拖鞋	双					
4	圆珠笔	支					
5	针线包	只					
6	香皂	块					
7	浴帽	只					
8	信纸	张					
9	传真发文单	张					

续表

序号	品类	单位	上月结存	本月进货	本月发出	结存	备注
10	信封	只					
11	卫生纸	卷					
12	衣刷	把					
13	女宾清洁袋	只					
14	明信片	张					
15	浴液	瓶					
16	洗发液	瓶					
17	擦鞋布	块					
18	客人意见书	页					

（二）客房物品借用登记表

楼层：　　　　　领班：　　　　　服务人员：　　　　　日期：　　　　　时间：

日期	
房号	
客人姓名	
物品名称	
客人签名	
返还日期	
接收人	

注：客人所借的上述物品，如果离开前仍未交还，酒店将会按物品的价值向客人索取费用。

（三）客房用品报告表

项目	工作车存货	房号	房号	房号	房号	房号	房号	房号	房号	房号	交回数目

（四）客房用品存货清单

楼层：　　　　日期：

品名	定量	使用中	备用	库存	破损	丢失	备考
鞋拔子							
烟灰缸							
文具夹							
浴室垃圾桶							
卫生纸盒							
请勿打扰牌							
废纸篓							
备忘录							
衣架							
刷子							
便笺纸							
橡皮垫							
电话指南							
衣帽钩							
热水瓶							
枕头							
枕套							
浴巾							
面巾							
毛毯							
床罩							
床单							
拖鞋							

（五）客房用品消耗统计月报表

月份：　　　　　制表日期：

日期＼数量＼用品					
合计					

（六）客房装饰情况记录表（卫生间）

区域：　　　　　房号：

项目	规格	制造商	日期
地砖			
墙砖			
墙壁			
天花板			
梳妆台			
镜子			

（七）客房装饰情况记录表（织物和地毯）

区域：　　　　　房号：

项目	规格	制造商	日期
装饰窗			
遮光帘			
窗帘			
床罩			
地毯、小地毯			
浴帘、浴垫			

（八）客房装饰情况记录表（建筑装修）

区域：　　　　　房号：

项目	规格	制造商	日期
天花板			
空调饰板和吊顶			
墙壁			
踢脚板			
窗架			
房门			
卫生间门			
壁橱门			
门框			

（九）客房装饰情况记录表（家具饰品）

区域：　　　　　房号：

项目	规格	制造商	日期
床垫、床架			
床头板			
书桌			
床头柜			
桌子			
躺椅			
书桌椅			
沙发			
行李柜			
台灯			
床头柜灯			
地灯			
字画			
花具			

（十）楼层物品盘存表

楼层：第　　面　　共　　页第　　号

代号	名称及规格	单位	单价	盘点数		账面数		盘盈		盘亏		备注
				数量	金额	数量	金额	数量	金额	数量	金额	
合计												

主管：　　　　监点：　　　　盘点：

（十一）客房每日酒水清算表

日期：　　　　楼层：

序号　种类							

填表人：

上存							
加入							
消去							
存入							

（十二）客房日常消耗品申领单

楼层：　　　　日期：

品名	申领数	实发数	品名	申领数	实发数
普通信笺			浴帽		
航空信笺			浴液		
普通信封			大香皂		

续表

品名	申领数	实发数	品名	申领数	实发数
明信片			小香皂		
便笺纸			火柴		
客人意见书					
住客预订表					
小酒吧账簿卡					
圆珠笔			下列为服务人员 用的清洁用品		
服务指南			拖把		
菜单			抹布		
房内用膳菜单			空气清洁器		
干洗单			除虫剂		
湿洗单			鞋刷		
洗衣袋			鞋油（黑）		
卫生袋			鞋油（棕）		
垃圾袋			鞋油（棕黄色）		
卫生纸			鞋油（自然色）		

（十三）每日客房卫生用品耗量单

房间项目	洗发水	沐浴液	护肤液	香皂	卷纸	浴帽	牙刷	拖鞋
合计								

（十四）每日楼层消耗品汇总表

楼层项目	卷纸	洗发液	沐浴液	擦鞋布	圆珠笔	小铅笔	箱贴	梳子	牙具	针线包	香皂

楼层项目	卷纸	洗发液	沐浴液	擦鞋布	圆珠笔	小铅笔	箱贴	梳子	牙具	针线包	香皂
合计											

（十五）每月客用品消耗分析对照表

单价：元

品名	单位	上月消耗	本月消耗	与上月相比	
				增（%）	减（%）
圆珠笔	支				
夹纸笔	支				
卫生袋	只				
针线包	只				
擦鞋布	块				
杯垫	张				
牙具	个				
服务指南	本				
洗发液	袋				
沐浴液	袋				
洗衣单	本				
……					
总计					

上月住客率	本月住客率	与上月相比		上月	本月
		增（%）	减（%）	每间房消耗额	每间房消耗额
备注					

（十六）客房设备分类建档卡

设备名称		设备型号	
设备位号		设备生产厂	
设备出厂日期		使用日期	
使用地点		规定使用期限	
主要技术性能			
检修			
检修周期	大修：	中修：	小修：
停机时间	大修：	中修：	小修：
检修工时	大修：	中修：	小修：

（十七）客房报修记录表

房号	报修时间	报修人	报修内容	工程部接报人	二次报修	楼层负责人	修理到位时间	修理完成时间	修理结果

第十章 客房预算与服务质量

一、客房部预算的编制

客房预算就是以货币形式做出的在一定周期内客房经营活动和经济效益的详细计划。具体来说就是一定时期（一般为 1 年）内客房部经营过程中开支、收益的一种估计和测算。预算的编制应力求谨慎，一旦制定出来，它就成为指导日常开支的纲领性文件，因此，也可以把预算看作整个客房部经营管理工作的基础。

按时间跨度，预算可分为长期预算和短期预算。长期预算通常以 1～5 年为周期，内容主要与企业的长期发展等重大举措有关。短期预算一般以 1 年为周期，内容与企业的日常经营活动有关，目的是提高经营管理水平，最终实现企业的长期预算目标。

客房部的预算管理一般应编制短期预算，以保证目标明确。

（一）编制预算的依据

1. 国家和地区的政策举动和市场契机

国家和地方政府的重要的经济政策、旅游政策和重大活动等将给当地的酒店带来良好的契机和充足的客源，从而改变计划期内的市场客源状况。因此提前了解掌握国家和地区重大政策的变动、重大活动的安排，可以为预算的编制提供一定的依据。

2. 市场环境和客源状况

客房管理是以客人入住、保证客房出租率和房租收入为目的的。酒店所在地区的市场环境和客源状况能够直接反映客房运营的供求关系。因此，编制客房预算必须对市场环境、客源状况进行调查分析，将这两方面的情况和酒店的实际情况结合起来，为预算编制提供真实、可靠的客观依据。

3. 酒店等级规格和目标市场份额

任何一家酒店都不可能面向所有市场，它只能根据自己的等级规格、接待能力、经营特色，通过市场定位和市场细分，形成自己的主要目标市场，在一定的市场区域中争取自己的市场份额，因此在预算编制时必须考虑酒店的目标市场情况及所占的市场份额。

4. 酒店客房的经营水平和历史资料

客房预算管理是逐年进行的。每年预算指标的预测和确定都是以上一年达到的水平和前几年的资料为基础。因此，客房经营的现状、水平及客房出租率、双开率、出租间天数、房租收入、各种费用成本等历史资料也是客房预算编制的重要依据。

（二）编制预算的原则

客房预算编制的原则有三个，即分清轻重缓急，讲究实事求是，注重充分沟通。

1. 分清轻重缓急

编制客房成本预算时，所有预算项目必须区分轻重缓急。先确定必须购置的项目，再增加享乐和外围的项目，最后考虑未来需要添置的项目。

2. 讲究实事求是

实事求是就是要正确处理好以下几个问题：一是预算指标的确定要坚持以调查资料和市场预测为基础，按客房部经营的实际状况和需要来确定各个项目所需的费用，不能想当然，也不能为了得到预期资金而在预算上多报金额，这样势必会造成实际开支的超支，不利于营运成本的控制；二是预算指标的分解要充分考虑酒店所在地区客源变化的规律和市场营销措施等。

3. 注重充分沟通

在预算的编制和执行过程中与其他部门保持有效的沟通，使必要的预算费用开支得到充分保证，还可起到减少浪费、控制成本的作用。

（三）编制预算的方法

1. 固定预算法

固定预算法是以客房部历史经营资料为基础，按预定的下一个经营周期的销售量、费用开支和利润指标的增长率或递减率，来编制客房部下一个经营周期预算的方法。预算一旦确定，在经营周期内预算执行过程中，一般不再对预算指标做任何的修改，具有相对固定性，是一种传统的编制方法。

由于酒店业市场变化莫测，影响酒店经营的因素很多，酒店的经营目标应随着内外环境的变化而适当地改变。因此用固定法编制预算虽然简便易行，但不够科学、严谨。

2. 滚动预算法

滚动预算法又称连续预算法，即预算期是连续不断的，始终保持某个固定的期限。具体操作时，可按月份或季度滚动编制预算。以客房部年度月滚动预算为例，在客房部经营预算执行了 1 个月以后，应对客房预算的执行结果进行分析、评估，结合经营因素变化情况，及时调整原定的经营指标，并在原来的年度预算期末后续下个月的经营预算，使预算期始终保持在 12 个月。

（四）客房部的经营预算编制

客房部的预算由营业收入预测、营业费用预测和营业利润预测构成。

1. 营业收入预测

营业收入预测是客房部经营预算编制工作的起点，营业费用和营业利润的预测是在此基础上进行的。客房部可利用历史经验财务数据，参考同等级同规模酒店客房部的预测平均值，综合考虑市场经济状况、自身的经营能力、预算期的经营计划等因素，最后做出预测。根据影响客房营业收入的内部因素，可利用公式进行预测：

某类客房营业收入 = 该类客房平均房价 × 该类客房可供出租间数 × 该类客房出租率 × 预算期营业天数

客房部总营业收入 = ∑ 客房部各类客房营业收入

2. 营业费用预测

客房部的营业费用是指在客房部经营过程中，为了获得营业收入，在其部门内发生的各项人力、财力和物力的耗费。包括员工的工资福利开支、各种物料消耗、低值易耗品的摊销、固定资产折旧、维修费用、水电费、燃料费、洗涤费、通信费、差旅费、培训费、广告费、保险费、税金、管理费用等。

3. 营业利润预测

在完成了营业收入和营业费用的预测后，即可运用下列公式进行客房部利润的预测：

营业利润 = 客房收入 − 税金 − 费用

二、客房部预算的控制

客房部必须编制科学、合理的经营预算，以使本部门有一明确的经营目标。但只有好的预算而无有效的控制，经营目标还是无法顺利实现。因此，一旦经营预算确定下来，客房部各级管理人员必须在预算期内，在预算的执行过程中制定严格的管理制度，采取有效的措施和方法，对部门的经营活动加强管理和控制，确保经营预算目标的实现。

经营效益的决定因素有两个：一个是营业收入，另一个是各项费用开支。所以客房部经营预算的控制应从营业收入和营业费用开支两方面进行。

（一）营业收入的控制

客房部营业收入主要是通过出售客房产品所有权来实现的。但在经营过程中，客房部只是充当客房产品"生产加工者"的角色，销售职责通常由销售部和总台来承担。这种产品生产、销售、结算分离的模式给控制客房营业收入带来了一定的难度，必须由客房部、前厅部、财务部互相配合、协调。

客房部在经营活动中，应在以下几个环节采取措施对营业收入进行控制，防止营业收入的流失。

1. 加强预付款管理

酒店能接受的付款方式主要有：现金付款、信用卡付款、转账支票付款、转账付款、凭单付款。前两种方式相对比较安全、稳妥、快捷。对于选用后三种方式付款的单位，应事先与其签订具有法律效力的付款协议；对于选用后三种方式付款的客人，应先了解客人的身份。做好客房部客房出租收入和其他营业部门营业收入的预收款收取工作，就是做好了客房部营业收入的"事前"控制。

2. 实施账单控制

客房部的营业收入是通过客人的总账单反映出来并得以实施的。总账单既是客人结账付款的凭证，又是财务考核的依据，因此，它是客房部加强营业收入"事中"控制的主要书面凭证。客房部必须制定严格的制度，采取各种措施和手段，对客人从入住到离店过程的各个环节加强管理与控制。

3. 加强优惠、折扣控制

使用各种优惠政策有利于客房销售，但如不加以控制，超过一定限度，则会影响客房部的收入。因此，加强优惠、折扣的有效控制，也是控制营业收入的重要环节。

4. 强化夜审职能

客房产品的制作加工、销售和结算等三大职能，分别由酒店的客房部、前厅部和财务部三个相互独立的部门来承担，它们既相互联系又相互牵制。这种关系本身能起到相互监督的作用，可以在一定程度上避免销售过程中舞弊、逃账、漏账事件的发生。但如果只有制度的制定与执行而无严格的监督，时间一长就难免出现漏洞。因此，酒店应完善财务夜审制度，对预付款、账单、优惠折扣等方面的管理制度加强监督，提高客房销售收入控制的效果，确保客房部营业预算目标的实现。

（二）营业费用开支的控制

在客房部营业收入得到有效控制的同时，必须加强营业费用的控制，才能使经营预算顺利完成，保证客房部经营目标的顺利实现。

1. 营业费用控制的内容

客房部营业费用的内容繁多，在各项开支中，有些在预算期内总额基本保持不变，如固定资产折旧、保险费和管理人员工资及福利费等开支；也有些则受管理决策的影响，如广告费开支等；而更多的则需要全体员工共同努力来加以控制。

（1）物料用品耗费的控制。客房部在经营过程中会消耗大量的物料用品，由于这些用品种类多，大多数单价均较低，所以很容易被忽视。但它们的消耗量都很大，如果缺少控制，就会导致客房部营业费用的增加，以及经营效益的下降。因此，客房部应从物料用品的采购、验收、库存、领发和耗用等环节进行控制。

（2）水、电、燃料等费用的控制。水、电、燃料等能源的耗费在客房部营业费用中占有一定的比例，对客房部经营效益影响很大。具体可结合绿色酒店运动，采用一些节能环保的措施与方法，既有利于环保，又有利于客房部营业费用成本的控制。

（3）人工耗费的控制。人工耗费在客房部费用中所占的比例越来越大，人工耗费要在不违反相关法律法规、确保服务质量的前提下，从人工数量和质量两方面进行控制。

2. 营业费用控制的程序

（1）预算分解。为了做好控制，首先必须编制科学合理的预算，在此基础上对预算的有关项目按月进行分解（见表 10 – 1）。

表 10 – 1　客房预算分解表

项目	1 月		2 月		……		12 月	
	本年	去年	本年	去年	本年	去年	本年	去年
工资								
客房用品								
清洁用品								
……								
合计								

（2）定期检查。在客房经营活动中，管理人员必须对预算执行情况进行检查，一般每年检查不得少于两次。最好是根据预算分解目标，每月都检查一次，并填写预算执行情况控制表（见表 10 – 2）。

（3）及时调整。由于预算不可能完全准确无误，所以预算指标与实际业务运行发生偏差是不可避免的。当预算与实际情况发生较大偏差时，客房部负责人应立即召集所有管理人员通报情况，并调查分析偏差发生的原因，寻找现实可行的解决方案，使预算能顺利完成，从而实现企业的经营目标。

表 10 - 2　客房预算执行情况控制表

项目	本月				本年累计			
	本年		去年		本年		去年	
……	实际	预算	实际	预算	实际	预算	实际	预算
工资								
客房用品								
清洁用品								
……								
合计								

三、客房服务质量特点

客房作为酒店销售给客人的主要产品，是酒店提供给客人的核心服务。因此，客房部是酒店最重要的部门之一，其他部门的存在都是为了更好地为客房部的工作提供支持和辅助。如前厅部相对客房部而言就是一个辅助部门，它起着销售客房的作用。从顾客的角度来说，他们所期望从酒店购买的是一种住宿需求，投射到供给方就是酒店的客房产品。而客房只是酒店满足客人住宿需求的一个实物媒介，通过这个媒介，酒店除提供住宿外，还需要提供其他辅助服务产品。由此看来，客房是一个既有有形实物，又包括无形服务的产品组合。酒店的客房服务质量不仅应该包括客房服务人员的服务水平，还包括客房实物的质量。

客房服务质量主要有以下特点：

1. 内涵的双重性

内涵的双重性既包括无形产品——服务，又包括有形产品——客房。实物是服务的基础，服务又是实物的必要支持。客房产品本身作为一种服务与实物的有机组合，决定了客房服务质量的双重性。

2. 项目的多样性

客房内存在多种设施设备，它们都是客人衡量酒店服务质量的一个参照物。同时，客人需要的服务项目也很多，而其需求又具有个性化的特征。因此，客房服务质量的涵盖面很广，项目构成多样。

3. 对客房卫生和安全的要求很高

客房是客人在酒店内休息和活动的主要场所，是客人临时的"家"，家给人最基本的感觉应当是卫生和安全。因此，客房服务质量一定要保障卫生和安全。

4. 衡量标准的多元化

由于客房服务内涵的双重性，因此在分别评价实物部分和服务部分的质量时就应该使用两种标准——定量和定性相结合的方法。实物的质量标准以定量为主，定性为辅；而服务的质量标准则以定性为主，定量为辅。

四、客房服务质量要求

（一）实物质量要求

客房的实物质量主要包括客房设施设备、客用品、环境、卫生和安全几个方面。其中，客房的设施设备、客用品、环境和安全在其他章节都有专门介绍，这里主要就客房的卫生质量进行分析。客房的卫生质量要求如下：

1. 房间

（1）房门：无指印，锁完好、灵活，安全指示图、"请勿打扰"牌、餐牌完好齐全，安全链、窥视镜、把手完好无损。

（2）墙纸和天花板：无蛛网、无斑迹、无手印、无油漆脱落、无裂缝、无水泡、无墙纸起翘变色。

（3）护墙板地脚线清洁完好。

（4）地毯：干净、平整、无斑迹、无烟痕、无破损。

（5）床：铺叠整齐，床罩平整干净，床下无垃圾，床垫平展。

（6）家具：硬家具要求干净明亮，无刮痕，摆放位置正确；软家具要求无尘、无痕迹、无破损。

（7）抽屉干净，使用灵活自如，把手完好无损。

（8）电话机无尘无斑迹，话筒无异味，指示牌清晰，指示灯工作正常。

（9）镜子和画框要求框架无尘，镜面明亮、无刮痕、无指印、位置端正。

（10）灯具灯泡清洁，功率正常，灯罩干净，亮度适中。

（11）电视、音响表面清洁，频道齐全，使用正常，床头柜控制开关工作正常、灵活。

（12）壁橱要求门、橱、格架使用自如，衣架品种数量符合规范并整洁干净、摆放整齐。

（13）窗户清洁明亮，窗台窗框干净完好、开启自如，窗帘干净整洁、使用自如。

（14）空调过滤网清洁，工作正常，温控符合要求。

（15）小酒吧物品齐全，摆放整齐，无异味，无劣质变质产品，小冰箱内无结霜。

（16）茶杯里外洁净，无水迹、无异味、无指痕。

（17）客用品数量、品种补充更换正确，摆放符合规格要求。

（18）垃圾桶清洁完好，无异物、无异味、无污迹。

（19）客房内无异味，空气清新。

2. 浴室

（1）浴室门要求前后两面干净，无指痕、无污迹、无毛发、开关自如。

（2）墙面清洁完好，无水珠、无灰尘、无痕迹。

（3）天花板无尘、无污迹、无破损。

（4）地面清洁无尘，无毛发、无水珠、无污迹，地漏口无异味。

（5）浴缸内外清洁，皂缸、浴缸塞、淋浴器、排水阀、水龙头开关等清洁完好，浴帘上下干净完好、无破损，浴帘扣齐全、使用自如，晾衣绳完好，浴缸内外无毛发、无水迹、无霉斑。

（6）脸盆梳妆台干净，水龙头使用正常，镜面明净，灯具完好，亮度适中。

（7）恭桶里外洁净，无损坏、无异味、无锈迹，抽水开关使用自如。

（8）换气扇、抽风机口洁净，机器运转正常，噪声低。

（9）牙杯里外洁净、无水迹、无异味、无指痕，杯身套上消毒套。

（10）客用品数量品种齐全，摆放位置正确。

（11）浴室总体要求无毛发、无水珠、无异味、无霉斑、无污迹。

（二）服务质量要求

（1）服务员上岗前要做好仪容仪表自我检查，做到仪容端庄，仪表整洁，按规定着装，服务员牌佩戴整齐。

（2）工作期间要精神饱满、面带微笑、思想集中，随时准备为客人提供服务。

（3）对待宾客一律笑脸相迎，要热情主动地打招呼问好，给客人创造温馨的客房环境气氛，不得视而不见、不理不睬，甚至故意躲开。

（4）遇见宾客手中行李较多，要主动上前先征求客人允许，然后帮忙提拿，客人不同意的则不要勉强。

（5）对于老、弱、病、残、幼客人，要及时适度搀扶，给予必要的关心和照料，但不要勉强，以免引起客人的反感。

（6）宾客进房后，应根据客人的习俗和需求，灵活掌握是否递送小毛巾和茶水，服务时一定要用托盘和夹钳。

（7）对于不太了解客房设施和小冰箱使用方式的客人，要婉转适当地做简单介绍，不能对所有客人都事无巨细地一一说明，要做到既让客人理解，又不会浪费客人的时间，以免引起客人的不满。

（8）在明确客人没有其他需求时，要立即退出客房，并且礼貌地提醒客人有事请拨打电话，不可借故在客房逗留。

（9）客人如果需要在房内用餐，要及时准确地按照客人要求通知餐饮部备餐，准时送入客房。

（10）要经常主动为客人提供擦鞋等小服务，客人如果没有提出也可以主动询问客人是否有这些需要，及时分送报纸杂志、传递客人邮件。

（11）要尽量满足客人提出的正当要求，如更换毛巾、浴巾，送茶叶、针线包等。

（12）有客来访时，不可轻易领客人进房间，也不可随意把客人房间号告诉访客，要征得客人同意后方可为访客带路或告诉其房间号，还要主动送上茶水，并问明是否需要其他服务。

（13）当客人反映房内设施设备不能正常应用时，要及时查看、报修，不能使用又一时修不好的要立即为客人更换房间。

（14）因工作需要进入客房，必须先按门铃，报明身份，征得同意后方可入内。

（15）清洁客房时，不得擅自翻阅客人物品，因清扫需要移动的，清洁后要物放原处，小心轻放，不得有损。

（16）不得拾取客人丢弃的任何物品，客人遗失物要及时上报上交，送还客人。

（17）服务过程中不得在客房内使用电话，更不能接听电话。

（18）客人有事请服务员进入房间后，门要半掩，不得随手关门，事情谈完要及时退出，即使客人盛情邀请，也要婉言谢绝。不得暗示或索要小费，不做有损国格、人格的事。

（19）为客人收送洗衣物要准时，客人有特殊要求的要跟洗衣房交代清楚，不得弄脏弄错，更不能丢失。

（20）工作中不得与其他服务员嬉笑，不得大声喧哗，更不能在楼道走廊中奔跑。

（21）工作中若不慎发生差错，要主动、诚恳地向客人道歉，求得客人谅解。

（22）对待客人投诉，一定要认真耐心地听取并表示歉意，不得与客人争辩，自己能够处理的立即为客人解决或者更正，无法解决的要及时上报反映。

（23）严格按照服务规范做好客房清洁卫生，根据服务规程做好客房服务。

五、客房逐级检查制度

客房清洁整理标准的制定，使客房的清扫工作有了明确的标准和规范。但这些标准和规范还需要得到执行落实。我国一些酒店客房部职工的总体素质水平不是很高，这就要求客房部的管理人员必须抽出 2/3 以上的时间深入现场，加强督促检查，这才是客房质量控制的关键。

检查客房又称查房。客房的逐级检查制度主要是指对客房的清洁卫生质量检查实行领班、主管及部门经理三级责任制，包括服务员的自查和上级的抽查。由于员工的检查方法和标准会有差异，采用逐级检查制度是确保客房清洁质量的有效方法。

（一）服务员自查

服务员每整理完一间客房，应对客房的清洁卫生状况、物品的摆放和设备家具等做自我检查。服务员自查应在客房清扫程序中加以规定。

1. 检查的侧重点

客人直接使用和能看到的部位以及用品、消耗品和家具设备是否按布置规格定量、定位。

2. 检查的方式

采用边擦拭灰尘、边检查的方式，在清扫房间完毕时、准备关门前，对整个房间进行一次回顾式检查。

3. 自查的意义

（1）加强服务员的责任心和检查意识。

（2）减轻领班查房的工作量。

（3）提高客房的合格率。

（二）领班普查

领班普查是服务员自查之后的第一关，常常也是最后一关。因为领班负责查房的报告，总台据此就可以将该客房向客人出租。客房部必须加强领班的监督职能，让其从事专职的客房某楼面的检查和协调工作。有的酒店既让楼层领班担负客房清扫的检查工作，又给其规定一定数量的客房清扫任务，这使得其检查的职能往往流于形式。

1. 领班查房数量

（1）对于领班查房数量，不同的酒店有不同的规定。例如，有的酒店规定，日班领班一般应负责60~80间房的工作区域，每天要对负责的全部客房进行检查并保证清洁质量合格。有的酒店领班工作量较重，要负责带6~8个服务员，检查80~100间客房。

（2）夜班领班的工作量一般为日班领班数量的两倍，要负责120~160间客房的工作区域。

2. 普查与抽查的房间

（1）日班领班必查的房间。包括：

1）检查已列入预订出租的房间。

2）尽快对每一间整理完毕的走人房进行检查，合格后尽快向总台报告。

3）检查每一间空房和 VIP 房。

4）检查每一间维修房，了解维修进度和家具设备状况；检查每一间外宿房并报告总台。

（2）日班领班抽查的房间。日班领班原则上应对其所负责的全部房间进行普查，在特殊的情况下才对下列房间进行抽查：

1）主人房。

2）优秀员工所负责清扫的房间，以示鞭策和鼓励。

（3）夜班领班的查房。夜班领班查房重点，是对其负责区域的每一间空房和夜间清扫完毕的走人房，以及维修房进行检查，同时抽查夜床服务情况。夜班领班还要负责对楼面公共卫生、安全情况以及夜班服务员工作状况进行检查。客房部经理要充分发挥夜班领班的作用。

3. 检查的方法

（1）查房时应按环形路线循序渐进，发现问题及时记录和解决。

（2）注意对新员工进行跟踪检查。只要领班的工作方法得当，这种检查可以起到在职培训的效果。

（3）领班查房时，对服务员清扫客房的漏项和错误，应开出返工单，令其返工。

4. 领班查房的意义

（1）客房清扫质量控制的关键。

（2）现场督促指挥。

（3）执行上级的管理意图。

（4）反馈信息。

（5）拾遗补漏。

（三）主管抽查

客房主管是客房清洁卫生任务的主要指挥者。主管只说不做不行，只做不说也不行。加强服务现场的督导和检查，是客房主管的主要职责之一。

1. 主管抽查数量

楼层主管对客房清洁卫生质量实行抽查，数量一般为领班数量的 15% ~20% 。

2. 检查的重点

主管检查的重点是：检查领班实际完成的查房数量和质量；抽查领班查过的房间，以观察其是否贯彻了上级的管理意图；检查领班掌握检查标准和项目的宽严尺度是否得当。主管在抽查客房卫生的同时，还应对客房楼层公共区域的清洁、员工的劳动纪律、礼节礼貌、服务规范进行检查，确保所管辖区域的正常运转。

3. 检查的方法

（1）检查每一间 VIP 房；抽查长住房、住人房和计划卫生的大清洁房。

（2）检查每一间维修房，促使其尽快投入使用。

4. 主管抽查的意义

抽查的意义在于事先并未通知，是一种突然袭击式的检查，所以检查的结果往往比较真实。这种检查方法能有效地促进本部门各项基础管理，让领班扎扎实实地做好工作。具体有内容如下：

（1）检查督促领班工作，建立楼层合格的骨干队伍。

（2）保证客房部经理管理方案的执行。

（3）为客房部管理收集信息。

（四）经理抽查

楼层服务是客房部工作的主体。客房部经理也应拿出 1/2 以上的时间到楼面巡视和抽查客房的清洁卫生质量。这对于掌握员工的工作状况、改进管理方法、修订操作标准具有十分重要的意义。

1. 抽查数量

经理抽查房间每天应保持一定的数量，并特别注意对 VIP 客房的检查；同时，客房部经理还应定期协同酒店其他有关部门经理，例如房务总监和工程部经理等对客房内的设施进行检查。

2. 检查方法

客房的逐级检查制度应一级比一级严，所以，经理的查房要高标准、严要求，亦即被称为"白手套"式的检查。经理的检查宜不定期、不定时，检查房间的重点是：房间清洁整理的整体效果，服务员工作的整体水平是否体现了自己的管理意图。同时，客房部还应建立与之相关的领班查房周小结的例会制度。

（五）总经理抽查

酒店总经理要控制客房的服务质量，也必须充分运用检查这一职能，其检查的方式为不定期和不定时，或总经理亲自抽查，或派大堂副理或值班经理代表自己进行抽查，以获得客房部管理水平和服务质量信息，激励客房部经理的工作。

（六）定期检查

定期检查是一种有计划的公开检查，一般事先有布置，有明确的检查时间和检查内容。目的是制造声势，创造气氛，促进工作。酒店对客房的定期检查，一般采取由总经理办公室主任、质检部经理、工程部经理、前厅部经理及大堂副理组成检查小组，由总经理或住店经理带领的方式，每月定期对客房清洁卫生进行检查，或选择重要任务来临前进行检查。

（七）其他

1. 邀请第三者检查

酒店聘请店外专家、同行、住店客人，检查客房的清洁卫生质量乃至整个酒店的服务质量。这种检查看问题比较客观，能发现一些酒店自己不易觉察的问题，有利于找到问题的症结。这是值得推广的一种有效方法。

2. 拜访客人

客房部经理定期或不定期地拜访住店客人，可以及时发现客房服务中存在的问题，了解客人的需求，便于进一步制订和修改有关清洁保养的标准和计划。

3. 客房设置意见表

为了及时征求客人意见，让客人有机会对客房质量发表意见，客房部和酒店可在客房放置意见表。客房意见表应简单易填、统一编号，月底收集汇总，禁止乱撕乱扔，并以此作为考核服务员工作好坏的重要依据。

六、客房服务注意事项

（一）客房清洁要符合规程、符合卫生要求

（1）清洁客房一定要严格按照操作程序作业，不得偷工减料、马虎了事。

（2）清洁卫生时必须注意不同项目使用不同的清洁工具、清洁剂。面盆、浴缸要用干净的毛巾清洁，恭桶要用专用毛刷清洁，墙面、地面要用不同的抹布，卧室和浴室的抹布更要区别使用，绝不能混用同一张抹布。

（3）杯具的清洁工作一定要按照卫生部门的卫生条例和酒店的相关规定，绝不可应付了事。

（4）打扫清洁客房一般应坚持从上到下、从里到外、先卧室后浴室、环形清理、先干后湿、注意边角的原则。

（二）客房服务要遵守服务规程，讲究礼仪

（1）客房服务人员要讲究仪容仪表的修饰，不可因工作而忘了形象。

（2）客人一旦住进客房，该房间就成为客人的私密空间，服务人员不得随意进出客房。在服务过程中，要注意以下几个方面：

1）进房前一定要按门铃或敲门，并报明身份，征得客人同意后方可入内。

2）无论客人是否在房间，打开房间后都不应将门关严，而必须保持门半掩。

3）进门前不要将门推开一条缝向室内张望，也不要一脚在门内、一脚在门外与客人对话。

4）不能使用客房内电话，不得接听客人电话。

（3）客人住进客房后，都希望有舒适、安静、温馨的居住环境。为此，客房服务员在工作中要做到"三轻"，即走路轻、说话轻、操作轻。工作时动作要敏捷、轻稳、讲究效率，尽量减少出入客房的次数。清洁走廊卫生时也要考虑到客人的休息时间，尽量保持客房区的安静。

（三）客房服务要坚持安全第一

（1）客房服务员要尽量记住住客的姓名、特征，注意保守客人的秘密。不得将客人的房号、携带物品及活动规律等个人情况告诉无关人员，不得将不认识的人员引荐给客人，未经客人允许，不要将来访者带入客人房间。晚上应注意客房的住宿人数，非本酒店的客人要留宿，必须请其到总台办理入住登记手续。

（2）注意观察进入楼层的人员，陌生人、酒店无关人员都不得在客房区逗留。

（3）服务人员应该注意严格保管、控制房间钥匙，不得随意摆放，应随身携带。

（4）要注意各种安全问题，特别要注意预防客房火灾的发生，随时准备应付突发火灾等紧急事故。

（5）客房服务员要注意关照伤病客人，这样既体现服务至上原则，又可防范发生意外。

（6）留心醉酒客人，以免醉酒客人伤害他人或自己，或损坏酒店财物。客人酒醒后，不得对其进行议论。

（7）要加强防范，确保客人财物安全，尽力协助查寻客人遗失的物品。

（四）客房服务既要遵守规程，也要提供个性化服务

（1）客人有特殊并且合理的要求时，应尽量予以满足。

（2）如果遇到客人要加床，客房低值易耗品和客用品一定要相应增加。

（3）给住客清理房间时，由于吸尘器噪声较大，如果客人在房内，要询问客人是否需要给地毯吸尘，征得同意后方可进行。

（4）仔细观察客人，若发现客人有任何困难或者不便，在不会造成客人不满或困扰的前提下应主动提供帮助。

（5）提供个性化服务必须注意针对性和及时性，讲求准确和细致。

第十一章　客房人力资源与管理

一、客房人力资源管理概述

（一）人力资源的概念

人力资源的概念是由当代著名管理学家彼得·德鲁克（Peter. F. Drucker）在其著作《管理的实践》一书中提出的。"人"是具有创新、生产和制造能力，并能运用思维而认识、改变环境的高级生物体；"力"是这一高级生物体的智慧力和作用能力。"人力"在《辞海》中为"人的能力"，具体地讲，是人类所具有的体力和脑力的总和，即人的体力、智力和技能等。资源，即资财之源。对于资源的理解，多数学者的观点认为，在知识经济时代，现代意义上的资源由自然资源、资本资源、人力资源和信息资源四部分组成。

所谓人力资源，是指一定时间、一定空间地域内的能够推动整个社会和经济发展的劳动者的能力，即处在劳动年龄的已直接投入建设或尚未建设的人口的能力总和。它包括劳动力人口数量和劳动力人口质量，其数量为具有劳动能力的人口数量，质量指经济活动人口具有的体质、文化知识和劳动技能水平。

（二）人力资源的特征

（1）人力资源是"活"的资源，它具有能动性、周期性、磨损性，而物质资源只有通过人力资源的加工和创造才会产生价值。

（2）人力资源是创造利润的主要源泉，人力资源的创新能力是企业的最大财富。

（3）人力资源是一种战略性资源。

（4）人力资源是可以无限开发的资源，目前人们的潜能开发程度与人力资源的实际潜能是很不相称的。

（三）客房人力资源的概念

所谓客房人力资源，是指一切能为客房创造财富，提供服务与管理的人及其具有的能力的总和。因客房自身的特殊性，客房人力资源呈现出以下几个特征：

1. 从业人员年轻化

从业人员较为年轻，年龄结构比较合理。中国旅游协会人力资源开发培训中心曾对接受过培训的几十家酒店做过抽样调查，调查结果表明：主管以上的管理人员平均年龄为 35 岁，客房员工的平均年龄始终保持在 30 岁左右。

2. 管理规范化

为适应我国旅游业的快速发展，目前我国旅游酒店都根据自己的经营目标，制定了严格的管理制度，并建立起一套符合我国国情的客房人力资源管理模式，客房人力资源管理正在逐步向制度化、规范化、科学化发展。

3. 员工流动率加大，人力资源成本高

在市场经济之下，人们都在追求自身价值，企业间的竞争加剧了人才流动，所以使得员工流动率逐年加大。客房数量越多，企业间的竞争越激烈，流动率就越高；经济越发达的地区员工流动率越高；学历越高、外语越好、年龄越年轻的员工流动性越高。

（四）客房人力资源管理

客房人力资源管理，是指恰当地运用现代管理学中的计划、组织、指挥、协调、控制等科学管理方法，根据客房的需要，通过合理的录用、配置、激励、培训等手段，对客房的人力资源进行有效的开发、利用和激励，使其得到最优化的组合和最大限度地发挥积极性的一种全面管理活动的总称，其中包括人力资源的规划、开发及其他管理。

1. 客房人力资源管理是对人的管理

客房人力资源管理所直接面对的是个性、习惯、爱好、兴趣等各不相同的员工。客房管理者必须客观地分析、正确地认识客房的员工，只有针对人的特点进行培训和教育，才能使员工的素质符合经营的需要。

2. 客房人力资源管理是全员性管理

全员性管理不仅是指人力资源部对企业全体员工的培训与考核有责任，而且意味着客房全体的管理人员对下属都有监督和管理的义务。

3. 客房人力资源管理是科学化的管理

客房人力资源管理必须建立一整套标准化、程序化、制度化和定量化的管理系统，使客房考核和员工考核有据可依。

4. 客房人力资源管理是动态管理

动态管理是指管理者不仅要根据客房的整体目标选拔合适人才，对客房员工的录用、培训、奖惩、晋级和退职等全过程进行管理，更要在员工工作过程中重视员工的心理需求，了解员工的情绪变化和思想动态，并积极采取相应措施调动员工的工作积极性，从而使全体员工发挥出潜在的各项能力。

客房人力资源管理和开发的过程，也是客房核心竞争力培养的过程，认清客房人力资源管理的含义，有助于认清我国客房人力资源开发的现状，进而做好人力资源的管理工作。

（五）客房人力资源管理的基本内容

人力资源管理体系通常由客房人力资源规划、员工招聘与配置、员工培训与开发、绩效考核管理、薪酬福利管理和劳动关系管理六部分构成，各有侧重点，共同组成了一个有机整体（见图 11 – 1）。

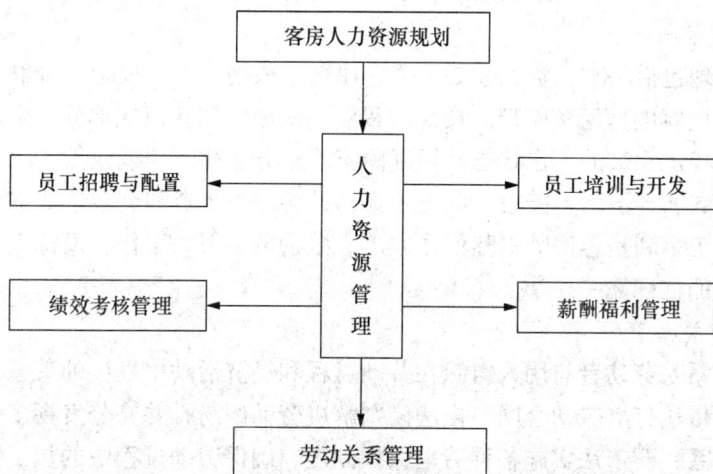

图 11 – 1 客房人力资源管理的六大主要内容

1. 客房人力资源规划

人力资源规划是对客房的人力资源需求和供给进行有效预测与匹配的过程，其目的在于使人员的供给（无论是内部的还是外部的）在给定的时间内与组织需求相适应，保证随时满足组织在数量和质量上对人力资源的需求。它主要包括组织人力资源的现状分析、未来人员供需预测、岗位分析、制订人力资源计划方案、维持人力资源供需均衡等工作活动。

2. 员工招聘与配置

客房员工的招聘与配置是根据职位分析的结果和客房人力资源规划的要求，为客房获取所需人力资源的过程，主要由招募、甄选、录用、评估等一系列环节所构成。选拔和录用合格乃至优秀的员工是客房占据竞争主动地位的重要环节。

3. 员工培训与开发

通过在职培训、员工素质和潜能的发掘、员工职业生涯规划的制订，帮助员工提高和改善其知识、技能和素质，增强对酒店的归属感和责任感，更好地实现自身价值，提高工作满意度，从而帮助组织减少事故，降低成本，增加人力资源贡献率，提高生产效率和经济效益。

4. 绩效考核管理

员工绩效考核是对员工在一定时间内对客房的贡献和工作取得的绩效，以及在客房中的所作所为做出测量和评价的过程。绩效考核是控制员工工作表现的有效手段，可以给员工提供工作反馈，促使其扬长避短，改善绩效。员工绩效考核也是员工培训、晋升、薪酬调整等人事决策的重要依据。

5. 薪酬福利管理

薪酬管理包括基本工资、绩效工资、津贴、激励工资（奖金、分红、股权激励）等报酬内容的分配和管理。员工的福利是薪酬的间接组成部分，是客房为了使员工保持稳定积极的工作状态，根据国家或地方法律法规或政策，结合客房经营管理的特点和经济承受能力，向员工提供的各种非工资和奖金形式的利益和优惠措施。员工福利是客房吸引和留住人才、激励员工努力工作、发挥人力资源效能的最有力的杠杆之一。

6. 劳动关系管理

劳动关系是劳动者与用人组织在劳动过程和经济活动中发生的关系。这一部分的管理要依法订立劳动合同，依法谈判解决劳动纠纷，并充分发挥工会的作用调整劳动关系；要依法实施各种劳动保护制度，确保劳动过程中的员工安全和身心健康，避免工作场所的各种有害因素对劳动者的伤害，维护员工的劳动能力水平。另外，一个客房的劳动关系是否健康和融洽，直接关系到人力资源开发与管理活动能否有效开展，及客房的人力资源能否正常发挥作用。

二、现代客房人力资源规划

（一）客房人力资源规划的概念和特征

客房人力资源规划是客房人力资源管理各项活动的基础和起点。有效的人力资源规划不仅能帮助客房及时获得所需的人力资源，还能防止机构臃肿、降低人力成本，最大限度地优化客房人力资源的配置。

人力资源规划被称为"HR 工作的航标兼导航仪"。客房人力资源规划也称人力资源计划，是根据客房的发展需要和内外部条件，运用科学的方法，对人力资源需求和供给状况进行分析和估计，并制定政策与方案，通过提供具备适当的诚信度和经验的员工来满足客房未来经营需要的过程。

从上面给出的定义来看，科学的客房人力资源规划应该具备以下四个基本特征：

（1）客房人力资源规划的制订必须以客房的战略目标和外部环境为依据。

（2）客房人力资源规划必须与客房战略相衔接，将企业战略和人力资源战略转化为必要的人力资源政策和措施。

（3）客房人力资源规划必须与未来环境变化相衔接，要与客房发展各个阶段的目标和重点相适应。

（4）客房人力资源规划必须与员工发展相衔接，能够同时满足客房利益和个人利益。

（二）客房人力资源规划的分类

客房人力资源规划作为一种整体工作方案，必须要把客房人力资源工作的全局安排与局部措施结合起来，形成既有序又可行的工作方案。

1. 按照规划预期的时间跨度，可分为长期规划、中期规划和近期规划

长期规划一般可用于客房未来 5 年以上、10 年以内的参考，中期规划一般是未来 1 年以上、5 年以内的人力资源管理工作规范，近期规划则通常是对 1 年以内的人力资源管理工作作出计划。为了更好地制订人力资源规划，客房应该注意：对未来本地区客房业市场的趋势和需求进行预测；确定为满足这一趋势要求所需员工的类型和数量清单；确定客房规划期内需要的员工类型和数量的清单；确定客房需要招聘或裁减的员工类型和数量的清单；制订现有员工和准备招聘入职的新员工的培训与发展计划；以人力资源规划为基础重新审视客房的总体战略等。

2. 按照所涉及的内容，可分为总体规划与专项业务规划

总体规划是指对计划期内人力资源管理总目标、总政策、总步骤和总预算的安排，它是连接人力资源管理战略决策和人力资源管理职能工作的桥梁。人力资源总规划要通过各个方面的专项业务规划来落实。人力资源管理的专项业务规划，作为人力资源总规划的构成部分，涉及客房人力资源管理工作的各个领域，它包括客房人员的补充计划、配置计划、晋升计划、培训计划、考核计划、工资计划、福利计划、退休离职计划、劳动关系计划等。

（三）客房人力资源规划的目标

客房人力资源规划的总体目标是提高人力资源的配置效率。其具体目标有：得到和保持一定数量具备特定技能、知识结构和能力的人员；充分利用现有客房人力资源，为人力资源管理的其他各项工作，如招聘、培训和开发等环节提供良好的条件；预测客房组织中潜在的人员过剩或人力不足的情况，在供求失衡发生之前及时进行有针对性的调整，以降低人力资源的管理费用；建设一支训练有素、运作灵活的劳动力队伍，增强客房适应未知环境的能力；减少客房在关键技术环节对外部招聘的依赖性，唤起组织中各个层级人员对人力资源管理重要性的认识。

（四）客房人力资源规划的过程

1. 客房人力资源规划的分析阶段

这一阶段主要是全面调查、收集、整理和分析相关信息，如图 11 – 2 所示。

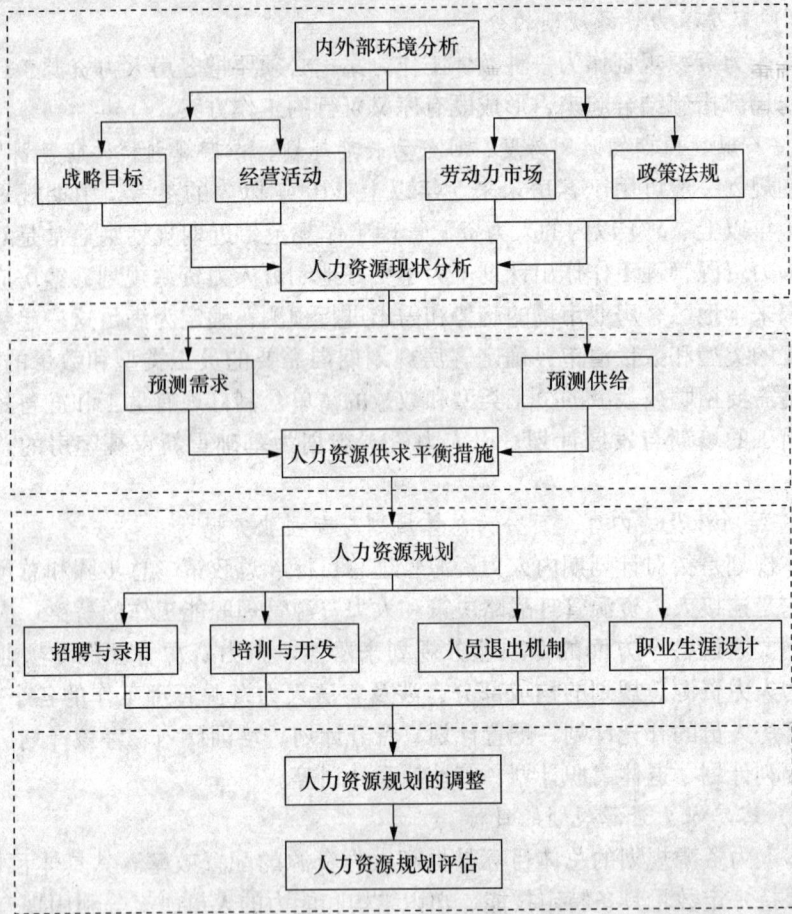

图 11 – 2　客房人力资源规划流程

（1）对内外部经营环境的分析。作为整个人力资源规划成功与否的关键要素之一，分析组织的内外部环境是客房人力资源规划的第一步，为其后进行的人员供求分析等工作提供了基础和依据。影响客房人力资源规划的经营环境因素有很多，进行客房人力资源规划时要分析客房经营计划、市场占有率、经营的优势与劣势等，还要对外部劳动力市场进行考察，例如，大中专毕业生的数量和质量，政府有关教育，特别是职业教育和就业问题的各种政策。

（2）对内部人力资源的核查。在对外部环境进行分析之后，客房需要对现有人力资源状况进行分层、分类的分析，确定现有人力资源与客房实现战略目标所需的人力资源之间的差距。核查内容包括现有员工的数量、质量、结构和岗位分布状况，以及各种劳动生产率指标等。

（3）职位分析。职位分析又称职务分析或岗位分析，它是客房人力资源管理中一项重要的常规性技术，是整个客房人力资源管理工作的基础。职位分析是指根据客房工作的实际情况，对客房各项工作的内容、特征、规范、要求、流程以及完成此工作所需的员工的素质、知识、技能等要求进行描述的过程。

职位分析的主要目的有两个：第一，研究客房中每个职位都在做什么工作，包括工作性质、工作内容、工作责任、完成该项工作所需要的知识水平和技术能力以及工作条件和环境；第二，明确这些职位对员工有什么具体的从业要求，包括对员工的自身素质、员工的技术水平、独立完成工作的能力和员工在工作中的自主权等方面的说明。它能为选拔和任用合格人员、制订有效的人事预测方案和人事计划、制订人员培训和开发方案做好基础工作，为建立先进合理的工作定额和报酬制度、员工的考核、升职和作业标准提供依据，能够加强对员工的职业咨询和职业指导，提高工作和生产效率。

职位说明书是职位分析结果的文字表达形式，其信息包括：工作名称、所属部门、主要职责、职位要求等。职位说明书一般分为对内职位说明书和对外职位说明书，对内职位说明书在客房内部管理、员工升迁或岗位调整时使用；对外职位说明书主要在客房发布招聘信息时使用。

2. 客房人力资源规划的预测阶段

人力资源需求和供给预测应该采用定性和定量相结合的方法。这是一项技术性比较强的工作，也是人力资源规划工作的关键。

（1）人力资源需求预测。客房人力资源需求预测，是根据客房的组织结构状况和客房未来的经营业务水平，对客房所需要的人力资源进行估测和预算，包括预测企业未来生产经营状况、估算各职能工作活动的总量、确定各职能及职能内不同层次类别人员的工作负荷、确定各职能活动及不同层次类别人员的要求量。客房人力资源需求预测的方法有：直觉预测方法（定性预测）和数学预测方法（定量预测）。服务标准和劳动生产率的改变是影响客房人力资源需求预测的主要因素。

（2）人力资源供给预测。客房人力资源供给预测是对客房未来一段时间内，内外部各类人力资源补充来源情况进行预测的过程。在进行内部人力资源供给预测时，人力资源部门需要详细评估组织内部现有人力资源状况及其运作模式，即离职率、调动率和升迁率等。企业外部人力资源供给预测主要是指未来一段时间内对劳动力市场上的相关人力资源供给状况进行预测的过程。

（3）制订人力资源供求平衡策略。根据人力资源供求预测的数据，人力资源部门可以对酒店在人力资源质量、数量和结构上存在的不平衡进行比较，从而计算出人力资源的净需求。结果通常会出现以下三种情况：

1）人力资源过剩，即人力资源供大于求。这时酒店可采取的措施主要有减少临时工数量、实行工作分担制、提前退休，甚至解雇等。

2）人力资源短缺，即人力资源供给小于需求。这时酒店所能采取的就是招聘新员工、加班、晋升、工作再设计等，酒店实习生的选用也是许多酒店解决这一问题常采用的办法。

3）供求相等，即人力资源供给等于需求。这种情况下，酒店就暂时不需要进行较大的人力资源调整。

3. 客房人力资源规划的制订阶段

这一阶段主要是根据预测结果结合实际情况，制订相应的人力资源政策与人力资源发展计划，包括具体实施方案如职务设计方案、职务调整方案、人员补充方案、人员辞退方案、员工培训方案、员工晋升方案、绩效指标设计方案、绩效考核方案、福利方案、薪资和奖励方案等。

4. 客房人力资源规划的评估阶段

这一阶段的主要工作是评估整个人力资源规划的有效性，是保证人力资源规划的工作效果及实施效率必不可少的重要一环。该阶段的工作要求把各个人力资源职能工作计划，与标志着客房经营成功的重要衡量标准进行对比，诸如劳动生产率、服务质量、顾客满意度和客房利润指标等要素。人力资源规划的评价是一项重要的工作，其目的是找出计划与目标之间的差距并分析产生差距的原因，从而改进未来的客房人力资源规划活动。

三、员工招聘、甄选与培训

（一）员工招聘的概念

员工招聘简称招聘，是"招募"与"聘用"的总称，指酒店为了发展的需要，采取一系列科学的方法寻找、吸引具备岗位工作资格的个人到本酒店任职，并从中选出适合的人员录用的过程。招聘工作是在客房人力资源规划和岗位分析这两项工作的基础上进行的。

招聘工作的任务或目的是要寻找具备最适合的技能、具有劳动的愿望且能够在企业相对稳定地工作的雇员，从而实现员工个人与岗位的匹配，也就是人与事的匹配。

（二）员工招聘的基本程序

完整的招聘过程涉及两个主体（即招聘者和应聘者），分为五个基本工作程序：制订招聘计划、招募、甄选、录取与试用和招聘评估（见图 11-3）。

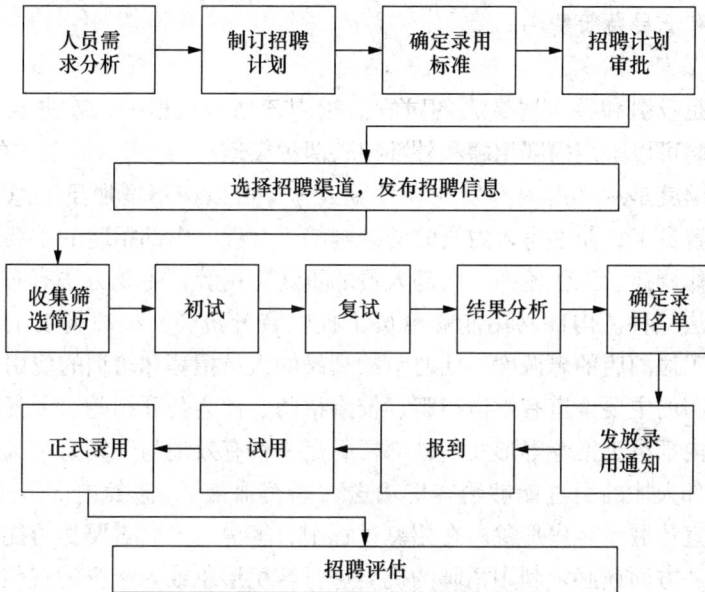

图 11-3　客房员工招聘与甄选的基本流程

1. 制订招聘计划

根据客房的人力资源规划，在掌握有关各类人员的需求信息，明确有哪些职位空缺的情况后，客房就可以编制招聘计划。客房的招聘计划通常包括用工形式、招聘人数、招聘标准、招聘时间和招聘预算等内容。

（1）用工形式。客房招聘首先需要考虑的是根据用工岗位的特点决定用工形式，目前客房业的用工形式主要是固定期限的用工、小时工，无固定期限的用工、小时工。

（2）招聘人数。客房需要招聘的员工人数，通常应该略多于最新录用的人数，因为部分新应聘者可能在试用期间，由于难以胜任工作、对工作缺乏兴趣或不能适应企业文化而离职。

（3）招聘标准。招聘标准就是确定录用条件，具体内容可以根据职位说明书的要求而定。

（4）招聘时间。为了保证新招聘人员能够准时上岗，确定招聘开始时间必须考虑招聘工作的周期和入职培训的周期，这样才不会影响用工部门的工作安排。

（5）招聘预算。为了确保招聘工作的正常进行，招聘预算不仅要包括参与招聘工作有关人员的工资和招聘广告费，还需要考虑招聘场地费、通信费、测试费、差旅费和文具费等费用。

2. 招募阶段

招募就是吸引和寻找候选人的过程。招聘计划一旦拟订，就进入了招募阶段。客房招聘可以采用内部招聘和外部招聘两种渠道。

内部招聘就是从客房内部发现和发掘人才，可以在不增加员工总量的前提下，重新配置员工，使客房人力资源的结构趋于合理。内部招聘的主要途径有职位提升、工作调换、工作轮换、内部人员的重新聘用等，主要方法有布告法、推荐法和档案法三种。内部聘用能够给员工提供晋升机会，提高员工工作的积极性，提高员工对酒店的忠诚度，同时节约高昂的人员招募和培训的费用。

外部招聘的主要渠道有媒体招聘、校园招聘、社会公开招聘、委托就业服务机构招聘、内部员工推荐等形式。外部招聘是一种有效地与劳动力市场进行交流的方式。外部人才的引进能够给客房输送"新鲜血液"，激发内部员工的斗志，同时向社会宣传展示客房形象。在招募过程中，客房一方面需要尽可能多地吸引应聘者，另一方面还必须利用招聘的机会进行客房形象或者声誉的宣传活动。客房好的口碑会成为一种无形的招牌，吸引更多的求职者，而坏的口碑会使潜在的应聘者敬而远之。但是外部招聘前期投入的成本较高，具有一定的决策难度和风险。

3. 甄选阶段

甄选候选人是招聘过程的一个重要组成部分，其目的是排除明显不合乎职位要求的申请者。职位说明书是甄选的基础，也就是要以职位说明书所要求的知识、技术和能力来判断候选人的资格。甄选应聘者的主要手段是测试，客房业常用的测试包括专业知识考试、情景模拟测试、面试和心理测试等。

4. 录取与试用阶段

对经过甄选合格的候选人，酒店通常会做出聘用决策。一般来说，酒店普通员工可以由酒店人力资源部门决定是否录用，而管理人员及技术人员的录用则需要用人部门的经理或客房高级管理层集体决定。

对决定录用的求职者，酒店要发出正式通知，对不予录用的求职者也要致函表示歉意。对决定聘用的人员，在签订劳动合同以后，客房通常有 1～3 个月的试用期（视签订劳动合同的期限而定）；如果试用期满且试用合格，按劳动合同规定，新聘人员享有正式员工的权利并承担相应的责任。

为了让新员工迅速适应工作要求，在员工报到后，酒店应该首先让其熟悉客房的基本情况。一些酒店将该项工作称为到职复核，要求人力资源部门对员工的个人资料、任职基本情况、客房概况、组织架构、主要规章制度、本职工作概况等逐一介绍，以确保到职手续全面、完整。

5. 招聘评估

一般来说，招聘评估包括招聘成本评估、录用人员评估。这两项评估可以从数量、质量、效率方面对招聘工作进行评价。据研究表明，通过不同的招聘渠道和招聘方法产生的招聘效果是截然不同的。用不同的方法招聘的员工可能表现出不同的工作绩效、流失率与缺勤率等。因此通过招聘评估工作，酒店可以发现招聘工作中存在的问题，以便在将来的工作中进行修正，提高下一轮招聘工作的质量。

（三）客房员工的培训与开发

1. 员工培训的概念

员工培训是指客房为了使员工获得或改进与工作有关的知识、技能、动机、态度和行为，按照一定的目的，有计划、有组织地通过讲授、训练、实验和实习等方法向员工传授服务、管理知识和技能以及企业文化，使员工的行为方式在理论、技术和职业道德等方面有所提高或改进，从而保证员工能够按照预期的标准或水平，完成所承担或将要承担的工作与任务的活动。

员工培训是客房采取的促进内部成员学习的正式活动，目的是改善成员行为，增进其绩效，更好地实现组织目标。从某种意义上说，员工培训是客房人力资源增值的重要途径，也是维持整个客房有效运转的必要手段。

2. 客房员工培训的原则

（1）培训目标多元化。培训目标不能单一地只满足客房经营的需要，而应从客房和员工双方面着手。从员工角度来说，培训可以使员工明确任务、目标，适应其工作岗位，使员工具有足够的知识、提高工作所需的技能，增加员工的成就感，强化员工的动机，从而改变他们的态度。从客房角度而言，培训可以实现客房变革与发展，使组织更具有生命力和竞争力，传播企业文化，凝聚企业向心力，增强企业创造力。

（2）培训方式灵活化。目前培训方式主要有两种：在岗培训和脱产培训。在岗培训是将新员工分配给有经验的员工或上级去培训；脱产培训是受训者培训期间脱离工作岗位，专门接受培训的培训方式。客房员工的培训方式应该灵活化。

（3）培训的整体性。

1）培训思路的整体性。培训思路的整体性是指从整体上把握发展现状与发展目标之间的差距，统筹考虑发展战略、组织架构、资源禀赋、企业文化、经营特色、管理能力等因素，确定具有系统性、针对性、前瞻性的人力资源培训总体思路。

2）培训过程的整体性。培训过程的整体性是指人力资源培训的总体思路应统揽人力资源培训的全过程，贯穿需求分析、计划制订、项目实施、效果评估四个阶段的每一个层面、每一个步骤。

3）培训操作的整体性。培训操作的整体性是指人力资源培训应"分工不分家"，所有运营系统、每个职能部门都要积极支持、不断推动人力资源培训的深入开展，职责分担，成果共享。

（4）培训的动态性。酒店人力资源的数量（存量和增量）和质量（总体质量与个体质量）都是动态变量，人力资源培训应充分体现动态性原则。酒店要关注旅游产业、客房行业的总体发展态势和趋势，从打造和巩固自身的核心竞争力出发，建立"全员性、低重点、高视点、最优化"的动态培训体系。

（5）培训程序科学化。科学化的培训程序有助于客房员工的迅速成长，可使酒店通过最有效的途径达到提升员工素质的目的，节省成本。

3. 客房员工培训的主要内容

（1）态度培训。态度培训就是客房员工的服务意识与职业道德培训。客房工作的特点决定了员工应有良好的服务意识、高度的责任心和职业道德感。该项培训的关键在于深入挖掘员工服务中有关服务意识和职业道德方面存在的问题，通过宣讲企业文化、树立服务榜样、剖析典型案例等形式，使员工从根本上重视职业道德，提高服务意识。同时还应该注意树立客房与员工之间的相互信任，培养员工的团队精神，增强其作为酒店一员的归属感和荣誉感。

（2）技能培训。服务技能技巧的培训是员工培训的主要内容，它直接关系到各项服务工作能否依照标准完成，并保证顾客满意。技能培训着眼点是进一步提高和增加员工现有的技能水平，强化和拓展员工的各项能力。通过这方面的培训，应该使员工掌握完成本职工作所必备的技能和技巧，即一般技能和特殊技巧。

（3）知识培训。知识培训主要是以知识为对象的培训，包括新员工的入职培训、员工的礼貌礼仪培训、酒店的各部门知识技能的培训等，目的是帮助员工获得更多的知识，对员工素质的提高起着潜移默化的作用。一位合格的客房服务员应该扎实地掌握客房服务礼仪、本岗位基本常识；熟悉主要客源国的政治、经济、地理、民族风俗习惯；了解客房各项服务措施，懂得顾客消费心理知识等。

（4）外语培训。外语培训是客房最普遍的培训，应保持全年坚持不断。随着世界经济一体化的进一步发展，酒店的顾客已经实现了国际化。酒店的英语培训就是要让员工能够用英语为宾客更好地提供服务，实现英语环境工作无障碍。

（5）管理知识培训。客房管理知识的培训大多为管理层员工开设。客房的管理层主要指主管、部门经理等。该部分的培训可提高受训者与人沟通的能力、领导能力以及作为管理层员工必备的心理素质。

（6）应急知识培训。客房应急知识培训主要涉及消防知识、急救知识和突发事件处理等方面。

4. 员工培训的过程

员工培训是由以下五个步骤为主链构成的循环过程（见图11-4）。

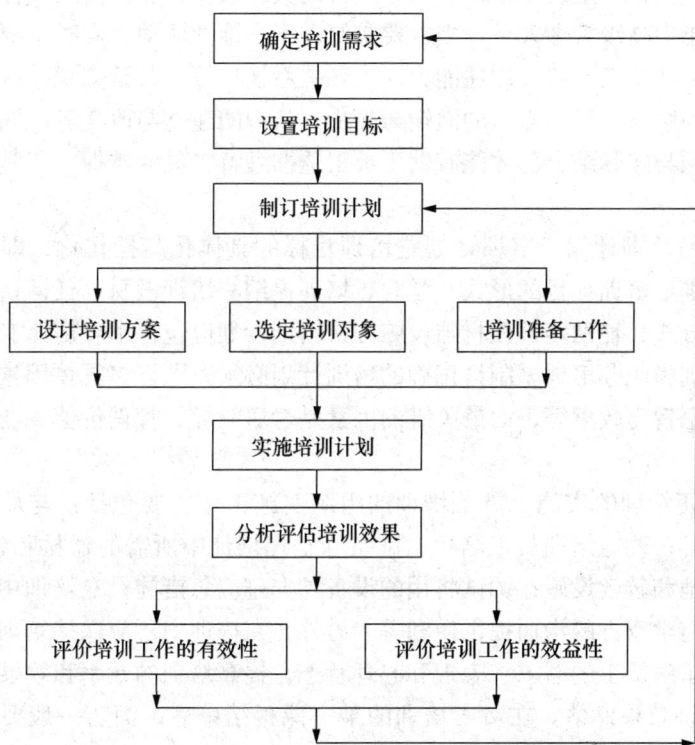

图11-4　客房员工培训与开发的基本流程

（1）确定培训需求。培训需要支付很高的费用，客房必须在恰当的时期就恰当的工作给恰当的人员提供恰当的培训。所以，为了有效实施培训，应在培训前先对培训需求做出评估。

培训需求评估通常在以下几个层面上进行：

1）组织分析。组织分析包括对客房的目标、资源、环境的分析，着重分析每个职能部门的组织结构和组织目标，确定其培训范围和重点。

2）任务分析。任务分析侧重研究员工具体的工作行为与客房期望的行为标准之间的差距，从而判断出员工需要接受什么类型和程度的培训。

3）员工分析。对在职员工的分析是分析每个员工的工作过程和工作结果，确定对其培训的目标及内容。客房每个岗位都有明确的知识技能和能力要求，应该根据岗位的要求，明确企业需要培训的内容。

（2）设置培训目标。客房有明确的培训目标，才能确定培训对象、内容、时间、方法等具体内容，并可在培训之后，对照目标进行效果评估。培训目标主要可分为三大类：一是技能培养，在客房普通员工层面，主要涉及具体的服务操作训练；对于中高级管理人员，则主要是侧重于思维性活动，同时也要涉及具体的技巧训练，如书面与口头沟通能力、人际关系技巧等。二是知识传授，包括概念与理论的理解与纠正、知识的灌输与接受、认识的建立与改变等。同时培训内容和要领必须与实际结合，才能有助于员工透彻理解，灵活掌握。三是工作态度转变。

（3）拟订培训计划。培训计划是培训目标的具体化与操作化，即根据既定目标，具体确定培训项目的形式、学时、培训提纲、培训教材、任课讲师、培训方法、考核方式、辅助培训教材与设施等，培训计划应包含本客房所有的岗前培训、岗位培训和职务培训。制订正确的培训计划必须兼顾许多具体因素，如客房类型、服务宗旨与政策等，而最关键的因素是客房领导的管理价值观与对培训重要性的认识。

（4）员工培训的实施。员工培训的组织实施工作主要包括：与员工沟通培训课程和内容；确定培训员工名单；准备和整理培训中所需的器材和各种资料；安排培训场地和教学设施；调试将用的设备并安排应急措施；在培训中随时提供帮助；为教与学双方的沟通提供便利等。另外，在培训中还应保持培训人员和员工的联系，了解员工的需求、表现和心理状态，提高培训的效率和效果。

（5）培训效果评估。在员工培训的某一课程结束后，酒店一般要对培训效果进行一次总结性的评估或检查。培训的效果评估是看培训结果是否达到预期的目标，并根据评估结果对培训策略、培训目标、培训计划进行适当的调整。培训效果评估有助于酒店找出培训的不足，总结经验与教训，发现新的培训需要。

5. 客房员工培训的方法

（1）讲授法。讲授法是传统模式的培训方法。客房培训中讲授法主要表现为主题讲座形式。优点是同时可实施于多名学员，不必耗费太多时间和经费。缺点则为表达上受到了限制，员工不能主动参与，只能做被动、有限度的思考。这种方法的关键是如何让员工自始至终地保持学习兴趣。

（2）讨论法。讨论法是对某一主题进行深入探讨的培训方法，其目的是解决某些复杂的问题或通过讨论的形式使众多受训员工就某个主题进行沟通，达到观念看法的一致，如客房对"如何处理客人投诉"主题的培训就可以用讨论法进行。参加讨论培训的员工人数不宜超过 25 人，也可分为若干小组进行讨论，讨论会的主持人要善于启发员工踊跃发言，引导员工想象力的自由发挥，还要确保参加讨论的员工对讨论结果有较统一的认识。

（3）职位扮演法。职位扮演法又称角色扮演法，是一种模拟训练方法。这是一种将学习与兴趣结合起来的教学方式，可由三四名服务员扮演顾客与服务员，其他人可以提意见，有时可同时表演正确的和错误的操作方式。如客房服务员可示范整理床铺正确与错误的情况。这种方法适用于实际操作或管理人员，通过角色扮演发现及改进自己的工作态度和行为表现。

（4）专业指导法。专业指导法就是客房指定有经验的服务员带领新手，给新员工以专人指导，是一种循序渐进的方式。新员工在工作中得到老员工的肯定和赞许会增加其工作的自信心，这样就可在正式当班时有令人满意的工作表现。

（5）对话培训法。对话培训法就是将服务员与顾客间的对话录下来，将其中缺乏礼貌、态度粗暴、不懂业务、不懂销售常识等的对话制成幻灯片，在培训课上放映出来并进行讨论。对话训练的目的就是让员工学会在工作中遇到典型情景时，如何使用最佳的对话，从而为旅客提供优质服务，增加客房收入。这种训练使新员工在第一次碰到类似问题时就能正确处理，从而增强工作信心，提高工作能力。

（6）自学指导。自学指导即编制自学指导材料，系统地对一项工作进行详细描述，列出其任务及完成任务的方法。有的客房制订出工作指导后，发给新员工阅读，过几天进行测验，可以使训练正规化和系统化。

四、客房员工绩效薪酬管理

（一）绩效管理的概念

绩效一般是指完成工作的效率和效能，即员工在考核期内的工作表现和业务成果，是其能力在一定环境中表现的程度和效果，也是其在实现预定工作任务过程中所采取的行为及这些行为的成果。

绩效管理是通过对客房员工的工作进行计划、考核、改进，最终使其工作活动和工作产出与客房目标相一致的过程。绩效考核又称绩效评估，是指酒店人力资源管理部门按照一定的标准，采用比较科学的方法，全面检查和评定客房员工对其工作职位所规定的职责的履行情况，以便确定其工作成绩的一种管理方法。

绩效管理的目的是持续改进员工、部门和组织的绩效，是人力资源管理的中枢和关键；绩效考核的目的是测评成绩或成果。绩效管理是对绩效考核过程的监控，绩效考核是绩效管理的一种手段，也是整个绩效管理的核心。绩效管理既要注重结果，又要注重过程，同时强调各级管理者的参与，形成一个完整的绩效管理体系。

（二）绩效管理的重要性

1. 确定员工薪资报酬的依据

薪酬分配必须遵循公平与效率两大原则，绩效考核的结果是决定员工报酬的重要依据。因此，酒店必须对每一位员工的劳动成果进行评定和计量，按劳付酬，以保证客房薪酬体系的公正性和合理性。

2. 员工人事变动决策的依据

每位员工都希望客房能公正地评价其工作表现和工作能力，以满足其物质和精神的需要。常规化、科学化的绩效考核有助于酒店认可每位员工的工作成绩，采用严格的奖励和惩罚手段，鼓励先进，鞭策后进，淘汰不合格员工，给每位员工公正的待遇。

3. 人力资源开发的依据

有效的人力资源开发的依据是员工目前的行为、绩效及素质与工作规范、组织发展要求之间存在的差距，通过绩效考核，可以确定人力资源开发目标、内容及方式，以制订具体的措施与计划。

4. 有助于更好地进行员工管理

绩效考核使员工更加明确了工作要求，一方面使员工责任心增强，进一步发掘员工的潜能；另一方面还促进了员工与上级之间、员工与员工之间更好的沟通，加强了客房员工之间的了解与协作，提高了酒店客房的凝聚力和竞争力。

（三）绩效管理的流程

绩效管理的过程通常被看作一个循环过程，这个循环分为六个步骤：绩效调研、绩效计划、绩效实施、绩效考核、绩效反馈和绩效结果应用（见图 11 - 5）。

1. 绩效调研

绩效调研是绩效管理的首要任务。通过深入、系统地诊断酒店客房管理现状，摸清客房管理水平，确认客房的组织目标已被分解为具体的工作任务并落实到各个工作岗位上。该阶段的工作内容主要包括：了解企业组织机构设置、工作流程、企业制度及薪酬系统，明确部门设置及岗位责权分工，熟知企业战略目标、经营计划、企业工作目标和计划实现周期，分析相关部门或岗位过去 1 ~ 3 年的业绩表现等。

2. 绩效计划

制订绩效计划，首先要有效地确定客房员工需要考核的关键绩效领域等绩效

```
                    ┌─────────────────────────┐
                    │   绩效调研（组织目标分析）   │
                    └─────────────────────────┘
```

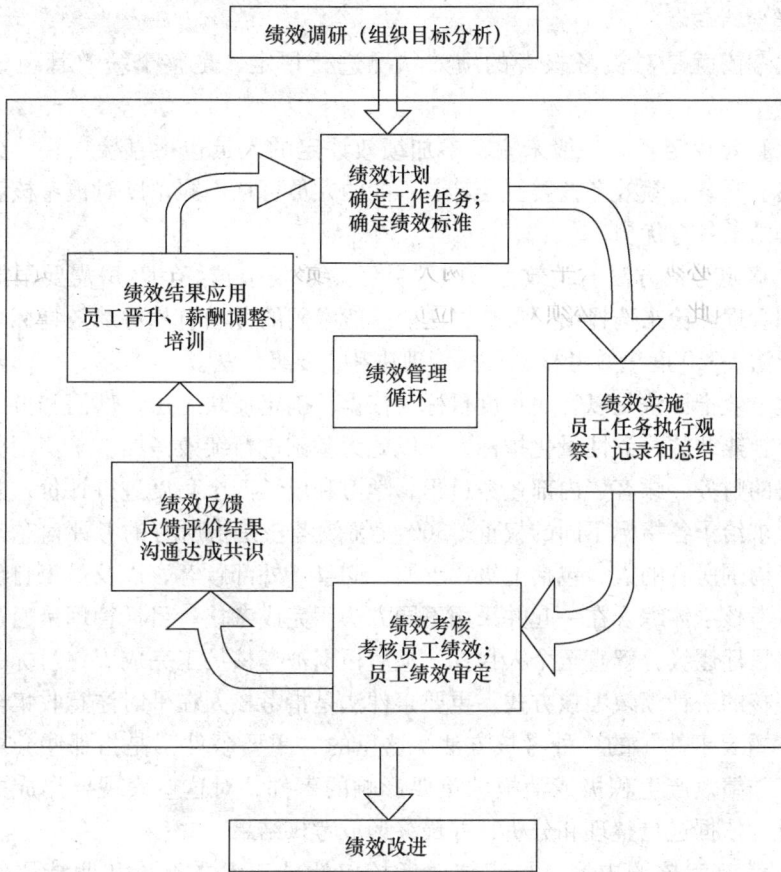

图 11 –5　绩效管理的一般流程

计划内容，然后确定每个关键绩效领域中的具体绩效指标和相应的绩效标准。

关键业绩指标（KPI）是指影响客房战略发展、总体业绩的关键领域的指标。它既体现公司各层次的动态工作任务要求，也是其重要的考核依据，其表现形式是可测量的数值指标、项目指标。

3. 绩效实施

这一阶段的工作主要包括两方面的内容：一是计划的跟进与调整，即管理者通过员工定期的工作进展情况汇报对绩效计划的执行情况进行跟踪，通过双方的沟通，可以根据实际情况对绩效计划进行调整，以适应实际工作要求；二是过程辅导和激励，即在绩效实施的阶段，管理人员要更多地扮演辅导员的角色，帮助员工完成绩效目标。

4. 绩效考核

绩效考核就是对被考核者的绩效状况进行评定，是整个绩效管理过程的核心。

（1）确定评定者。一般来说，参加绩效评定的人员包括直接主管、员工自己、下属、同事、绩效考核委员会等，不同的人员可从不同角度对被考核者进行评定，其结果各有优劣。

（2）确定考核方法。绩效考核方法并不是越复杂越好。客房需要根据自身的条件和管理经验来选择绩效考核方法。一般常用的方法有关键绩效指标法、平衡计分卡法、360度绩效考核、目标管理法和重要事件法。

关键绩效指标法是以客房年度目标为依据，确定反映客房、部门和员工一定期限内综合业绩的关键性量化指标，并以此为基础进行绩效考核。平衡记分卡法是从客房的财务、顾客、内部业务过程、学习和成长四个角度进行评价，并根据战略的要求给予各指标不同的权重。360度绩效考核是指所有的考评信息来自被考评员工周围所有的人，包括上级、下属、同事、外部顾客，以及员工自己，将上述绩效考核主体综合在一起并采用不同方法而完成考核。目标管理是通过将客房的整体目标逐级分解直至个人目标，最后根据被考核员工完成工作目标的情况来进行考核的一种绩效考核方式。重要事件法是指考核人在平时注意收集被考核员工的"重要事件"的一种考核方法，这里的"重要事件"是指那些会对部门的整体工作绩效产生积极或消极的重要影响的事件，对这些表现要形成书面记录，以此为依据进行整理和分析，并最终形成考核结果。

（3）绩效考核的内容。员工绩效考核包括员工素质评价和业绩评价两个方面。

员工素质评价涉及员工的知识、技能、职业道德、生理和心理健康状况等方面的内容。业绩评价则主要包括工作态度评定和工作完成情况评定。工作态度评定是对员工工作活动中的态度的评定；工作完成情况评定是最基本、最重要的核心内容，它一般要从工作的最终结果和工作的执行过程两个方面进行分析。工作态度与工作完成情况的评定是相互关联的，但是两者的评定结果也并不总是一致的。

5. 绩效反馈

绩效反馈的目的就是让员工了解自己的工作情况，肯定员工所取得的成绩，确认仍然存在的问题，明确产生问题的原因，并在此基础上制订相应的行动计划。绩效反馈的主要方式是绩效面谈。在绩效面谈的过程中，要营造良好的面谈氛围，向员工说明面谈的目的，告知其绩效评定结果，在双方交流的过程中制订绩效改进计划。在面谈结束后，整理面谈记录，向上级主管报告。

6. 绩效结果应用

绩效考核的结果可以应用在以下几方面：一是作为工资等级晋升和绩效工资发放的直接依据，与薪酬制度接轨；二是记入人事档案，作为确定职等晋升、职位调配、教育培训和福利等人事待遇的参考依据；三是作为调整工作岗位、脱岗培训、免职、降职、解除或终止劳动合同等人事安排的依据。

根据反馈面谈达成改进方案，制订绩效改进目标、个人发展目标和相应的行动计划，成为下一阶段的绩效目标，从而进入下一轮的绩效考核循环中。

（四）客房员工的薪酬管理

1. 薪酬的构成

客房薪酬按照表现形式，可以分成经济性薪酬和非经济性薪酬（见表11−1）。

表11−1　客房员工薪酬结构表

经济性报酬			非经济性薪酬		
直接的	间接的	其他	工作	企业	其他
基本工资	公司福利	带薪假期	挑战性	社会地位	友谊和关怀
加班工资	保险计划	病事假	责任感	个人成长	舒适的环境
奖金	退休计划	休息日	兴趣	价值实现	便利的条件
奖品	培训	客房内部价	成就感		
津贴	住房	工作餐			

从员工绩效考评的角度来考察客房薪酬的构成，可以分为固定薪酬和浮动薪酬。其中固定薪酬根据不同情况可具体包括基本工资、岗位津贴、福利待遇等；浮动薪酬则主要包括奖金、小费等短期货币激励和长期服务年金、股票期权等长期激励（见图11−6）。

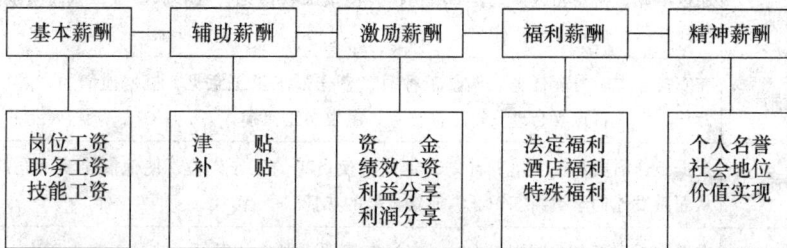

图11−6　薪酬的构成

2. 薪酬管理

薪酬管理是指在客房发展战略的指导下，对员工薪酬支付原则、薪酬策略、薪酬水平、薪酬结构、薪酬构成进行确定、分配和调整的动态管理过程。

薪酬管理包括薪酬体系设计、薪酬日常管理两个方面。薪酬体系设计主要是薪酬水平设计、薪酬结构设计和薪酬构成设计；薪酬日常管理是由薪酬预算、薪酬支付、薪酬调整组成的循环，这个循环可称为薪酬成本管理循环。薪酬体系建立起来后，酒店应密切关注薪酬日常管理中存在的问题，及时调整薪酬策略、薪酬水平、薪酬结构以及薪酬构成以实现效率、公平、合法的薪酬目标，从而保证酒店发展战略的实现。

（五）主要的客房员工激励方式

客房员工激励管理要注意三个问题：一是激励时机的掌握；二是激励频率的控制；三是激励程度的掌握。这些都要根据员工的需求、动机和实际情况来确定。激励员工的方式多种多样，常用的激励方式和手段及其内在实质详见表11-2。

表 11-2　员工激励方式的比较

激励方式	主要手段和方法
动机激励	从员工心理需求出发，触动员工心弦，使他们产生内在动力，做好本职工作和对客服务
需求激励	针对员工物质、精神、心理需要，采用物质奖励、精神鼓励、培训机会、升迁机会等各种激励措施，使员工产生内在需求和动力而开展工作
目标激励	将客房和部门管理目标和员工的个人目标结合起来，用奋斗目标和完成目标后的利益来激发员工的工作热情和勇气，保证客房目标的顺利完成
感情激励	坚持以人为本，注重感情投资，关心、爱护员工，帮助他们解决工作、生活中的实际困难，加强感情、思想、心理沟通
榜样激励	通过培养、树立先进典型，形成榜样，使员工看得见，且心服口服，从而激励员工的榜样学习，做好本职工作
兴趣激励	在安排工作、分配任务、调整工种时，事先征求员工意见，根据他们的兴趣、爱好、专长、个性特点等合理安排工作任务，激发员工兴趣
角色激励	根据工作需要和员工培养计划，定期调换员工的工作岗位，使他们扮演不同的角色，从而激发他们学习新知识，掌握新技能的热情
危机激励	在遇到艰巨任务、困难工作时，有意将其描述得十分艰巨，使员工产生压力，从而激发员工克服困难、勇挑重担的信心和勇气，将压力转化为动力

五、客房劳动关系管理办法

（一）劳动关系的含义

劳动关系是指用人单位与劳动者在实现劳动过程中建立的社会经济关系。从广义上讲，任何劳动者与任何性质的用人单位之间因从事劳动而结成的社会关系都属于劳动关系的范畴。从狭义上讲，劳动关系是指依照国家劳动法律、法规规范的劳动法律关系。劳动关系一般包括主体、内容与客体三要素：劳动关系的主体是指劳动法律关系的参与者，包括劳动者、工会与用人单位等；劳动关系的内容是指劳动者与用人单位依法享有的权利与承担的义务；劳动关系的客体是指主体的劳动权利与劳动义务共同指向的事物，如劳动报酬、劳动时间、劳动环境等。

（二）劳动合同管理

劳动合同是指用人单位与劳动者确立劳动关系、明确双方权利和义务的协议。劳动关系确立的标志是劳动合同的签订。劳动者与用人单位在订立和变更劳动合同时，应当遵循平等自愿、协商一致的原则，不得违反相关法律、法规。

1. 劳动合同的类型

（1）按签订主体划分。按签订主体的不同，劳动合同可以划分为个人劳动合同和集体劳动合同。

1）个人劳动合同。个人劳动合同是指由劳动者个人与用人单位所订立的劳动合同。《中华人民共和国劳动合同法》（以下简称《劳动合同法》）第十六条规定："劳动合同由用人单位与劳动者协商一致，并经用人单位与劳动者在劳动合同文本上签字或者盖章生效。劳动合同文本由用人单位和劳动者各执一份。"上述规定表明：劳动合同的主体，一方是劳动者个人，另一方是用人单位。

2）集体劳动合同。集体劳动合同是指集体协商双方代表根据法律、法规的规定，就工作内容、劳动报酬、工作时间、休息休假、劳动安全卫生、社会保障和福利等事项进行协商谈判而订立的书面协议。集体合同制度有利于发挥工会组织或其他团体组织在协调劳资关系中的作用，这些组织可以利用其人员的规模、专业、技术等在劳资谈判中形成一定的优势。劳动者能够借助这些组织的力量，赢得在签订劳动合同时的主动权，从整体上维护自身的合法权益。

（2）按合同期限划分。《劳动合同法》第十二条规定："劳动合同分为固定期限劳动合同、无固定期限劳动合同和以完成一定工作任务为期限的劳动合同。"因此，按劳动合同的期限，可以把劳动合同划分为三种，即固定期限合同、无固定期限合同及工作任务合同。

1）固定期限劳动合同。《劳动合同法》第十三条规定："固定期限劳动合同，是指用人单位与劳动者约定合同终止时间的劳动合同。"即在劳动合同中对劳动者的工作期限做出了明确具体的规定。这可以使双方明确劳动合同的有效期。在有效期内，用人单位与劳动者各自履行劳动合同规定的权利和义务。

2）无固定期限劳动合同。《劳动合同法》第十四条规定："无固定期限劳动合同，是指用人单位与劳动者约定无确定终止时间的劳动合同。"即在劳动合同中只明确规定合同开始的时间，没有对合同终止的时间做出规定。在这种合同中，一般有明确规定合同解除的条件。当合同解除条件出现时，劳动合同即行终止。签订这种合同，当事人双方一般都应着眼于长期的合作。只要合同规定的解除条件不出现，合同就可以继续履行，直到退休为止。因此，无固定期限劳动合同有利于培养员工对企业的忠诚和工作积极性，也有利于促进管理者与员工之间的情感沟通。

3）工作任务合同。《劳动合同法》第十五条规定："以完成一定工作任务为期限的劳动合同，是指用人单位与劳动者约定以某项工作的完成为合同期限的劳动合同。"工作任务合同实际上也是一种有期限的劳动合同，但它与固定期限劳动合同在期限规定上有显著的差别。一般情况下，固定期限劳动合同是直接以时间计算合同期限。工作任务合同不是以时间计算合同期限，而是以工作延续时间为期限。即员工从被录用之日起，到该项工作任务完成的那一天的时间段为合同期限。

（3）按用人方式划分。按用人方式的不同，劳动合同可以划分为三种形式，即录用合同、聘用合同和借调合同。

1）录用合同。录用合同是指用人单位为满足正常的生产与运营目的，与被录用劳动者依法签订的劳动合同。录用合同的签订一般要经过以下步骤：首先，用人单位根据自身发展的需要确定招收劳动者的条件，并向社会公开招聘条件；其次，应聘者对照用人单位向外发布条件，在权衡和自愿的基础上，参加应聘；再次，用人单位人事部门在全面考核的基础上，择优录取；最后，用人单位和劳动者签订确立彼此劳动关系的劳动合同。录用合同是劳动合同的基本形式。

2）聘用合同。聘用合同又称聘任合同，一般是指用人单位为了满足在生产与运营中出现的特殊要求，以聘用具有技术专长或特殊能力的技术人员或管理人员为目的而与被聘用者签订的劳动合同。用人单位通过聘用合同招聘的劳动者可以是用人单位内部员工，也可以是用人单位外部专业人员。在聘用后，劳动者的工作形式可以是专职的，也可以是兼职的。用人单位在向劳动者发聘书的同时，与劳动者签订一份劳动合同，以明确彼此的权利和义务关系。一般来说，用人单位在聘用技术顾问和法律顾问时，就需要与被聘用者签订聘用合同。

3）借调合同。借调合同又称借用合同，是指用人单位以借用劳动者为目的而与劳动者以及被借用单位签订的三方劳动合同。劳动者被借用期间，借用单位、劳动者以及被借用单位三方之间互有权利和义务关系，必须要在借调期间，有明确的规定。用人单位借调的劳动者一般只是从事临时性或短期性的工作，待借调合同到期后，劳动者还得回原单位工作。借调合同适合于用人单位急需的管理人才和技术工人等的借调。

2. 劳动合同的订立

用人单位与劳动者建立劳动关系，应该订立劳动合同。劳动合同的订立，不仅有利于保护用人单位与劳动者的合法权益，还有利于建立和谐稳定的劳动关系。劳动合同一旦订立，用人单位与劳动者便建立了一种劳动法律关系，各自均按照合同行使权力、履行义务，从而可减少许多不必要的争端。用人单位或者劳动者的权益一旦受到侵害，就可根据合同约定申请法律保护，维护自身的合法权益。

（1）劳动合同订立的原则。《劳动合同法》第三条规定："订立劳动合同，应当遵循合法、公平、平等自愿、协商一致、诚实信用的原则。"

1）合法原则。合法是指劳动合同的主体、内容、形式与订立程序要符合有关法律、法规的规定。具体来说，主要表现在以下四个方面：一是合同的主体要符合法律、法规的规定。我国劳动法对劳动者的年龄进行了明确的规定，劳动者一方要成为劳动合同的主体，必须达到法律规定的年龄；二是合同的内容要符合法律、法规的规定。我国《劳动合同法》的第十七条规定了劳动合同的必备条款；三是合同的形式要符合法律、法规的规定。《劳动合同法》第十条规定："建立劳动关系的，应当订立书面劳动合同。已建立劳动关系、未同时订立书面劳动合同的，应当自用工之日起1个月内订立书面劳动合同。用人单位与劳动者在用工前订立劳动合同的，劳动关系自用工之日起建立。"除了非全日制用工双方当事人可以订立口头协议外，我国《劳动合同法》要求采用书面形式签订劳动合同。因此，要使劳动合同合法，就不能违背这一规定。四是合同的订立程序要符合法律、法规的规定。一般劳动合同的签订要经过提出、协商、签约等环节。

2）公平原则。公平是指用人单位与劳动者公正、合理地确立双方的权利与义务。在双方协商的劳动合同条款中，有时虽然符合合法原则，但不一定公平、合理。例如，部分用人单位可能利用相对优势地位或信息不对称，迫使或诱使劳动者订立不公平的合同；有的用人单位在格式合同中，隐含不公平的条款；有的劳动者乘用人单位急需某类员工时，要求用人单位签订不公平的合同。在订立劳动合同时，应体现公平原则，以构建与发展和谐稳定的劳动关系。

3）平等自愿原则。用人单位与劳动者都具有独立的法律人格，在劳动合同的订立、履行、解除等劳动法律关系中地位平等，各自独立表达自己的意志。任何一方不能因为资源、经济或地位的优势而要求享受特权，不得将自己的意志强加给对方或对其进行胁迫。只有真正做到了主体地位平等，才能使所订立的劳动合同具有合法性和公正性。自愿是指用人单位与劳动者订立劳动合同，完全出于各自的意愿，不存在任何一方的意志强加于另一方的情况。凡是以欺诈、威胁和乘人之危等手段将自己的意愿强加于对方的行为，都是违背自愿原则的。可以看出，平等与自愿之间密不可分：平等是自愿的前提条件，自愿是平等的具体体现。

4）协商一致原则。协商一致是指合同双方当事人对在签订合同前所发生的一切分歧要充分地协商，在双方意思表示一致的基础上，再签订劳动合同。一般来说，协商一致是建立在平等自愿基础上的。用人单位和劳动者平等地就劳动合同的各项条款各自发表意见，进行充分协商，最终达成完全一致的意见。只有在完全达成一致意见的基础上签订的劳动合同，才算是贯彻了协商一致的原则；也只有在贯彻协商一致原则的基础上签订的劳动合同，才能够要求双方当事人认真履行合同规定的权利与义务。

5）诚实信用原则。在订立劳动合同时，双方要讲诚实、讲信用。诚实信用是市场经济的基石。用人单位与劳动者遵循诚实信用的原则，对双方既是一种约束又是一种保护，更能促进双方良好的合作。《劳动合同法》第八条规定："用人单位招用劳动者时，应当如实告知劳动者工作内容、工作条件、工作地点、职业危害、安全生产状况、劳动报酬，以及劳动者要求了解的其他情况；用人单位有权了解劳动者与劳动合同直接相关的基本情况，劳动者应当如实说明。"因此，劳动者在应聘时要如实向用人单位说明自己的情况，不得故意隐瞒与订立合同有关的重要事实或者提供虚假事实；用人单位向外发布的招聘信息必须与实际情况相符，向劳动者承诺的各项聘用条件在合同订立后要及时兑现。

（2）劳动合同的内容。劳动合同的内容是指用人单位和劳动者通过协商一致并达成的关于劳动权利和义务的具体规定。劳动合同的内容具体体现在劳动合同的各项条款之中。劳动合同由合同期限、试用期、工作岗位、工作任务、工作职责、工作时间、休息休假、劳动报酬、劳动安全与卫生、职业技术培训、劳动纪律、保险福利等方面的内容构成。就某一具体的劳动合同而言，其包含的内容要根据合同签订的实际情况以及相关的法律、法规而定。一般来说，劳动合同的内容主要包括两个方面，即必备条款和约定条款。

1）必备条款。必备条款是指法律规定的劳动合同应当具备的内容。用人单位与劳动者在订立劳动合同时，必须把这些条款考虑在内，因为这些条款对于调整双方当事人的权利与义务关系来说，具有法律的强制性。劳动合同只有具备这些必备条款，才具有法律效力、受法律保护。《劳动合同法》第十七条规定："劳动合同应当具备以下条款：用人单位的名称、住所和法定代表人或者主要负责人；劳动者的姓名、住址和居民身份证或者其他有效身份证件号码；劳动合同期限；工作内容和工作地点；工作时间和休息休假；劳动报酬；社会保险；劳动保护、劳动条件和职业危害防护；法律、法规规定应当纳入劳动合同的其他事项。"

2）约定条款。约定条款是指经过双方当事人自愿协商而形成的条款。劳动合同除规定的必备条款外，用人单位与劳动者可以约定试用期、培训、保守秘密、补充保险和福利待遇等其他事项。约定条款可以是劳动法律、法规中提示的，也可以是双方当事人根据实际情况提出的条款。

（3）劳动合同订立的程序。用人单位和劳动者在订立劳动合同时，应该遵循一定的程序。劳动合同订立一般包括提出、协商和签约三个步骤。

1）提出。用人单位向劳动者提出初拟的劳动合同草案，并阐明劳动合同的具体内容与依据。在提出劳动合同草案的同时，用人单位还必须向劳动者详细说明本单位内部的劳动规则。

2）协商。在平等自愿的基础上，用人单位和劳动者就劳动合同的必备条款与约定条款，认真协商，并达成一致。

3）签约。在确定所有的条款并达成一致之后，用人单位与劳动者签订书面劳动合同，双方分别签字或盖章，并将劳动合同文本送交合同签证机构进行签证。劳动合同可以是在约定时生效，也可以是在合同成立时生效。

3. 劳动合同的履行

劳动合同的履行是指用人单位与劳动者按照劳动合同的约定，全面履行劳动合同中各条款规定的各自应承担的义务的行为。劳动合同是依法订立的，双方当事人必须履行合同，这是法律赋予双方当事人应尽的义务，也是合同具有法律效力的体现。劳动合同双方当事人订立劳动合同的根本目的，就在于双方通过履行各自的权利和义务，有效实现各自的目标。任何一方不履行合同或者不完全履行合同，都会给对方造成一定的损失，构成违约，因而应承担相应的法律责任。

4. 劳动合同的变动

劳动合同的变动是指由于主客观条件的变动，使得用人单位与劳动者原先签订的劳动合同发生变更、解除或终止的行为。

（1）劳动合同的变更。《劳动合同法》第三十五条规定："用人单位与劳动者协商一致，可以变更劳动合同约定的内容。变更劳动合同，应当采用书面形式。"劳动合同的变更是指经用人单位与劳动者平等自愿协商后，对合同条款进行修改或增减的行为。劳动合同的变更包括法定变更和协议变更两种类型。法定变更是指在合同的履行过程中，当法律、法规规定需要修改或增减某些合同条款时，用人单位与劳动者进行劳动合同变更的行为。协议变更是指用人单位与劳动者经协商一致，达成协议，在法律允许的条件下对劳动合同进行修改或增减的行为。

（2）劳动合同的解除。《劳动合同法》第三十六条规定："用人单位与劳动者协商一致，可以解除劳动合同。"劳动合同的解除是指在劳动合同期满前，用人单位与劳动者双方或单方提前终止劳动合同效力的行为。劳动合同的解除包括法定解除和协议解除，前者必须根据法律、法规或劳动合同的规定；后者需要通过双方当事人的平等协商。《劳动合同法》第三十七条规定："劳动者提前 30 日以书面形式通知用人单位，可以解除劳动合同。劳动者在试用期内提前 3 日通知用人单位，可以解除劳动合同。"

（3）劳动合同的终止。劳动合同的终止是指当劳动合同期满或双方当事人约定的终止条件出现时，劳动合同的法律效力自行消失。《劳动合同法》第四十四条规定："有下列情形之一的，劳动合同终止：劳动合同期满的；劳动者开始依法享受基本养老保险待遇的；劳动者死亡，或者被人民法院宣告死亡或者宣告失踪的；用人单位被依法宣告破产的；用人单位被吊销营业执照、责令关闭、撤销或者用人单位决定提前解散的；法律、行政法规规定的其他情形。"劳动合同终止后，在双方当事人依法协商一致的基础上，可以续订劳动合同。

5. 客房劳动合同管理

劳动合同管理是现代酒店人力资源管理的重要手段。劳动合同将劳动者的工作岗位、内容、职责、工资、福利等以法律的形式展现出来。良好的劳动合同管理能够使得客房人力资源得到优化，适应组织发展的需要。在劳动合同管理上，客房部必须把握以下几个要点：

（1）明确公开的录用条件。客房招聘广告通常只是作为招聘人员的一种信息发布或是宣传手段，其实招聘广告隐藏着一定的法律风险。如客房部在员工试用期发现其不符合录用条件，要利用不符合录用条件辞退处于试用期的员工，其前提条件是客房部必须在招聘时明确规定自己的录用条件，否则员工可以利用法律维护自己的权利。因此，客房部要对录用条件做出具体明确的规定，要将录用条件在招聘信息发布时一并公布，以此来保护客房部的权益。

（2）设计合理的合同条款。客房部在设计劳动合同条款时，应充分考虑必备条款与约定条款，以满足自身的发展需要。如为了留住核心员工，客房部可以与核心员工签订无固定期限劳动合同，以提升员工对客房部的忠诚度；为了满足一些临时工作劳动力的需要，客房部可以根据工作的性质和完成的时间来设计劳动合同；而一般员工可以与之签订固定期限劳动合同。

（3）及时签订书面劳动合同。一些企业至今仍有一个错误的认识，认为签订劳动合同就是将自己套牢，没有签订劳动合同就与员工没有正式的劳动关系，就可以规避劳动合同带来的法律风险。《劳动合同法》第八十二条规定："用人单位自用工之日起超过1个月不满1年未与劳动者订立书面劳动合同的，应当向劳动者每月支付2倍的工资。用人单位违反本法规定不与劳动者订立无固定期限劳动合同的，应当自订立无固定期限劳动合同之日起向劳动者每月支付2倍的工资。"因此，若客房不及时签订劳动合同，不仅不能规避法律风险，还会增加法律风险。具体来讲，未及时与员工签订书面劳动合同，客房部有以下三方面的风险：①支付双倍劳动报酬的风险；②自身利益无法得到保护的风险；③导致无固定期限劳动合同条件成立的风险。

（4）建立劳动合同管理制度。建立内部劳动合同管理制度是现代企业制度管理发展的趋势。客房部在建立劳动合同管理制度时，应主要做好三个方面的工作：一是设立专门的管理机构，从组织上保证劳动合同管理的运行；二是配备专业的管理人员，并明确其职责，做到管理的专业化；三是制定相应的规章制度，使劳动合同管理有章可循。

（5）实行基于劳动合同的考评制度。基于劳动合同的考评制度是指客房部根据劳动合同规定的条款，对员工的工作表现和劳动合同履行情况等进行评价和认定的方法。为了保证客房部的正常运营，必须雇用必要数量和相应素质的员工。因而客房部按定岗定员聘用员工后，还须经常根据劳动合同规定的条款，对员工的工作态度、工作成效等进行考评，并以考评结果作为工资分配和人事调整的依据。基于劳动合同的考评不仅具有评价和认定员工的作用，而且具有激励员工学习、调动员工积极性的作用。

（6）推进动态的劳动合同管理机制。劳动合同管理的主要目的，就是要促进酒店人力资源的优化配置。动态的劳动合同管理机制是指客房在对每个员工的工作表现进行考核评价之后，实行优胜劣汰的原则，对考核评价优秀的员工委以重任，对考核评价一般的员工进行专门的培训以弥补其不足，对考核评价差的员工进行留岗查看或辞退。推进动态的劳动合同管理机制，既能促使客房强化考评管理工作，又能增强广大员工的竞争和进取意识。

（三）客房员工流动解决办法

1. 员工流动与员工流失

（1）人力资源流动。人力资源流动是指人员从一种工作状态到另一种工作状态的变化。人力资源的流动分为组织内流动和组织间流动。组织内流动通常由该组织的人事部门通过提升或调动来完成，而组织间的流动则是通常所说的员工流失。

员工流失一直是困扰企业管理者的难题。随着知识经济时代的到来以及人们生活节奏的加快，员工流失正变得越来越频繁。正常的人员流动率一般应该在5%～10%，作为劳动密集型企业，酒店的流动率却高达20%以上。特别是一些高学历、高层次的管理人才流失情况更加严重。

（2）员工流动的分类。在经济理论的研究中可以按照主体的主观意愿，将员工的流动分为自愿流动和非自愿流动两种类型（见图11－7）。非自愿流动是由于雇主的原因而发生的流动，主要有解雇、开除和裁员等形式；自愿流动是雇员为了自身的利益而进行的流动，即通常所说的员工流失。按照契约理论，员工流失实质是员工自主与组织终止劳动关系的行为，代表了个体永久性地退出某一组织。因退休、伤残、死亡等原因而发生的员工流动则属于自然流动。

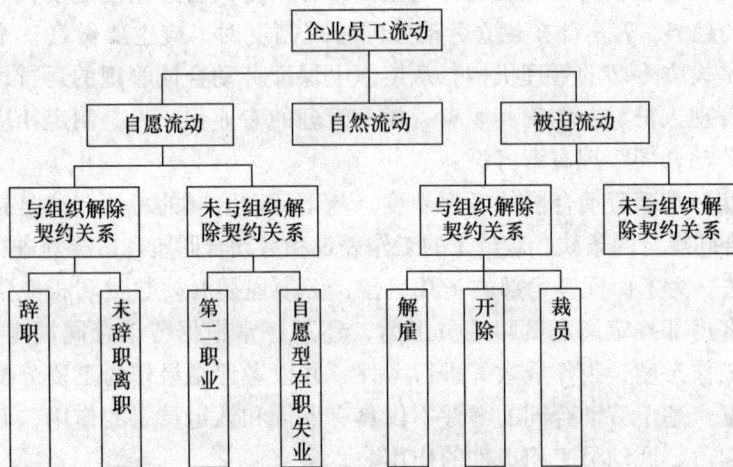

图11－7　员工流动分类图

2. 客房员工流失的消极影响

（1）降低服务质量。较高的人员流失率会影响客房员工的归属感进而影响服务质量。

（2）增加经营成本。较高的人员流失率会带来直接的人力资源损失从而增加酒店的经营成本。

（3）弱化酒店竞争力。较高的人员流失会弱化酒店的竞争力。

3. 客房员工流失的影响因素

（1）社会因素。

1）社会的认同度。伴随着社会经济进步与发展的历程，30 多年来，我国酒店业走过了具有历史性、跨越性和巨变性的发展路程。虽然在行业规模、企业水平和社会地位影响及经济拉动作用等方面都发生了深刻的变化，但是社会对其的认同度仍然停留在最初的水平，如酒店业是吃"青春饭"的行业、是"伺候人"的行业、员工素质低下等错误观念。这是导致客房员工人才供给不足以及高流失率的根本原因。

2）就业平台的多元化。网络时代员工流动市场较之计划经济时代同样有着巨大的进步和发展，同时人力资源也应与其他资源一样能够在市场上自由流动。随着改革的深入、经济的高速增长、市场化程度的进一步提高，社会对员工流失不仅越来越理解，还创造出大量的机会，提高了员工在企业外寻找到有吸引力的工作机会的预期。从这个角度来说，员工交流平台的多元化加剧了客房员工的流失。

（2）个体因素。

1）工资待遇低。薪酬水平及相应的福利状况是决定酒店能否留住员工最有力的武器。酒店作为营利性企业面临着营运成本的压力，而人力成本又是客房日常营运最大的成本之一，这就造成很多酒店通过压低员工的薪酬和福利待遇水平获得更高的短期经营利润，继而直接导致员工满意度下降，使得员工流向竞争对手或者其他行业。因此，提供一个相对具有竞争力的薪酬和福利组合，不但能够激发客房员工的积极性，还可以有效避免客房人才的大量流失。

2）获取更好的发展空间。对于酒店行业而言，大部分一线岗位工作知识要求不高，工作缺乏挑战性。由于管理方面或管理者素质不高，导致很多酒店中的一线员工得不到应有的尊重；在有些酒店中还存在工作环境过于紧张、人际关系过于复杂等问题；此外，很多员工看不到自身在酒店发展或者晋升的机会，为了能够得到更好的个人发展或晋升的空间，选择了自己认为更加有发展前景的酒店或者行业。

3）组织承诺。组织承诺也称"组织归属感"、"组织忠诚"等，是体现员工和组织之间关系的一种心理状态，隐含了员工对于是否继续留在该组织的决定。组织承诺有继续承诺、感情承诺、规范承诺三种类型。继续承诺是指员工对离开组织所带来的损失的认知，是员工为了不失去多年投入所换来的待遇而不得不继续留在该组织内的一种承诺；感情承诺是指员工对组织的感情依赖、认同和投入，员工对组织所表现出来的忠诚和努力工作，主要是由于对组织有深厚的感情，而非物质利益；规范承诺体现为员工对继续留在组织的义务感。

组织承诺对酒店业员工流失的影响主要体现在员工对企业的三种承诺类型的保持程度。本身员工对酒店业的组织承诺就低于其他行业，加之三种承诺类型中的任何一种承诺遭到破坏，都会对员工的流失行为起到推波助澜的作用。因此，酒店有效合理地维护员工的组织承诺，将能大大地改变员工的流失意愿，减缓员工的流失。

4）工作满意度。工作满意度主要表现在以下六个方面：①对领导的满意度。包括公司领导对员工及员工发展的关心，是否注意与员工的交流；上级主管在分配工作、管理下属、与员工间的沟通等方面能否有效实施激励；努力工作能否得到上级的认可。②对企业管理的满意度。包括对企业的各项规章制度的理解和认同，以及对制度以外的其他管理行为的认同。③对工作本身的满意度。包括工作是否符合自己的期望和爱好，工作量是否适度；自己在工作中能否体现出价值，能否达到自我实现的目的；工作的责权分配是否适度、明确。④对自身发展的满意度。包括员工参加培训的次数、广度和深度是否有助于自身发展；当工作中遇到难题时，能否及时得到上级的帮助和指导；能否得到充分、公正的晋升机会。⑤对工作协作的满意度。包括沟通渠道是否畅通；在工作群体中，能否得到个人人格的尊重及对工作价值的认可。⑥对工作回报的满意度。包括薪酬公平感、福利满意度、工作环境与条件的满意度。

总之，工作满意度与流失意向呈负相关，即员工感觉到的工作满足程度较低时，其流失意向较高。不同程度的满意度导致不同程度的员工流失，即员工撤出的不同程度。

另外，如年龄、性别、学历及婚姻状况等因素也对客房员工流失造成了不同程度的影响。员工个体特征分布的多样化，加大了人力资源管理的难度。

（3）组织因素。组织因素是导致员工流失的最直接、最根本的因素，是最有可能通过采取针对性措施明显降低流失率的因素，也是必须加以重点关注的因素。组织内部因素处理不好就会直接导致员工作出离职的决定。

1）工作因素。工作是员工在组织中的存在形式和价值体现的最终载体。它对员工流失有着直接而重要的影响。工作因素涵盖了工作内容、工作压力、工作环境等各项来源于工作的要素。一份经过精心设计的工作直接影响到员工的业绩和工作满意度。

客房员工特别是身处第一线的服务人员，工作既繁杂又辛苦，甚至有时还要遭受少数客人的恶意刁难。另外客房工作时间不固定，一线员工要实行三班制，即使是管理人员也没有正常的休息时间，一切都必须以顾客为中心，许多高素质的客房人才不堪重负，最终离开酒店行业。

2）体制因素。规章制度是客房经营活动正常运行和完成各项工作任务的基本保证。但是现阶段，大部分酒店仍没有一套建立在"人性化"管理之上的制度体系。员工作为酒店的一员，期望拥有平等的发展机遇，获得尊重与成就感，但是很多酒店依然存在"任人唯亲"的现象，严重挫伤了员工的积极性。在这种情况下，酒店由于没有建立起与员工互相忠诚的模式，没有创造出有利于员工忠诚于酒店的环境，即便拥有较好的薪资待遇水平，仍然很难留住员工。

3）领导管理因素。领导管理因素是指由于客房管理者的管理能力、管理行为、管理风格、责任心以及与下属关系等而导致员工流失的影响因素。不受欢迎的领导行为有：领导缺乏主见，朝令夕改，经常让下属做无用功；本身不能以身作则，要求下属做的，自己没有做到；管理权力过于集中，对下属封锁必要的信息，视信息为自己职权的象征；推过揽功，对下属的工作和困难缺乏理解和支持；处事带有明显的主观感情色彩，在组织内聚集小团伙；缺乏横向合作的良好基础，导致企业内耗增加等。

4）酒店文化。酒店文化是一个企业的"精神之魂"，酒店文化对员工流失的影响是渗透性的、复杂的，又是不可忽略的。事实表明，许多员工追求的不仅是一份工作，而是一份有发展前途的职业。客房如果能创造和建立独特的企业文化氛围，使广大员工具有归属感和宽松的工作环境，并且有较大提升的希望，员工选择跳槽的可能性就会比较小。但遗憾的是很多酒店客房在这方面做得很不够，由此也导致了员工跳槽现象的发生。

综合上述因素，影响员工流失的组织因素是复杂的、直接的，但同样也是可控的。企业目标不是要阻止员工的流动，而是要控制它的流向和流速，以降低员工流失率，提升客房的绩效。

4. 应对客房员工流失的对策

（1）完善人力资源管理体制。

1）实施谨慎的员工招聘策略。切实做好工作分析，编写出详细而规范的工作说明书，并严格以此为依据招聘员工，以确保能招聘到合格的员工。在招聘过程中，招聘者要以挑选合适的员工为原则。合适不但是指员工的技能适合岗位要求，而且个性、态度和价值观也要与酒店的理念、文化相吻合。如对大学生求职者，要了解其潜在的职业期望和职业兴趣，让其了解酒店人才培养的规律及晋升路径，这样可以让求职者理性选择，以避免聘用后因不适应客房工作、期望与现实存在差距而辞职。

2）完善人力资源培训制度。酒店领导应充分认识到培训的重要性和必要性。通过人力资源管理综合配套改革，把员工培训与员工激励、绩效考核、职业发展结合起来，建立员工自我约束、自我激励的培训机制。同时辅以交叉培训，以使员工适应多个工作岗位的需要，以便能在旅游旺季业务量突增或员工生病、休假以及顾客额外需求导致客房内部出现工作缺位时能够及时弥补。

3）重视员工的职业生涯发展规划。酒店除了做好培训外，还应在考虑酒店发展需求并对员工所拥有的技能进行评估的基础上为员工制订个人职业生涯发展规划，协助员工学习各种知识和技能，特别是专业性的知识和技能，以帮助员工适应客房多方面的工作及未来发展的需要，促进员工个人和酒店的共同发展，有效减少员工流失。

（2）完善薪酬管理体制。

1）实行绩效评估，严格绩效管理。酒店应建立分层分类的员工考核制度，从实际出发，从酒店长远目标出发选择合理的考评方式，进行科学有效的绩效激励；针对不同的员工实行不同的考核内容与方法，在考核中加强与员工的沟通，通过考核不断发掘员工内在潜能，同时以公正、及时的绩效激励不断增强员工工作的责任感与成就感。

2）提高客房员工福利待遇。合理的薪酬体制不仅是指工资的高低，还要体现出公平性、激励性、竞争性。酒店需要改变传统的固定工资占绝对地位的状况，树立工作量化观念，使薪酬与贡献挂钩，给员工提供公平竞争的工作环境，从根本上吸引和留住客房需要的人才。

另外，酒店还可以实行弹性福利制，即员工可以从酒店所提供的"福利项目菜单"中自由选择其所需要的福利。合理利用弹性福利制度，会使员工的福利需求得到最大化的满足，有助于提升员工的优越感，增加员工的忠诚度。

（3）塑造以人为本的企业文化。酒店经营应牢固树立"以员工为核心"的管理理念，在制定经营决策、订立规章制度、实施管理方案、落实奖惩措施以及进行教育培训时，要及时了解员工的想法，听取员工的意见和吸纳他们提出的合理化建议。在实现客房总体目标框架内，尽可能多地去适应和满足员工的要求。维护员工的权益，并为他们创造良好的工作环境和工作氛围，给员工以安全感、受尊重感和成就感。

（4）畅通交流渠道，实现有效沟通。酒店的管理人员应该直接与一线员工接触沟通，了解员工的愿望和需求，了解他们对工作条件、津贴、客房政策等的看法和意见。同时，管理人员还应具备敏锐的洞察力和判断力，善于发现员工的情绪变化，及时与他们进行沟通，耐心真诚地聆听，帮助员工排解压力。这样可以有效减缓员工压力，提高他们的工作满意度。在此基础上，通过建立内部投诉制度，可鼓励员工投诉，消除武断和官僚主义，促使内部服务质量不断提高。

第十二章　客房员工的日常管理

一、员工日常管理概述

（一）员工管理的内容和目标

根据 Han Williams 在《员工管理》中的描述，员工管理应该包括以下内容：①布置任务和行动；②对正在做的事情进行检查；③激励员工，让他们做得更好；④对一些做事的方法进行批评；⑤了解无法完成工作的原因；⑥确定工资和奖金；⑦对职业生涯发展进行建议；⑧帮助员工度过个人生活中的危机。阿布雷在其所著的《管理的演进》（*The Management Evolution*）中提出了管理的十大要领，在这十大要领中有六项是关于员工管理的，可见在酒店中对人的管理的重要性，这六项要领也可以作为酒店部门进行员工管理的六大目标，它们分别是：①应使员工明白酒店制定的目标，以确保其实现；②应使酒店中的每一位成员都了解其职责、职权范围以及与他人的工作关系；③定期检查员工的工作绩效及个人潜力，使员工个人得到成长和发展；④协助并指导员工提高自身素质，以作为酒店发展的基础；⑤应有恰当及时的鼓励和奖赏，以提高员工的工作效率；⑥使员工从工作中得到满足感。

（二）员工的需求及其实现

全球著名的管理咨询顾问酒店——盖洛普酒店曾经进行过一次调查，研究人员采用问卷调查的方式，让员工回答一系列问题，这些问题都与员工的工作环境和对工作场所的要求有关。最后，它们对员工的回答做了分析和比较，并得出了员工的 12 个需求：

（1）在工作中我知道酒店对我有什么期望。

（2）我有把工作做好所必需的器具和设备。

（3）在工作中我有机会做我最擅长做的事。

（4）在过去的 7 天里，我出色的工作表现得到了承认和表扬。

（5）在工作中我的上司把我当一个有用的人来关心。

（6）在工作中有人常常鼓励我向前发展。

（7）在工作中我的意见一定有人听取。

（8）酒店的使命或目标使我感到工作的重要性。

（9）我的同事们也在致力于做好本职工作。

（10）我在工作中经常会有一个最好的朋友。

（11）在过去的6个月里，有人跟我谈过我的进步。

（12）去年，我在工作中有机会学习和成长。

以上需求集中体现了现代酒店管理中员工管理的新内容。从上述需求可以看出，在员工满足了生存需要之后，更加希望自己得到发展并有成就感。我们可以通过加强员工的规范化管理来实现上述目标。

1. 明确岗位职责和岗位目标

明确岗位职责和岗位目标可以让员工明白酒店对他的希望和要求。但在许多时候，岗位职责和岗位目标与员工的实际工作并不相符，这种陈旧的职责和目标比没有这些东西更加可怕，它会给员工的工作带来误导，并且损害了酒店规章制度的严肃性，所以人力资源部门要及时根据酒店的变化及时对岗位职责和目标进行调整，使其真正能够发挥作用。

管理的首要工作就是科学分工。只有每个员工都明确自己的岗位职责，才不会产生推诿、扯皮等不良现象。如果酒店像一个庞大的机器，那么每个员工就是一个个零件，只有他们爱岗敬业，酒店的机器才能得以良性运转。酒店是发展的，客房领导应当根据实际动态情况对人员数量和分工及时作出相应调整。否则，队伍中就会出现"不拉马的士兵"。如果队伍中有人滥竽充数，给酒店带来的不仅是工资的损失，而且会导致其他人员的心理不平衡，最终导致酒店工作效率整体下降。

2. 加强管理沟通

让每个员工去做最擅长的事情，有助于发挥员工的最大绩效，达到管理的最高境界，但我们在很多时候并不能做到这些。因此，作为客房领导必须了解员工，不但要观察员工的工作行为，还要注意多与员工进行沟通，特别是管理沟通，认真听取员工对酒店管理和部门管理的建议，了解员工的思想动态，并让员工自己对自己进行工作评价，以便统一员工与直接上级对工作的认识，更好地解决在员工管理中出现的问题。

3. 建立意见反馈机制

在具体工作中，员工难免会对酒店或部门的一些管理行为产生意见，从而影响工作情绪。而这些意见并非都适合直接告诉直接上级。从酒店的管理流程上讲，应该有这样一个"第三方"来收集员工的意见，并将这些意见整理、归类，然后直接反映给最高层或酒店管理部门，这也是对各级管理人员的一种监督方式。这种意见反馈应该是书面的和正式的，并且要纳入到酒店的规章制度中，要明确进行意见反馈是一个正常的工作内容。

4. 进行书面工作评价

不少酒店都会对员工的工作绩效考评，但是在工作考评后不仅要有及时的考评沟通，还应该要有书面的工作评价。工作评价可以每半年进行一次，在工作评价中要诚恳地对员工的优缺点进行分析和总结。在员工拿到自己的工作评价时，对自身的情况不仅能有一个客观的了解，并且会感觉到酒店在时时刻刻地关心着自己的成长，从而使员工对酒店产生一种归属感和忠诚感。

5. 做好办公设施的管理

办公设施是在员工管理中常常被忽略的部分，事实上每个员工进行工作时都要有相应的设备和办公用品，之所以在这方面会出现问题，往往不是设备和办公用品的数量不足，而是管理不善。在需要的时候，物品往往找不到，或者设备已经陈旧，不利于员工工作的正常运行。因此，对物品的管理应该由行政部门安排专人负责，借用和领用都应有相应的登记管理制度，并委任专人对办公设施进行维护和更新。

（三）员工安全保护

随着工业时代的不断发展，在员工的安全保护方面取得了长足的进展。在知识经济时代，这些保护内容已经有了质的变化。它不仅局限于对人身体和生理的保护，还涉及对心理和工作目标的保护。根据员工对保护的需求，我们可以把保护分成四个方面：身体安全保护、心理健康保护、生活条件保护和工作目标保护。

1. 身体安全保护

这是对员工保护的基本内容，即便是一些现代办公环境，也应该注意装修时的有害气体污染、电磁污染和各种职业病的发生。

2. 心理健康保护

心理健康保护是目前员工保护中最容易忽视的一个环节。健康的心理环境有助于让员工保持良好的精神状态，有助于员工提高工作效率。工作压力过大、工作环境不适应、人际关系紧张都容易影响心理的健康。对于一些大型酒店，酒店中应该有专门的心理医生负责解决员工的心理问题，并对心理健康作出有益的指导。

3. 生活条件保护

没有好的生活条件就没有好的工作。从日常工作来讲，员工有三个方面的需求，即工作需求、娱乐需求和学习需求。在工作之余，酒店应该提供相应的环境和设施，充分满足员工娱乐和学习的需求。一些著名的酒店，都有自己的活动中心和娱乐中心，甚至有健身中心和教育基地。

4. 工作目标保护

从本质上讲，每个员工都有将本职工作做好的愿望。完成了既定目标，不仅对酒店有利，也会使员工本人有成就感。但在具体工作中，有这样或那样的障碍，影响了员工达成工作目标。这些障碍多半是管理中的障碍，如目标不明确、资源配置不合适、岗位职责不清、工作流程失效等。这些都需要客房领导与员工经常沟通，及时解决这些问题，以保护员工顺利实现其工作目标。

（四）员工的价值体系管理

价值体系，就是指一个人用什么样的态度去处理他身边发生的事情；也就是说，在他心目中哪些事情是次要的，哪些事情才是最重要的。

价值体系对一个人的影响是非常巨大的，它足以影响人的一生。价值体系是人进行思考和行为的尺度和准则，在每一个行为和决策中都有价值体系的体现，所以说价值体系的影响也是无处不在的。

虽然不是每个人都能清楚地认识到价值体系的存在，但它却实实在在地影响着我们的工作。价值体系的形成源于从小所受的教育和成长的环境，并且会随着社会阅历的增加而发生变化。

1. 传统管理与现代管理的区别

在传统管理中，员工仅仅是"会说话和灵巧的机器"，员工机械式地工作，老板所关注的是员工每天所完成的工作量，没有必要去关心员工在想什么和希望做什么。在传统管理中，老板与员工的关系如下：①我是老板；②我不信任任何人；③我命令你；④我知道一切，所以一切听我的；⑤我付你很少的工资。

然而，随着自动化程度的提高，员工的工作逐渐从机械式劳动转向创造性劳动，创造性劳动需要员工的知识资本和创造力，所以现代管理更强调员工的主动性和创造性；在现代管理中，老板与员工的关系有如下几个显著的新特征：①让我们共同创造；②我信任你；③我尊重你；④我听从你的建议；⑤我们共享成果。

2. 价值体系对现代管理的影响

现代管理更注重人自身的价值，因此在现代管理中人自身的价值体系显得越来越重要，主要是对工作目标的影响。客房领导可以告诉员工完成什么样的工作，员工也可能按客房领导的要求按时完成工作。但质量的好坏却取决于该员工价值体系对这项工作的认同程度，员工是否能够创造性地完成该项工作（高效率地完成），也取决于该员工价值体系对这项工作的认同程度。

对现代员工而言，工作的主要目的已不再仅仅是为了生存，更重要的是为了实现自身的价值，这个"价值"就是员工"价值体系"中所推崇的那部分价值。

如果员工的价值体系并没有对这项工作产生认同，这项工作就是"要我工作"；如果他的价值体系对该项工作产生了认同，这项工作就会变成"我要工作"。正由于员工对工作目标认同的差异，在工作过程中其工作行为也就会产生差异。比如，当工作出现问题时是推诿逃避还是认真解决，都与员工的价值体系有着直接的关系。

3. 价值体系的识别

要对价值体系进行管理，首先要对员工的价值体系进行识别。由于每位员工的社会背景和教育背景不同，所以价值体系也不可能相同。

（1）沟通法。通过与员工的沟通交流可以基本了解员工的价值体系。比如在面试时，我们可以提出以下几个问题来识别应聘者的价值体系：①你为什么要选择原先那家酒店？②现在你为什么又要离开那里？③你为什么要选择我们酒店？

员工加入酒店和离开酒店总有自己的动机，了解他的真实动机，就能把握他的价值体系。通过应聘者对问题①、问题③回答的对比，你可以基本了解该员工是重发展还是重待遇。问题②可以清晰地反映出应聘者来应聘的真实目的。另外，应注意应聘者的回答是否符合逻辑，并可以适当地提些细节问题，以了解应聘者回答的真实度。

（2）观察法。对在职员工使用观察法可以比较客观地了解其价值体系，主要是通过观察他对突发事件和对影响自己利益事情的态度来进行判断。

4. 价值体系的管理

对员工价值体系的管理是对员工的高层次管理，其目的是让员工从价值体系上对所做的工作产生认同，从而增强工作的主动性和协同性。在管理中要考虑和尊重员工的现有价值体系，并用酒店文化对员工的价值体系进行引导。

（1）完善工作流程。完善的工作流程可以使员工养成良好的工作习惯，这些习惯有助于员工培养工作的责任心。

（2）完善酒店文化。将酒店所追求的价值体系明确告诉你的员工，可以使他们更加明确工作的目标和方式，并能使员工认真地检查自己的价值体系与酒店倡导的价值体系的差别，从而促进员工价值体系的提升。

（五）如何提高员工的工作效率

提高员工工作效率，除了要有明确的工作岗位和良好的激励政策之外，管理方法也很重要，下面就是六个非常实用的管理方法：

1. 选择合适的人进行工作决策

在对工作进行决策时，应该选择有相当技术能力或业务能力的员工进行决策。一些员工由于技术或经验的欠缺，在进行决策时，会对工作造成错误的指导。如果方向错了，做再多的工作也没有意义。

2. 充分发挥办公设备的作用

许多工作可能是因为电话、传真机等办公设备出现故障而耽误下来。有的酒店没有传真机，收发一份传真需要走很长时间的路，这样自然无法提高工作效率。

3. 工作成果共享

有时我们会发现，自己做的工作可能是其他员工已经做过的了。有时查找一些资料，辛辛苦苦查找到了，结果发现另一位员工以前已经查找过了，如果当初向他咨询，就不必费这么大的劲了。将员工的工作成果共享是一个很重要的问题。特别是对于员工较多的酒店，这一点显得尤其重要。客房领导可以利用部门内部的办公例会让大家介绍各自的工作情况。另外，对一些工作成果资料要妥善地分类和保管，这些都能达到工作成果共享的目的。

4. 让员工了解工作的全部

让员工了解工作的全部有助于员工对工作的整体把握。员工可以更好地将自己的工作与同事的工作协调一致。如果在工作中出现意外情况，员工还可以根据全局情况，做一些机动处理，从而提高工作的效率。

5. 鼓励工作成果而不是工作过程

客房领导在对员工进行鼓励时，应该鼓励其工作结果，而不是工作过程。有些员工工作很辛苦，客房领导可以表扬他的这种精神，但并不能作为其他员工学习的榜样。否则，其他员工就可能会将原本简单的工作复杂化，甚至做一些表面文章来显示自己的辛苦，进而获取表扬。从酒店角度而言，酒店更需要那些在工作中肯动脑筋的员工。所以，酒店应该鼓励员工用最简单的方法来达到自己的工作目标。总之，工作结果对酒店才是真正有用的。

6. 给员工思考的时间

酒店在做一件事情之前，如果决策层没有认真地进行思考，这件事情就不会干得非常出色。员工工作也是如此，如果客房领导不给员工一些思考的时间，也很难让他们做好自己的工作。客房领导要鼓励员工在工作时多动脑子、勤于思考。用大脑工作的员工肯定要比用四肢工作的员工更有工作成绩。

二、客房的人性化管理

作为酒店人力资源经理，你或许希望客房员工更敬业、多奉献。然而，对于大多数员工来说，工作并非他们生命的全部。每个员工首先是一个追求自我发展和实现的个体人，然后才是一个从事工作有着职业分工的职业人。他们更愿意在工作上展现自己的个性、体现自身价值，而不喜欢在事事被安排、时时被监督的环境中工作——当今，在客房领导们不断探讨对员工采用何种管理方式最有效的话题时，人性化管理一词的被提及率越来越高。人性化管理作为游离于制度与人性之间的一种管理方式，正被越来越多的酒店和员工所推崇，一批懂管理、有人情味、有亲和力的客房领导越来越受到更多员工的爱戴和追随。而来自酒店和员工的这种强烈需求，则汇成了对酒店人性化管理的强声呼唤，人性化管理已逐渐成为当今酒店管理发展的新趋势。给员工适当的空间，并尊重他们，用计划和目标来管理他们，已成了酒店员工对客房领导的基本要求。而员工们的自我发展和自我实现的需求只有在得到了重视和满足后，他们才更愿意用心工作，更愿意接受客房领导的加班要求，从而更加有效地完成客房领导的指令。

有客房领导深有体会地说："人性化的管理不是挂在嘴边漂亮的话语，也不是靠讲什么忠诚度的理论就可以说服人，它需要酒店平等真诚地和员工交流，真正让员工感觉到被尊重。"酒店也只有树立了以人为本的人性化管理理念，才能真正创造出吸引人才、留住人才的环境。

（一）什么是人性化管理

"人性化管理"是由现代行为科学演变出来的一种新的管理概念，对于这一概念的研究便也成为人性管理学。随着知识时代的来临，人作为知识、智慧的主体变得越来越重要，合理开发人的内在潜能已成为现代管理的重要课题。

要明白什么是人性化管理，就必须知道人性是什么。人性是指人的本性。管理学对人性的研究，侧重于人的本性、行为和管理方式、管理措施等的相关联系。各个时期的管理人员都以人性假设为依据（分别经历了"经济人"、"社会人"，"自我实现人"和"复杂人"四个人性假设阶段），然后用不同的方式来管理、领导、控制、激励员工。从管理理论的历史发展来看，人性假设（或认识）有一个由简单到复杂不断深化的过程，人性化管理在酒店管理中的作用越来越突出。

所谓酒店人性化管理，应该是在充分认识人性的各个方面的基础上，按照人性的原则去管理，利用和发扬人性中有利的东西为管理和发展服务；同时对人性中不利的一面进行抑制，弱化其反面作用。在酒店人性化管理的实施和手段上采取"人性"的方式、方法，尊重个人、个性，而不是主观地以酒店意志或客房领导意志来约束和限制员工。在实现共同目标的前提下，给员工更多的"个人空间"，而不仅是靠理性的约束和制度的规定来进行管理。

（二）为什么要实施人性化管理

1. 瞬息万变的环境呼唤酒店客房的"人性化"管理

环境是酒店生存和发展的土壤，而原来的管理制度已经越来越难以适应当前激烈的环境变化。过于陈旧的"硬"制度已经不能适应现代酒店的管理需求，越来越多的制度应逐渐"软"化，符合酒店的变革与创新，从而更好地适应新的环境。从外部环境来说，"人性化"管理的程度决定了一个酒店能否吸引和留住优秀人才，因为现在几乎所有的酒店都认识到人的因素在酒店的管理中起着至关重要的作用。所以，酒店之间的竞争在一定程度上变成了对人才的竞争。这就必然要求酒店在管理中融入更多的"人性化"。从内部环境来说，酒店战略的制定、计划的实施以及酒店文化的建设都离不开职工的参与。只有实施更为"人性化"的管理，才能提高酒店客房适应环境变化的能力。

2. "人性化"管理是激发创新的有效机制

有人把在严格制度管理下的员工比喻成高速运转机器里的零部件，只能被动地跟着机器转动，而没有个人主观能动性的发挥。完善的规章制度是酒店健康运行的重要保证，但比制度约束更高明的是酒店实施的人性化管理。这种"人性化"管理使酒店与员工形成一种心理契约。制度约束对于员工而言是"要我做"，而形成心理契约对于员工而言却是"我要做"。把员工的主观能动性调动起来，是酒店进行制度创新和技术创新的前提条件。而"人性化"管理正是给员工提供了一种相对宽松的创新环境。

3. "人性化"管理制度有助于酒店客房作出高质量的决策

面对激烈的市场竞争，酒店需要做出决策的速度越来越快，决策内容也越来越复杂。任何客房领导都难以独立决策，必须转向决策的民主化，吸收员工参与决策，集思广益，从而改善决策的速度和质量。而酒店实施人性化管理，能够让职工充分地参与到酒店客房的决策当中，体验到主人翁的责任感和使命感。这样，既有利于做出正确的决策，又便于决策的执行，充分提高了酒店客房的工作效率。

（三）酒店客房如何实施人性化管理

1. 树立以人为本的价值理念

人在不同的人力资源管理模式的影响下，会有不同的行为和心理表现。许多成功的酒店客房正是树立了"以人为本"这样一种价值理念，才得以不断地发展壮大。从现有成功酒店中不难看出，只有实施"以人为中心、理性化团队管理"，酒店的人性化管理才可能会迈上科学、有序的轨道，酒店客房员工才会团结协作、积极主动、行为规范、不断创新，酒店客房的发展前景也将是美好的。

2. 有合理的制度与先进的理念配套

健全合理的制度是酒店客房运行的基础。再先进的理念如果没有制度做保障，也会变成无源之水、无本之木。以人为本的管理制度是以合理的管理制度，如规范的业务流程、合理的管理平台和科学的决策体制和监督体制等来整合个人利益，协调各种冲突，从而实现酒店客房管理的目标。

3. 建立起尊重员工的酒店文化

尊重员工是"人性化"管理的必然要求，只有客房员工的私人身份受到了尊重，他们才会真正感到被重视、被激励，做事情才会真正发自内心，才愿意和管理人员打成一片，站在酒店的立场上，主动与管理人员沟通想法、探讨工作，完成酒店交办的任务，心甘情愿为工作团队的荣誉付出努力。人性化的管理就要有人性化的观念，就要有人性化的表现，最为简单和最为根本的就是尊重员工的私人身份，把员工当作一个社会人来看待和管理，让管理从尊重开始，让员工普遍感受到酒店的关怀和温暖，只有这样才能最大限度地发挥个人的主观能动性，这也是一个酒店客房最希望收到的效果。

三、客房员工压力管理

（一）员工压力概述

每个人在生活和工作中都会有压力——特别是在竞争日趋激烈的今天。当员工碰到不顺心的事情，或者对工作一筹莫展的时候，员工就会产生压力。适当的压力对个人来讲是有益的，但如果压力过大，就会使人产生消极的情绪。也就是说，压力就像一把双刃剑，既是好事也是坏事。

员工压力内涵：

联合国国际劳工酒店发表的一份调查报告认为："心理压抑将成为 21 世纪最严重的健康问题之一"。酒店客房领导已日益关注工作情景中的员工压力及其管理问题，因为工作中过大的压力会使员工个人和酒店都蒙受巨大的损失。过度、持续的压力会导致员工严重的身心疾病，而压力管理能预防压力对员工造成的这种损害。有效地维护、保持酒店的"第一资源"——人力资源。客房员工压力管理有利于减轻员工过重的心理压力，保持适度的、最佳的压力，从而使员工提高工作效率，进而提高整个酒店的绩效、增加利润。酒店客房关注员工的压力问题，能充分体现以人为本的理念，有利于构建良好的酒店文化，增强员工对酒店的忠诚度。

（1）常见员工压力的种类。酒店客房的员工可能会面临着多方面的压力。从大的方面讲，可以分为自我需求压力、工作压力、家庭压力和社会压力。

1）自我需求压力。员工的压力是员工个体与环境相互作用或相互影响的结果。从本质上讲，压力来自员工的需求，而需求是由环境所引起的。

员工的需求可分为生理需求和心理需求两大类，这些需求就是压力的来源，简称需求压力源。当员工感到自己的需求可能会超过自己的能力时，就会产生压力或潜在的压力。

在工作中，员工自我需求产生的压力，主要取决于以下四个方面：一是员工对环境的感受，感觉环境的调子较低时，容易产生压力；二是员工的个体差异，性格拘谨往往容易感到压力；三是员工之间的相互影响，尤其压力信息的传递，也易产生压力；四是员工过去的经验越少，往往压力越大。

2）工作压力。工作压力是指员工在工作中产生的压力。比如，新员工刚上岗时就可能会出现不适应的压力。新的岗位面对着许多新变化，新员工可能会担心自己不能适应这份工作而产生压力。

另外，当打破了正常的工作流程和工作进程时，也会产生压力。比如，当员工接受紧急任务或重大任务时，可能会担心自己能否按时完成，或者担心自己的失误会对全局产生严重的影响，从而会产生压力。

工作环境中的人际关系压力也不容忽视。在工作中，每位员工都不可避免地要同自己的上级或客户打交道，如果这些沟通出现了障碍或者被别人所误解，就会产生人际关系压力。如果该员工人际关系处理得较为融洽，这方面的压力就会小些；反之则会加重。

3）家庭压力。每位员工都属于一个家庭，家庭环境的和谐与否对员工有着很大的影响。家庭压力一般来自于配偶压力、父母压力、子女压力及亲戚压力等。比如夫妻感情不和、父母生病住院、子女学习成绩不好等事情都会对员工产生压力。

有时员工不得不为处理这些事情而请假。当员工因为这些压力而求助于酒店的人事部门或客房领导时，酒店应该对员工进行力所能及的帮助，比如帮助调解纠纷等。

虽然这些事情可能与员工的工作无关，但是酒店只有协助解决员工的这些压力，才能够让员工全身心地投入工作。同时，员工也可以感受到酒店的关怀，从而加强酒店与员工之间的凝聚力。

4）社会压力。每个员工都是社会中的一员，自然也要受到来自社会的压力。比如住房问题，能拥有一套自己的房子是很多人的梦想。如果没有合适的住房，自然就会影响到员工的心情。

另外，如果员工的社会地位处于较低的层次，也会产生压力。当员工将自己的职业、收入、开支等与社会中的其他成员进行比较之后，发现自己远不如人，就会产生因攀比而引起的社会压力。

了解员工容易产生压力的来源，有利于引导、帮助员工正确面对压力和处理压力。作为客房领导，帮助员工正确处理压力将会使其在工作中取得更好的成绩。

（2）员工的压力源。员工压力的来源也称为压力的起因。其从内容和形式上分为生理压力源、心理压力源、工作压力源和生活压力源四种。

1）生理压力源。生理压力源是指由于身体状态的变化，对员工个体产生的压力。生理压力源包括疾病、疲倦、营养等。

2）心理压力源，许多事物由于不同的个体产生不同的心理活动，因而产生的压力也会程度不一。几乎每种事物都可能成为心理压力源。从大的方面讲，生气、后悔、自卑感、不胜任感及挫折感都是心理压力源。

3）工作压力源。工作压力源的表现形式很多，因为工作中的每一件事都有可能成为压力源。

引起工作压力的因素主要有：工作特性，如工作超载、工作条件恶劣、时间压力等；员工在酒店中的角色，如角色冲突、角色模糊、个人职责、无法参与决策等；事业生涯开发，如晋升迟缓、缺乏工作安全感、抱负受挫等；人际关系，与上司、同事、下属关系紧张等，这都将引起很大的心理压力。

4）生活压力源。按对压力影响程度主要有：配偶死亡、离婚、夫妻分居、家庭成员死亡、外伤或生病、结婚、解雇、复婚、退休等。可见，生活中的每一件事情都可能会成为生活压力源。

（二）员工压力管理

1. 从酒店的角度来看

如何正确对待员工的压力，是考查酒店客房落实"人本管理"理念的一个主要指标。只有开展有效的压力管理，才能在酒店里真正建立"以人为本"的管理机制。从酒店客房的角度来看，有效的压力管理包括以下四个方面的内容：

（1）制定员工的职业生涯发展规划。人才在成长过程中，经常要面临成长瓶颈的困惑和压力，这就需要酒店制定员工的职业生涯发展规划，通过"职业发展阶梯"和"职业生涯通道"，在尊重人才意愿的基础上，帮助人才开发各种知识与技能，解决人才成长过程中面临的职业发展压力。

（2）开展职业咨询与压力辅导。随着社会的进步和酒店的发展，员工的身心健康将得到越来越多的关注，职业咨询与心理压力辅导也将随之产生，这将帮助员工正确处理工作压力和提高其工作质量。

（3）建立公平的内部竞争机制。许多压力尤其是工作方面的心理压力，是来源于酒店内部不公平的竞争机制。这种不公平的内部竞争机制，既不利于员工的身心健康，也不利于酒店的可持续发展。因此，酒店只有建立公平的内部竞争机制，包括薪酬激励分配机制、晋升筛选机制等，才能有助于减轻酒店客房员工的心理压力。

（4）构建人性化管理机制。作为酒店，是集多方利益于一身的载体，不仅要满足投资者的利益，也要满足员工个人的利益。而员工的身心健康是员工利益的重要组成部分，酒店只有构建人性化的管理机制，才能真正实现其作为载体存在的意义。

2. 从员工的角度来看

站在员工的角度上来讲，如何处理好个人所面临的压力，对个体的身心健康起着至关重要的作用。所以，在市场竞争日益激烈的情况下，员工尤其有必要做好自身的压力管理。

（1）预见和评估压力。许多我们体验过的压力来源，事先是可以预期的。因此，员工在工作过程中，要做好个人的职业生涯规划，熟悉酒店文化或内部规则，对可能出现的压力做好评估和预测，增强工作积极性，保持乐观的生活态度。

（2）接受和释放压力。有许多人总是抓住过去的失望、挫折或与他人的不和，不愿正确面对和接受压力，这使他们陷在过去而回不到现在。如果你愿意改变对某种情况的感觉和态度，你会发现接受它比较容易。在接受压力过程中，我们需要学会大声说"没什么"，永远记住"祸兮福之所倚，福兮祸之所伏"，知道"有所为，有所不为"，表现"难得糊涂"，保持"宽宏大量"，做到"退一步海阔天空"等。在释放压力过程中，可以采用请求协助、休息一下、用积极的方式处理愤怒等有效的方法。

（3）管理压力。管理压力包括管理时间（即利用 80/20 法则，做重要的事情）、管理生活方式。管理生活方式包括心理暗示（给自己鼓劲）、视觉化的心理图像（回忆过去美好的记忆）、适度运动、呼吸法（深呼吸）、营养均衡（饮食结构、饮食习惯合理）、充足的睡眠。

总而言之，有效的压力管理既有助于员工的身心健康，也有助于建立员工和酒店间的良好关系。

（三）积极的压力策略

有调查发现，越来越多的员工开始陷入工作压力的困惑。现实中职业压力与员工的缺勤率、离职率、事故率、工作满意度等息息相关，而且对酒店的影响是潜在的、长期的。

我们在这里倡议，压力管理策略的实施要有积极性。

1. 控制压力管理的"度"

国外一位著名的心理咨询师说过："压力就像一根小提琴弦，没有压力，就不会产生音乐。但是如果弦绷得太紧，就会断掉。你需要将压力控制在适当的水平——使压力的程度能够与你的生活相协调。"

对于酒店客房而言，压力管理的核心就是减轻员工的压力和心理负担对其造成的不良影响。而酒店在熟知员工压力来自何方时要以管理的方式进行疏导，对于员工的内心压力源、意见等，采取正确的态度来审视。这无疑会对酒店的良好发展起到助推作用，实际上也是一个良性循环。重要的是，压力管理在相当大的程度上延长了酒店的生命周期。

建议酒店制定职业压力管理办法，它是针对酒店员工的身心健康和绩效而对内部职业进行预防和干预的系列措施，是酒店职业压力的管理体系和方法，通常这种管理体系以酒店为核心但又更注重酒店中的个体性。一个完整的职业压力管理办法包括压力评估、酒店改变、宣传推广、教育培训、压力咨询等内容。

同时还要做一些如压力测试等心理测试来辅助酒店的目标管理、考核，同时利用工作分析，制定合理可行的工作标准，在实践中逐步调整工作量，使员工的能力与工作内容成正比，同时让大家明白并非所有的压力都是负向的。有些人在压力大的情况下职业生涯更上了一层楼。

2. "苦情室"释放压力

日资酒店工作压力是很沉重的，为了缓解释放压力，一些酒店设立了"苦情室"、茶室等，供员工宣泄、释放紧张情绪。一些酒店在电脑中放置了一些发泄对上司不满的游戏，有一些排解压力的书籍、音乐以及心理咨询的热线电话等。

有的酒店设定了上午、下午各10分钟的休息、做操时间，工作时还播放一些调节心情的音乐。中午休息时可以到酒店阅览室看报、读书，也可以到酒店健身房锻炼身体，这些对释放压力均有收效。

有的酒店规章制度中用一个章节明确酒店员工的申诉制度，及时解决员工因工作压力造成的紧张情绪。以完善的培训计划、薪酬标准和保障制度增强员工的安全感和较为稳定的就业心理，减轻其压力。

当然，压力管理是多方面、多层次、多渠道的管理，这就要求酒店的各级酒店包括工会、党酒店、团酒店、行政部门等积极配合减少员工的压力。

3. 积极性压力管理的三个关键点

（1）增强信心，提高员工压力的承受能力。

（2）培养兴趣，充实员工的生活。

（3）职业生涯规划，压力管理的关键。

四、员工在职离职管理

（一）员工工作时间管理

令客房领导伤透脑筋的另一件事是有些员工"大错不犯，小错不断"，然而这样的事又偏偏经常在工作中会遇到。虽然像经常性早退和迟到、不遵守安全工序等违纪行为一般不会造成重大损失，但如果任其发展不仅会影响生产效率，还有可能导致重大事故发生，因此必须妥善处理。

（1）如何预防习惯性迟到。口头警告只是处理员工习惯性地迟到的开始，一般酒店都设立经理可以遵循的处理程序来应对这类问题。经理首先给予正式的警告，接下来经理可以做的第一件事就是正式和员工谈这个问题。

在做出警告之后，经理还应该向迟到的员工说明准时上班的重要性，让他们明白工作需要他们必须按时上班。让他们知道他们的行为会影响到同事和酒店的生意。即使是最独立作业的员工，如果让他们随意进出酒店，也会影响到酒店的整体士气。有些员工甚至搞不清楚酒店的要求，那就应该明确他们的工作时间表，如果有所变动，一定要给他们正式通知。

如果在经过面谈后，员工继续迟到，可以加大惩戒力度，例如经理把书面警告列入员工的个人记录中。但不可以搞突然袭击，这些警告必须事先让员工知道。

如果书面警告也不能杜绝继续迟到的现象，那就要按照程序继续处理，例如对员工处以两三天的停职停薪。在收到这些处分之后，一般员工若还想继续工作下去，那么会收敛一些。如果没有收敛的话，那就有可能是他不在乎这份工作。如果这样，最后开除这名员工也就是顺理成章的事情了。正式处分会给员工和经理留下不愉快的回忆，正因为如此，经理在处理时一定要遵循每一个步骤。如果不进行处分，那么就起不到惩戒作用，就没有人会遵守上班时间；如果不依照程序，就会引起员工的不满。

有时候员工不能准时上班、准时下班、午饭时间不超时未必是他们想这样做，而是因为客房领导没有注意到一些这方面的细节。因此在处理员工的这类问题的时候，客房领导也应该反省一下自己是否在部门中就这一问题作了强调。例如：①是否已经以书面形式告知所有员工上班、下班时间。②是否在迟到现象一发生时，就立刻和员工讨论。③做表现考评时，是否已把迟到问题列入讨论。④自己是否以身作则，准时到酒店。⑤有没有对留下来加班或午餐时间照常工作的员工表示谢意。⑥是否有意识地控制自己的午餐时间，或者尽量减少不必要的应酬午餐。⑦是否了解员工的需求，或者是否了解他们迟到背后的真正原因。

（2）如何处理高缺席率。不论高缺席率是整个部门的问题，还是仅限于某一两名员工，客房领导都必须强调高出席率的重要性。因为高缺席率是比迟到、早退与午饭过长更严重的违纪现象，自然也是身为经理所不可忽视的问题。因为缺席不仅违纪，还会严重伤害到部门的生产力。

研究表明，如果工作环境令人愉快和满意，员工的出席率就高；反之，他们就会常旷职。因此，处理高缺席率的一个方法就是让工作环境更满意、舒适，合乎人性的需要。除此之外就是找经常旷职的员工好好谈一谈，因为不同的人对工作环境的要求是不同的。因此，客房领导职能是做到工作环境整体上令人满意，但不可能令每个人都感到完全满意。

在跟经常旷职的员工谈话的时候，重点向他们说明行为的后果。有些员工旷职是因为个人或工作的确有问题，另一些员工则是故意滥用制度。对此，经理应该明确向他们表明这种行为是无法容忍的。对于前者，应该给予协助帮他们改变行为。对于后者，则要让他们知道必须立刻停止这种行为。

同时，那些出席率良好的员工应该受到称赞，赞赏他们的行为给酒店和他人带来了方便。这种赞赏不要仅仅停留在口头上，还应该有实际行动。

总之，客房部经理的底线是要坚持员工一定要遵守时间表。然而，如果员工确实有其他重要的责任，不得已才违反这个规定，那么经理应采用一些弹性措施，但不能伤害到生产效率。经理要让部门内的所有员工确实理解上下班时间的规定，不能给任何人以特许。如果某位员工利用了弹性时间却没有作出弥补，那么，会严重伤害其他员工的积极性。

（3）如何处理员工请假。经理们经常碰到一件事，当你有要紧的工作需要找某个员工去做时，却发现他又"生病"了。生病固然很正常，但是一个平时看起来很健康的员工经常"生病"，不能不令人怀疑这位员工是在滥用病假。

生病可以请假，而且一般不会扣薪水，这项规定本是很人道的。但有些员工却认为病假是多出来的假期，可以随时利用。甚至有的员工认为，即使请病假要扣薪水，但权衡一下，只要合算一样也可以请假，反正没什么损失。但这样的思维逻辑会给客房领导带来麻烦。

虽然员工请假在所难免，但如果客房领导听之任之，那么请假事件会越来越多，经常性的请假也就成了家常便饭。因此管理层在碰到这种现象时，必须及时采取有效措施。美国管理协会的专家们建议，最好是在刚刚雇用员工的时候，就对他讲明白病假、事假的规定。不要等到出现问题时才采取措施，在与员工讨论请假问题时，应该解释以下几点：

1）酒店规定的病假的天数，并不代表不管有病没病，都有权利请假。

2）要请病假，必须是真正的生病。

3）只有在真正生病时，才可以请酒店规定天数以外的病假。

4）酒店病假天数的规定是根据酒店所能承受损失的程度。

5）员工要在病假天数以外请假，必须要有真正迫切的理由。

6）解释请假规定的最基本的目的是让员工明白每天来上班是很重要的，酒店期望他们每天都来上班。

客房经理也常会碰到员工长期请假而不知道他会不会再回来上班的情况。为减少损失，在确定这位员工是否会再回来之前，应该先采取弥补性措施，重新分配工作或使用短期员工。但这不是说这位请假的员工已经被解雇了，酒店在一定期限内还是会为生病的员工保留机会的。

（二）员工在职情况管理

1. 如何预防突然的人手不足

不管执行政策有多成功，总还是会碰到员工旷职的问题——而且有些员工还可能忽然辞职不干。因此，除了设计一个良好的请假控制制度之外，你还应该想办法避免人手不足的状况。

（1）对员工实行交叉训练。如果可能，至少要让两名员工互相知道对方的工作如何进行。

（2）坚持要员工定期向你报告现状。确实掌握员工的现状，可以防止员工突然离职或不适应时所造成的麻烦。

（3）维持足额的员工数。流行性感冒通常会同时侵袭客房部的多名员工。此外，员工的辞职通常也是集体性的，经常会有两名到三名员工同时离开酒店。如果你的人手本来就不足，在这两种状况下，你的麻烦就更大了。

（4）让员工分担团队责任。这个方法不但可以在一名员工不到的时候提供缓冲，还可以使员工不敢随便请假。

（5）使用短期员工。当请假突然使办公室人手不足时，使用短期员工，对经理会很有帮助。

2. 员工标准设立规定

美国管理协会的专家们认为，避免太多违规事件的一个方法就是：不要有太多规定。听起来很容易，其实不然。规定确是工作所需。如一旦要建立酒店，就必须立下规定来确保工作场所的安全、使成本合理、使工作顺畅而有生产力。如果规定对个人的工作管得过多，就会变成阻力而非助力。

由于客房中的某些规定不合理所导致的违纪现象不是一两个员工的违纪，而是整个部门的大部分人违纪，因为不合理的规定令人们无法遵守。美国管理协会的专家们认为，如果想让规定有效而且能够执行，就必须达到几个标准。例如：

第一，必须有必要性。规定不可只是为了控制就对员工加以限制。要定期检查现有的规定，看看是否有些已因为状况或目标的改变而变得不合时宜。

第二，必须有可行性。如果经常有人违反规定，那还不如改变或修改规定以符合现实。

第三，规定必须与酒店的政策一致。

第四，规定应该通知每个人。

第五，规定必须清楚而容易理解。模糊的规定没什么用处，每一个会受到规定影响的人都应该完全了解规定的内容。

第六，规定要合理。太过僵硬的规定——例如不容许亲人的死亡或生病等特殊状况的规定，反而会发生反效果。虽然规定必须一致地适用于所有人，也得保持一些容许例外的弹性。

第七，规定必须能够执行。员工必须知道自己能够违反规定的程度。此外，规定也必须直接适用于员工的工作。

第八，处分与违规的程度要符合。要公平地处理违纪者，处分就必须与违规的严重性成正比。

（三）如何使用惩罚措施

1. 处罚的原则

惩罚又叫惩处或处罚，通常包括行政纪律处分和经济手段处罚，其目的是为了限制，制止或纠正某些不正确的行为。奖惩是为了能达到是非分明，功过两清，调动积极性的目的。与奖励相比，惩罚是一种更难运用的领导艺术，掌握得好，会起到与表扬同等甚至更大的作用；掌握得不好，也可能会伤害人的感情，影响下属的积极性。那么，客房领导应怎样坚持原则进行惩罚呢？

（1）要准确无误。惩罚是一件非常严肃的事情，客房领导在对一个下属做出惩罚决定之前，必须以负责的态度，弄清被惩罚者的错误事实、原因、结果甚至每一个细节，然后再根据有无犯错误的动机、错误带来的后果、改正错误的态度等客观情况，来决定惩罚的方式。客房领导绝不能道听途说，捕风捉影；也不能偏听个别人的反映或攻其一点，不及其余。

（2）要公正合理。所谓公正，就是要体现人人平等的原则，做出同等贡献的要受到同等的奖励，犯了同样错误的也应该受到同样的惩罚。这就是说，客房领导对下属要一视同仁，纪律面前，人人平等，不能搞亲疏有别那一套。如果不分是非，因人而异，一味地庇护自己的人，客房领导就会失去下属的信任，威信扫地。所谓合理，就是要在惩之有据的前提下做到罚之有度。根据犯错误的情节和后果，该批评的批评，该处理的处理。一般来说，只要错误不太严重，就不宜给重处罚。特别对下属在独立探索中出现的失误或失败，能不惩罚的就不惩罚，更多的是要给予热情鼓励和具体帮助。

（3）目的是教育。客房领导不是为了惩罚而惩罚，惩罚的目的是为了教育人，帮助人。因此，一定要从关心爱护的愿望出发，力戒居高临下、盛气凌人的态度。应与人为善，晓之以理，动之以情，并多做一些"移情式理解"，即将心比心、设身处地地替受惩罚者想一想。只有这样，惩罚对象才能感到心服口服，受惩而无怨，惩罚的目的才能达到。

（4）要以少为宜。惩罚的人或事宜少些，只有在必须实行惩罚时，才进行惩罚。如果惩罚司空见惯，大家就会不以为然了。一个人受了几个处分，他就会索性豁出去了。在一个酒店中，当某种不良倾向已经成为一种普遍现象，惩罚尤其应当慎重，可先处理"重点人"，处分的人太多，大家的压力感就小了，有时还会使受处罚的人纠集在一起，不利于对他们的批评教育。因此，可处罚可不处罚的，一般就不给处罚，可轻可重的，一般就要从轻处罚。

（5）要及时。这就是说，一旦发现有违法乱纪者应当立即处罚，毫不含糊。这样，能收到立竿见影之效，能使违法之人和未违法之人立刻看到，不遵纪守法的害处和损失，起到警戒的作用。

（6）首罚要慎重。首次惩罚讲的是一个人在一个单位所受到的第一次批评、处分等。首次惩罚作为第一印象对人们今后的情绪、工作都会有较大影响。一般来说，首次惩罚要个别进行，不宜公开点名；只要错误不太严重，处分要轻不要重；语言要温和，不要尖刻。

2. 如何处理好惩罚中的几种关系

惩罚有多种方式，无论采用哪一种方式，实施中都要讲究方法和艺术。

（1）要罚前有规定。奖赏是以功绩为依据的，惩罚是以过失为依据的。规定是对人们的行为界定的规则，是维护人们正常生活、工作等秩序的手段，也是判定人们过失大小的依据。因而，有规定后才有惩罚。没有规定惩罚就没有标准，也就没有真正的惩罚。所以，客房领导在实施惩罚前，必须首先制定有关规定，让下属有明确的行动准则，以自觉维护正常的工作秩序。然后，方能对违犯者进行惩处。否则，就不足以儆众、服众，难以达到惩罚的目的。

（2）要情罚交融。客房领导对有过失的部下，也要尊重、理解、关心，要关心他们的实际生活，为其排忧解难，让其充分体会到领导的温暖。但这不能以丧失原则为代价，也就是说既要讲人情味，又不能失去原则性。切不可把人情味庸俗化，人情味要讲，原则性更要讲。讲人情只有在坚持原则的前提下；只有坚持了原则性，人情味才能更有效，更具有教育性和感召力。

（3）要宽严适度。客房领导对待犯错误的下属，要像医生对待病人一样宽严相济，根据病情找出病因，并说明其危害程度和严重性。作为一个客房领导，要严格掌握惩罚的度。在实际工作中，对违纪者一定要具体分析其错误的性质和情节，区别是偶然还是一贯，考察其一贯表现及认错态度，全面地、历史地、具体地分析有关问题。根据错误的大小、性质及危害程度，区别对待，需经济惩罚的则经济惩罚，该纪律处分的要纪律处分，对确实做出了各种努力真心实意想把工作做好，但由于种种原因致使工作有些失误的，要从宽对待。

（4）要罚后明理。惩罚兑现之后，不论是纪律处分，还是经济处罚手段，都代替不了必要的工作。有的客房领导对下属的不良行为，动不动就处分，以罚代教，结果造成不良影响，有些还造成了客房领导同下属的对立情绪。必要的处罚做出以后，事情并没有完结，要具体指出他错在哪里，帮助其查找犯错误的思想根源，让其真正认识自己的错误，使其增强改正错误的决心和信心，并为其改正错误创造条件。

（四）如何挽留员工

现代酒店的竞争是人才的竞争，这是很多客房领导的共识。对一个酒店客房来说，能否留住核心员工，能否辞退不合格的员工就变得极为重要。一个客房经理如果不善于处理此类事务，那么肯定不是一个合格的经理。那么，如何挽留员工呢？

1. 避免人才不辞而别

如果优秀人才不辞而别另择高就，酒店上下事先却无人觉察或知情人并没有报告，则实际上是酒店经营管理不善的反映。一个优秀的客房领导应该对自己部属的思想动态一清二楚，如果有人要跳槽应该在第一时间得知，并尽量使其回心转意。

客房领导对下属的工作情况、思想状况、是非观念、人生大事等方面应及时掌握，要经常鼓励他们战胜困难，对他们的成绩要充分肯定。员工们的工作或家庭遇到难题，情绪总会波动并表现出来，或许你的帮助并不能完全解决问题，但只要能得到这份关心，员工也会心满意足。

为了避免员工的不辞而别，越来越多的酒店开始采取某些留才措施。以下是几种常用的方法：

（1）具有竞争性的福利。

（2）良好的沟通。

（3）良好的工作环境。

（4）激励专案。

（5）定期考核与咨询。

（6）晋升或调任其他部门，担任更佳的工作。

（7）非竞争性协议书。

（8）不恶性挖墙脚。

2. 重视年轻员工的培养

对于刚刚离开学校到酒店工作的大学生、研究生，若不加强管理、注重早期培养、压担子的话，在两三年内他们最容易跳槽。由于他们年轻有为，前程远大，正是酒店的希望所在，并且已熟悉了酒店业务，如果让他们流失，酒店定会有很大的损失。对这些，不少酒店并没有予以高度重视。

假如一位胸怀抱负的能人在酒店里仍做低级职员的工作，其才干并没有得到充分肯定，此时此刻他要求离职另求发展是很正常的事。要避免这类不愉快的事情发生的办法有：一要把新来的员工看作酒店的一笔长期投资，精心地培养督促他们；二是安排酒店有能力的经理或员工指导他们，让他们承担一些力所能及或者是超过其能力的工作。

这一切就如一个长期项目，并不期待马上得到回报或收回投资。他们在酒店工作的时间愈长，酒店得到的回报将愈大。

3. 挽留员工的七种原则

不管有多少原因使得员工想辞职，但事实上，大部分的员工还是宁愿留在目前的岗位上，而不愿另寻高就。所以，如果他们待在这家酒店觉得很舒服且受重视，他们多半不会想要离开。

以下是许多重视人才的酒店常用的七种原则：

（1）让好人出头。当你发现员工表现卓越时，立刻奖赏他们，方式有：晋升、给予激励、额外报酬、红利、更高头衔等。不要忘记，成就感强且努力工作的员工并不多。更不要忽略，表彰工作杰出的最佳方法就是赞赏。

（2）内部晋升。许多流动率较低的酒店，在有升迁机会时，通常都优先考虑酒店内部员工，而不是派遣空降部队。忽略内部员工而任用外人担任经理职位，常会打击士气。

（3）保持沟通管道畅通。所有员工的抱怨你都该重视，并有所回应。当你回复员工时，要表明你所采取或将要采取的措施。另外，要找出时间与表现优良的员工做非正式、一对一的沟通，这样的讨论方式会让他们有参与感，并受到激励。

（4）运用头衔。头衔让人有归属感，能提高自尊与自重感。

（5）不要忽略小节。维持最基本的礼貌，不要在众人面前严厉批评任何一位员工。这也意味着对员工笑一笑，道一声早安，说声谢谢，或在适当的时候写封感谢函。

（6）态度公允。只要基本的法令规章适用于全酒店每一个人，且惩戒时带有同情心，大部分的员工就不会太介意比较严格的要求。对待员工应该恩威并济。即使你要开除一个员工，也要确实有正当理由，并确信这是最妥当的决策。

（7）排除不良分子。具有破坏性的员工即使能力再强，最好还是调离。如果调迁不可能，你也只好忍痛损失一名大将。坏的员工树立不好的典范，留着他们，会使全体员工士气低落。

4. 让员工参与管理

在许多成功的酒店里，管理阶层都设法让员工参与酒店决策。

以下的建议可作为建立与维持一个健全参与管理体系的参考：

（1）运用团队方式。

（2）博采众议。

（3）印行酒店刊物。

（4）使会议有意义。

（5）不妨自夸。员工喜欢那种为"胜利者"工作的感觉。所以酒店有任何成就都应当让全体员工知晓。

参与管理会带给员工一种满足感和受重视的感觉，这不需要你花一分钱，而员工无疑更倾向于留在这样的酒店里。

5. 竞争式的报酬制度

（1）多付一点点。可考虑给付稍高于一般水准的薪资。就长期而言，如此做反而能够省钱。因为较高的薪水可以鼓励员工多为工作尽力，也可避免能干的员工因为其他酒店的薪资较高而跳槽。

（2）有弹性。不要被单一的薪资政策所局限，尤其是牵涉到重要部属时。

（3）制定一套公平的晋升办法。在大部分管理良好的酒店里，员工们都了解，自己在工作上的表现与所投入的心血在什么样情况下会得到赏识与回报。

（4）委婉地说"不"。有些时候，你必须拒绝员工加薪的要求，即使是面对顶尖的人物。在这时，你应该审慎地解释你如此做的原因。

6. 加薪留人的效果

更高的薪水当然是一般人换工作的最大的原因，对此并没有什么解决之道，尤其是如果你觉得他们的薪水已经足够了。

你也可以试着加薪挽留，但通常这不见得对酒店或员工有什么好处。一家专门代寻人才的国际酒店调查了450位经理另谋高就的情形。在40个酒店中以加薪挽留的情况下，有27人接受了，留在原来的酒店。但半年内，这27人中有25个人不是自动离去，就是被解雇了。这样看来，他们的问题并不是单单用钱就可以解决的。

（五）员工矛盾冲突

人们常说："和为贵。"而中国也有句古老的格言："天时不如地利，地利不如人和。"这就是说，调解人际矛盾，实现人与人之间的和谐具有非常重要的意义。一个酒店系统的工作成效如何往往取决于这个系统中的成员是否相"和"。所谓的"和"就是协调，就是团结，而团结就是力量，有力量才会有成效。所以，任何客房领导要想成就一番事业，都必须重视人和，善于调解各种人际矛盾，同舟共济，齐心协力地实现酒店目标。

在现代酒店中，出现矛盾并不可怕，可怕的是不解决矛盾，任其存在和发展，成为工作中的障碍，产生无休止的内耗。现代经理的重要职责之一，就是调解各种人际矛盾。只有调解了矛盾，酒店才能得以发展。酒店发展要求人们同心协力、互助合作，因而必须人和。人际矛盾，造就人的感情上的抵触和沟通中的疑难，造成了隔阂，只有化解矛盾才能引导大家上下同心、和衷共济、搞好工作，才能有效地实现酒店的目标；只有调解矛盾，化干戈为玉帛，才能使员工心情舒畅，工作热情高涨，工作积极性、主动性、创造性得到激发。因此，每一个酒店客房领导都应把化解矛盾作为一项重要的工作来做。

1. 化解矛盾的原则

（1）塑造融洽的人际环境。人人都希望在和谐、友好、安定的环境中工作和生活，不愿意在互相争吵的气氛里过日子。尤其是在酒店中，人际矛盾严重地影响着酒店的发展。所以，为了保证酒店的协调发展，就必须调解好员工的人际关系。但是，冲突的发生与否并不以人的主观意志为转移。凡是有人群的地方都有可能发生冲突。

在矛盾、冲突过程中，客房领导有时扮演的是重要当事人的角色，有时则是仲裁者。无论扮演什么角色，重要的是客房领导必须具有判断冲突情况及科学处理这些冲突使之为酒店的目标服务的知识和技能；必须有能力在所有当事人都满意的前提下，分析和解决冲突，并保证他们都心悦诚服，且不影响今后的关系，从而为员工的工作创造一个融洽的人际环境。

（2）化解矛盾，从客房领导自身做起。酒店的每个成员都有自己的思想和嗜好，都拥有自我意识。社会聚集了各种各样的人，当然就会发生很多对立的情况。人类社会就像是一个许多问题的集合体。作为酒店客房领导，如果将对峙的情况置之不理的话，酒店内部的人际关系就会恶化，不但会妨碍正常的工作秩序，也会给酒店的经营带来不良的影响。因此，一旦出现了对立的情况，客房领导就应尽快了解具体的原因，对症下药，消除对立的状况。主要做到以下几点：

1）不要误会员工。其实员工对上司并没有恶意，而客房领导却以为员工在故意跟自己作对。事情所呈现出的一面可能是掩盖了很多细节的结果。即使在看一个人的时候，也常会因所看到的某一部分而发生误解。如果是这样的话，客房领导可以重新整理自己的视角，问题就能解决了。

2）不要妄加揣测。有时候，无心的一句话，在听者看来却十分严重。客房领导怎么对别人，别人就怎么对客房领导。可能因为客房领导的态度不好，而使得对方也不得不与客房领导对立了。

当然，客房领导不能视人际关系为轻易妥协的产物，但是客房领导必须了解到，为了微不足道的事情而与别人对立，是件多么愚蠢的事情。

"大人不记小人过"，说起来容易做起来难。为了消除上下级之间的对立情绪，客房领导有时需要委屈一下自己，设身处地了解对方的心理和观念，以"君子之心"度"小人之腹"，从自身做起，以大度及宽容来化解矛盾。

（3）让矛盾消失在萌芽状态中，最大限度地减小其影响程度。在员工日常管理中有效防止和解决冲突矛盾，最根本的是要抓准苗头。无论个人之间还是群体之间，当矛盾处于萌发时，某一问题成为双方关注、争执、互不相让的焦点，矛盾就会初露端倪，如切实利益的具体项目、道德方面的某一行为倾向、情感方面的隔阂等，如对方继续在某个焦点上积累矛盾，发展到一定程度，就会围绕这一点形成冲突。社会学家认为，一个群体间的矛盾就像是一个大气球，必然是越积越多。因此，必须在达到爆破的极限之前，先释放一些气，避免矛盾继续激化，也就不至于造成冲突。

当人们普遍就所关心的问题做了较偏激的反应时，就会形成一种时尚心理，这种心理的突出特点就是情绪色彩浓厚。这些情绪色彩显现在外的就是对酒店客房领导产生较强烈的对立情绪，特别是当一部分人的要求得不到满足时，这一特点就更加明显。酒店客房领导如不及时加以疏导，这种对立情绪就会恶化并引起冲突，对此酒店客房领导必须从理顺情绪入手，疏通宣泄渠道。

从现实生活中的许多具体冲突事例可以看出，矛盾不断激化的一个重要原因，是员工不满意的地方太多，又放在心里不能讲，问题长期得不到解决，就像高压锅一样，持续高温又没有出气的地方，到一定程度非爆炸不可。

当然，矛盾和冲突发生后酒店客房领导要果断处置，迅速控制事态，最大限度地减少冲突导致的消极影响和破坏。对那些性质比较严重、事态可能扩大的冲突，要快刀斩乱麻。在情况不明，是非不清而又矛盾激化在即的时刻，先暂时"冷却"、"降温"，避免事态扩大，然后通过细致的工作和有效的策略适时予以解决。只要把握了解决矛盾的主动权，任何矛盾和困难都是可以解决的。

酒店员工生活在社会上，不可避免地会存在家庭矛盾、邻里矛盾、社会矛盾，人们遇到此类矛盾或受到委屈，有时处于依赖心情，会向酒店客房领导吐露一点纯属私人事务的问题。作为酒店客房领导，应真诚地帮助其化解矛盾，提出建议，切不可到处张扬，也不可在管理层其他成员之间散布。散布会伤害成员之间的感情和形象，隔阻反而利于工作和团结。

2. 调解员工矛盾要讲究方法艺术

作为酒店客房领导，面对酒店内部存在的种种矛盾，必须对员工的意见做到及时处理、有效地调解纠纷，矛盾处理不慎，就会惹火烧身，造成矛盾各方关系不和，生产率下降。如果听之任之，就会导致酒店"健康"出现问题，分散员工的精力、时间及酒店资源，使之不能全部用到正当而重要的个人及酒店目标上。

不过，处理得好，酒店会受益无穷，因为得到妥善处理的矛盾有如安全阀，能让人发泄怨气，并帮助找出解决棘手问题的办法。

作家 James Baldwin（鲍德温）曾经说过："唯有直接面对，才能有所改变。"回避矛盾，不能解决矛盾，因为大部分矛盾不会自行了结。而如何化解矛盾冲突，融洽人际关系，则必须讲究方法艺术了。结合酒店实际情况，客房领导在处理矛盾问题上应注意以下几点：

（1）态度真诚，公正处理。调解矛盾时应注意，和事佬态度、欺软怕硬的方法都不利于问题的解决，应当以真诚、负责的态度来公正处理。这样不仅能有效地帮助别人解决纠纷，亦会增加别人对你的信任和尊重。具体操作上可以采用协商法，这是一种常见的解决冲突的方法，也是最好的解决方法。当冲突双方势均力敌，并且理由合理时，客房领导适合采取此种方法。具体做法是：客房领导分别了解矛盾冲突双方的意见、观点和理由，然后组织一次三方会谈，让冲突双方充分地了解对方的想法，通过有效的沟通，最终达成一致。

（2）弄清情况，有的放矢。调解员工纠纷时应先弄清事情的基本情况，做到心中有数。

1）弄清矛盾当事人，有时甲、乙之间的矛盾只是表面现象，而丙、丁之间的纠纷才是实质或是主要问题。主次关系或多重关系都需要厘清，调解时才能"对症下药"。对纠纷各方当事人的思想状况及在矛盾中所处的地位要基本掌握，从而可以根据不同的当事人确定不同的调解办法。

2）弄清冲突的要点。不弄清冲突的焦点是什么、争执的对象是什么，只根据表面现象或一时的表现急于着手调解是不妥当的。

3）弄清产生冲突的背景。有时矛盾是由于误会而产生的，有的矛盾起因是一些不实之言。因此，弄清真正的原因矛盾也就容易平息了。

（3）认真听取当事人陈述。在调解矛盾的过程中，要认真听取当事人的陈述。要明白矛盾双方都可能感情用事，因而在耐心倾听的过程中要思考一些问题：他的陈述有没有夸大不利于对方的成分，掩盖或缩小于己不利的地方？我是否保持了冷静，不受当事人情绪的影响？他的陈述有没有前后不一致的地方？

适当的时候，你可以向当事人提出有关的问题，以便搞清事实。必要时，也可侧面向知情者了解情况。

（4）冷处理。调解要先经过一个"冷处理"阶段，即让矛盾双方冷静下来。当事人正在气头上时，让当事人暂时分开，或让其中一方先回避，在整个过程中，要有足够的耐心。必要时，可以在双方冷静后借助其他方面的力量。比如，有的矛盾双方互不相让，矛盾尖锐，可考虑通过其他有威信的人，如父母、前辈来协助调解，使冲突缓和下来，直到最后解决。

（5）劝解的几种方法。对员工进行劝解，通常可采用以下几种办法：

1）当面劝解。有的矛盾已争执清楚，当事人也有解决问题的思想基础，客观条件具备。这时，可以把双方当事人叫到一起，彼此把问题说清楚、致歉、握手言和。

2）引导劝解。对于火气大，缺乏解决问题的思想基础的人，应耐心引导他站在对方立场上考虑一下问题，同时看到自己的不足之处，然后再来解决纠纷。

3）迂回劝解。有时当事人背后还有支持人，可先做支持者的工作，通过支持者迂回地做当事人的工作。

（六）解雇与遣散的管理

在职业生活中，有时员工会面临与酒店劳动关系的解除，这种劳动关系的解除有多种分类，如根据是否符合员工的主观意志分为员工自愿的和非自愿的，前者又称为员工主导的离职，后者则称为酒店主导的离职；根据离职的原因可以分为员工个人方面原因导致的离职和酒店原因导致的离职。从酒店职业管理的角度，主要有解雇和遣散两种管理活动。

1. 解雇管理

（1）解雇概述。解雇（Dismissal）是指员工与酒店的雇佣关系的非自愿性终止。解雇往往是酒店主导型的，由于员工个人方面的原因导致的雇佣关系的解除。在我国国有酒店和集体酒店中，也称为开除。为了有效地进行竞争，酒店必须采取措施确保高绩效员工有动力留在酒店中，同时还应当允许、鼓励甚至在必要的情况下迫使低绩效的员工离开酒店。成功酒店的一个特征是有能力留住核心员工，而另一个特征则是有能力并且愿意解雇那些对酒店的生产率造成不利影响的员工。事实上，保留高生产率员工的关键之一是，确保这些人不会因那些从事没有生产价值的、具有破坏性和带有危险性行为的上级经理或同事而心情郁闷。

解雇的原因往往是工作绩效不合要求、行为不当、违反规定、业务水平不合格、工作要求改变、不服从等员工个人方面的原因。工作绩效不合要求界定为：一直没有完成指定任务或一直不符合规定的工作标准。具体的原因包括旷工、行动迟缓、经常完不成定额工作任务，或者对酒店、经理或同事持不良态度。行为不当界定为：蓄意、有目的地违反酒店的规定，可能包括盗窃、打架斗殴、不服从管教等。业务水平不合格界定为：员工虽然很勤奋但没有能力从事指定的工作。工作要求改变界定为：在工作性质改变后，员工没有能力从事指定的工作。在后两种情况下，如果可能的话，酒店应尽可能留住这个员工并将他调动到合适的岗位上。

不服从是指故意蔑视或不服从上级的权威或正当的指挥；当众批评上级等。不服从时常是解雇的原因，虽然它比其他解雇原因更难证明。盗窃、打架斗殴以及工作绩效差等都是清楚可见的解雇原因，而不服从则往往难以讲清楚。因此，需要记住一些不服从或应被视为不服从的举动：

1）直接蔑视上级的权威。

2）完全不服从或拒绝遵照上级的命令，尤其是当着其他人的面。

3）故意蔑视明确规定的酒店政策、规章和程序。

4）当众批评上级，与上级对抗或争执也是消极和不适当的。

5）公开无视上级的正当指令。

6）不尊重的蔑视态度，例如提出蛮横无理的批评，更重要的是在工作时蔑视。

7）通过绕过直接上级的方式提出申诉、建议或政治策略来表示对指挥链的蔑视。

8）领导或参与暗中削弱和取消上级权力的活动。

当然，也不能简单地把这些行为作为解雇的原因，酒店职业管理的目的是为了达到激励和改善绩效的目的，在适当时候可以采取一些宽大的处理，但这种决定权应当掌握在员工的直接上级手中。

（2）解雇的注意事项。解雇是酒店对员工可采取的最严厉的纪律处分，强制性的解雇会损害被解雇者的尊严，使他们感到精神上的痛苦和愤怒，甚至可能采取极端行为。因此，必须采取慎重的步骤，处理不当，不仅会引起纠纷，而且可能伤害留下来的员工对酒店的承诺。具体来说，解雇应当是正当的、有充分理由的，并且是循序渐进的。只有在采取了绩效辅导与改善的适当步骤均告无效的情况下才可以采取解雇。但毫无疑问，在需要解雇的时候应当立即解雇。

在解雇时需要注意做到公平。首先是结果公平，在一个人丢掉了自己的工作而别人却没有丢掉工作的情况下，被解雇的员工很容易产生结果不公平的感受。然而这种潜在的不公平感在多大程度上会转化为某种形式的恼怒甚至暴力攻击行为或诉讼行为等报复形式，则取决于被解雇者对程序公平以及人际公平的感受。即使将一个被解雇的人所面临的所有负面效应都考虑在内，只要做出解雇决定的程序是具有一致性的、没有偏见的、准确的、可修正的、有代表性的以及符合道德规范要求的程序，那么被解雇的人也很可能会以一种心平气和的心态来接受这一决策。同样，如果酒店对解雇决策进行了充分的解释，并且在实际执行决策的过程中以一种微妙的、细心周到的、充满人情味的方式来行事，那么被解雇员工因为失去工作而引发的怨愤就很有可能会得到释放。

解雇前的谈话是使员工知道自己已被解雇这个事实的谈话。一旦做出解雇决定，酒店应当保护管理人员不受攻击报复。为了降低导致暴力后果的可能性，解雇前的谈话应该掌握以下原则：

1）解雇面谈前的准备。在进行解雇面谈前，应当对被解雇员工的危险程度做出一个判断，以确认这位员工是否会铤而走险。例如，此人自我感觉对酒店的重要程度如何？这个人过去是否威胁过自己的同事或上级管理人员？这个人有无犯罪经历？解雇对这个人的生活的影响程度有多大？同时，处理这一事情的人还要了解被解雇者的精神稳定性，如是否曾经因为精神紊乱而接受过治疗？

2）精心设计谈话。尤其是谈话的时间、地点。资料表明，大多数酒店喜欢在星期五的下午进行解雇面谈。事实上，在星期一上午进行解雇面谈所引起的暴力反应反而更少一些。解雇面谈的场所最好是在工作现场中的公共场所，面谈的基调应当尽可能表示出对员工的尊重并且让他感到对未来还有希望。在谈话前，应该准备好各种协议、档案等，以备迅速解决。

3）抓住要点。不要寒暄或谈其他无关紧要的事情来旁敲侧击，应当在员工进来有过片刻的放松后，直接将决定告诉他。

4）说明情况。简要地说明解雇的原因，使员工知道这个过程是客观公正的，是经过各部门最后的决议。这里要注意的是不要攻击员工个人，仅说明客观事实即可。谈话时间也不要超过 10~15 分钟。

5）倾听。重要的是持续谈话直到员工能够放松地谈话，看起来能够接受自己被解雇的事实和原因。不要陷入争执，尽量保持倾听，以表现出对员工的尊重。

6）讨论解雇费。接下来，要仔细检查解雇费的所有项目，说明解雇的补贴、福利以及其他问题的解决渠道。不要给员工暗示还有留下来的机会，或者承诺要进一步"调查"情况。在员工离开办公室时，解雇过程就应当完成。

7）确定下一步。被解雇员工可能会迷失方向，不清楚下一步要做什么。在面谈的最后应该告诉他下一步到哪里去，与酒店的什么人联系。

其实，面谈结束后并不能代表以后就不会再发生问题了。即使面谈本身进展很顺利，也仍要保持警惕并对事态进行监控，尤其是在事情发生后的某个"周年纪念日"的时候。员工援助计划案件管理协会主席约翰·霍布金斯说："否认此类事情发生的可能性以及不做好充分准备是导致暴力事件发生的那些酒店所具有的一个共同特征。"

在实际工作中，除了在一些极端情况下，一般不应当在员工第一次出现过失的时候就予以辞退。相反，解雇应当发生在系统的惩戒计划执行完之后。有效的惩戒计划有两个核心的构成要素：文件（包括具体的书面工作规则和工作描述，这些文件应当在实行惩戒之前准备好）和逐级惩罚措施。如表 12-1 所示，惩戒措施应当以逐渐加大力度的方式来执行，并且这些惩戒措施必须事先详细阐明并有明文记载。惩戒的第一步可以从对第一次违反政策的或犯错误的员工提出非正式警告开始，如果再犯则予以书面警告。有些时候，员工再次犯错误有可能会导致临时停职，我国又称为待岗。同时给予员工一份"最后通牒"，以表明如果下次再犯错误，就会被解雇。

表 12 - 1　逐级惩戒计划举例

犯错的频率	酒店的反应	文件记载
第一次犯错	非正式口头警告	证人作证
第二次犯错	正式书面警告	文件存档
第三次犯错	第二次正式警告，并发出可能会被临时停职的威胁	文件存档
第四次犯错	临时停职并发出"最后通牒"	文件存档
第五次犯错	解雇（保留申请仲裁的权力）	文件存档

2. 遣散

非惩罚性遣散是酒店生活的现实。它既可以是由酒店发起的，如由于销售和利润降低可能要求解雇员工，也可以是由员工发起的，如员工可能为了退休或寻找更好的工作而终止劳动关系。对酒店来说，为了保持竞争能力、降低劳动成本，在必要的时候会选择一些适当的方法使员工离开酒店或暂时离开酒店。

酒店发起的遣散有两种具体的方式。

（1）临时解雇。临时解雇是指工作暂时短缺，因而告诉员工，没有工作可提供给他们，但在有可能得到工作时，会重新召回他们。临时解雇不同于解雇，解雇是雇佣关系的永久解除，临时解雇关键要取得员工的谅解，使员工不会因为被临时解雇而对酒店产生不良印象，从而在召回后能保持同样的酒店承诺。这需要做好临时解雇的程序，即根据什么标准确定在没有工作的情况下如何解雇谁。一般允许员工利用他们的资历保留工作。临时解雇程序大多有以下共同特点：资历通常是确定谁将留下来工作的根本决定因素；年资可以让位给业绩与能力，但那些有着深厚资历的人除外；资历是根据该员工加入本酒店的日期来算，而不是从其接受某种特定工作算起；在那些资历较深的员工不需要进一步培训就能胜任拟议中的工作时，可以让他去替换或顶替另一岗位的员工，以使其继续留下来工作。

对临时解雇来说，也有替代性的形式，比如员工主动降薪、制定季节性薪酬方案等。这些方案实施的前提是使员工能够理解酒店，与酒店建立共同的愿景。

（2）裁员。裁员又称精简，是指为了强化酒店的有效性而实行的计划之中的大规模人事削减。是当酒店面临倒闭、停业、降低规模、效益下滑或者战略性经营转移时，需要减少劳动力的数量或者更换劳动力的类型导致的劳动关系终止，而不是由于员工个人的原因引起的酒店解聘决定。

在精简过程中，可以分两个阶段。第一阶段是确定精减人员的阶段，这个时候需要公平地对待每一个员工，让被精减员工理解酒店现状以及作出精简决策的程序。对于战略性裁员来说，往往因为裁员与绩效没有关系而让员工很难接受，对酒店的社会声誉影响更大。所以尤其需要做好裁员的后续工作。例如，有些员工如果因为被强制解雇而失业，可能导致精神上和经济上的压力，甚至激化家庭矛盾。酒店应该利用各种方式帮助那些因为解雇而暂时失业的人。但精简结束工作并没有完成，还有更重要的第二阶段工作。因为裁员也会影响留任者的预期，酒店应该设法使他们保持对酒店的信任和忠诚，保持工作团队的团结、士气和生产效率。酒店必须注意那些留下来的人，通过建立精简后计划，使留下来的员工迅速步入正轨、高效地工作。首先是实施一系列的通告活动，包括举行全体员工大会，向员工说明酒店的现状，紧接着向每个员工分别通报其在酒店中的状况。其次，在通告活动后的几天里采取跟踪行动。在这个阶段，让留下来的员工与酒店的管理人员一起进行小组讨论，鼓励员工表达对这次解雇的感想，说出他们对自己在酒店的未来以及对酒店的未来的关心和期望。同时，该计划中应包括长期的计划，例如，鼓励关键性管理人员经常与留下的员工举行非正式会见，不断地给这些人以支持。经过两个月后，与留下来的人员举行讨论会，以确定他们把所有的顾虑都消除了。

当然，对于酒店的精简目标，在实践过程中，可以有很多形式，包括酒店为了降低劳动力成本，设计有诱惑力的退休金方案或提供求职援助来诱使员工提前退休，温和地解决精简问题。

我国在国有酒店改革进程中，也逐步探索出了一些有效的遣散形式。例如减员增效计划，其含义是通过减少酒店劳动力的数量来降低酒店的成本，提高酒店的盈利能力和生存能力。减员的标准有两个：一个是资历原则，即将员工按照年龄大小排序，选择那些最年轻的员工来解聘，直到把员工的规模降到目标水平。这种方法强调员工对酒店的奉献，相对来说是比较公平的。另一个原则是绩效原则，即将员工按照绩效高低排序，选择那些绩效水平比较低的员工来解聘，直到达到目标。这种方法强调效率，但对一些老职工可能是不公平的。在实际操作中，大多数酒店采取了折中的策略，即"去两头，留中间"，让年龄在50岁以上的接近正常退休年龄的员工和30岁以下的还有能力学习新的工作技能的员工下岗，而保留三四十岁的员工。这是一种兼顾资历和绩效原则的方法。在具体应用的时候，酒店往往使用多种方法，如买断工龄、提前退休、停薪留职、整体分流等方式。买断工龄即根据员工的工作年限对员工过去对酒店贡献进行一次性补偿让员工主动解除劳动关系的方法。提前退休是在承诺给他们部分工资的前提下，让不到退休年龄的员工提前退休。停薪留职，顾名思义就是保留工作、停发工资，让员工暂时离开酒店的方法。这些在新形势下的探索为我国的人力资源管理提供了宝贵的经验。

（七）员工辞职管理

辞职是指员工要求脱离现任职位，与酒店解除劳动契约，退出酒店工作的人事调整活动。辞职是员工的权利，酒店应予以尊重。

1. 辞职对酒店的影响

（1）员工因能力或健康状况不能胜任工作，要求辞职时，可以减少酒店负担。

（2）辞职人数保持在正常范围内，可以促进酒店吸收新生力量，保持员工队伍正常的新陈代谢。

（3）辞职人数超过正常范围。特别是骨干工人、专业技术人员、管理人员提出辞职，会严重影响酒店正常的生产运营，对酒店的发展极为不利。

2. 员工辞职的原因

（1）个人原因：因个人的能力、健康状况或无法解决的生活困难等辞职，属于正常辞职。酒店对此可不做详细的分析。如果可能的话，酒店应酌情帮助。

（2）报酬原因：其他单位用高薪、优厚待遇吸引人才，从而促使员工辞职。

（3）管理原因：由于酒店管理不善导致员工产生不满情绪，从而引起员工辞职。对于这种原因引起的辞职，酒店应予以高度重视，针对不同原因采取相应措施，尽量加以避免。

3. 辞职的程序

辞职管理是一项程序化工作。一般按如下程序办理：

（1）拟辞职员工向所在酒店人事部门提出书面申请，书面申请须写明辞职理由。

（2）所在单位按有关规定对申请进行审查，同意辞职的，发给《辞职申请表》。

（3）所在单位在接到辞职者已填好交回的《辞职申请表》后，在国家或地区、行业有关规定期限内进行审批或转报。

（4）属转报审批的，审批机关在接到转报函件及《辞职申请表》后，在国家或地区、行业有关规定期限内审批。

（5）对审批同意其辞职的，应通过所在部门办理工作移交，结清账务，归还公物、资料等有关手续。

（6）申请辞职人员履行上述第（5）项程序后，凭所在单位证明向有关人事部门领取《辞职证明书》。

参考文献

［1］杨杰．现代酒店客房实务［M］．北京：对外经济贸易大学出版社，2012．

［2］薛永刚．星级酒店客房部职责·制度·表格·文案［M］．深圳：海天出版社，2013．

［3］潘雪梅，潘先才．客房服务［M］．北京：旅游教育出版社，2011．

［4］黄明化，葛华平．客房服务与管理［M］．北京：中国人民大学出版社，2012．

［5］徐明．客房服务与管理［M］．北京：中国经济出版社，2012．

［6］麻桃红．客房部运行与管理［M］．北京：中国人民大学出版社，2013．

［7］林璧属．前厅、客房服务与管理［M］．北京：清华大学出版社，2014．

［8］花立明，张艳平．前厅客房部运行与管理［M］．北京：北京大学出版社，2014．

［9］张震，曹会林．前厅客户服务与管理［M］．长沙：湖南师范大学出版社，2013．

［10］贺政林．酒店客房部经理案头必备手册［M］．北京：中国纺织出版社，2014．

［11］万霁，杨红波．客房服务与管理［M］．天津：天津大学出版社，2011．

［12］梭伦，肖云山．新编酒店客房管理［M］．南京：江苏美术出版社，2013．

［13］赵厉，孙建辉．客房服务［M］．北京：清华大学出版社，2011．

［14］于水华，谌文．酒店前厅与客房管理［M］．北京：旅游教育出版社，2011．

［15］曾思燕，林爱銮．客房服务员基本技能［M］．北京：中国劳动社会保障出版社，2010．

［16］张志佳．客房服务技能实训［M］．北京：机械工业出版社，2012．